COLLECTION
FOLIO / THÉÂTRE

William Shakespeare

La Tragédie
du roi Richard II

Traduction nouvelle de Jean-Michel Déprats
Maître de conférences à l'Université de Paris X

Édition présentée et annotée
par Margaret Jones-Davies
Maître de conférences à l'Université de Paris IV

ÉDITION BILINGUE

Gallimard

La présente traduction est destinée à paraître
dans la Bibliothèque de la Pléiade.

PRÉFACE

UN ROI DE NEIGE

Le nom des Plantagenêts parcourt les Histoires *de Shakespeare comme un destin. Richard II est un Plantagenêt. Fils du Prince Noir, il est le dernier représentant de la branche aînée de la dynastie, la maison d'Anjou. La prise du pouvoir insurrectionnelle d'Henry Bolingbroke, devenant Henry IV en 1399, place sur le trône d'Angleterre la maison de Lancastre (*Richard II, II, III, *70-71). Cette usurpation provoque l'un des plus terribles bouleversements de cette dynastie, prélude à la guerre civile la plus sanguinaire de l'histoire d'Angleterre, la guerre des Deux-Roses (1455-1485) que se livrent les descendants des fils d'Édouard III. Les deux nobles cousins, Richard II et Bolingbroke, sont tous deux les petits-fils de cet Édouard, et tous deux des Plantagenêts. Comme une malédiction, ce seul nom fragilise ceux qui en sont les héritiers. Comment être assuré de sa légitimité quand on est un Plantagenêt ? Chacun ne peut-il pas, faiseur de roi comme Warwick dans* Henry VI, *décider de « planter » un Plantagenêt (3* Henry VI, I, I, *48) ? Et Richard II ne dira-t-il pas de Northumberland, après le couronnement d'Henry Bolingbroke, qu'il a connu « le moyen de planter* *des rois illégitimes* » (Richard II, *V, 1, 62-63*) **?** *Pour Shakes-peare, qui joue sur le nom de la dynastie, un roi est une plante qui ne prend racine que dans la légitimité, et toute image de jardin sera emblématique d'un ordre monarchique que l'on voudrait encore selon la Nature. Mais les* Histoires *de Shakespeare décrivent aussi les implantations sauvages des usurpateurs, ces rois, comme* Richard III, *qui ne se plantent qu'en hiver, contre nature, et qui ne font pas souche.* Macbeth, *plus tard, sera vaincu par une étrange forêt déracinée, celle de Dunsinane, châtiment symbolique pour ce roi sans racines.*

Shakespeare, que les deux cycles historiques qu'il tire de cette période troublée vont rendre célèbre, n'aborde pas ces événements selon la chronologie. Sa première tétralogie montre d'abord l'issue désastreuse des violences entre descendants lancastriens et yorkistes dans les trois pièces qui constituent Henry VI. *Elle s'achève avec le règne du dernier York, le roi contrefait, dénaturé, dans* Richard III, *et l'on voit poindre au dénouement, parmi les nuées qui couvrent le champ de bataille de Bosworth, l'aube d'une nouvelle dynastie, la montée d'un nouveau soleil, celui des Tudors, celui d'Élisabeth. La seconde tétralogie revient sur les origines de cette guerre. Sa violence retenue, retardée, prend tout son sens à la mort du dernier roi légitime dans* Richard II *et motive les querelles politiques et les rébellions qui occupent les deux parties d'*Henry IV *et* Henry V. *Elle donne à* Richard II *une dimension de tragédie initiatique.*

Dans Richard II, *l'usurpation n'entraîne ni le bruit et la fureur que l'on trouve dans le récit des ambitions démesurées d'un Macbeth ou celles du cacodémon Richard III, ni les atrocités sadiques de la déposition d'Édouard II dans la pièce éponyme de Marlowe (1592). Conte d'hiver aux accents plus tristes que violents, la pièce de Shakespeare se déroule sans batailles, dans des atmosphères de soleils couchants tra-*

versées de « nuages jaloux destinés à obscurcir la gloire » de
Richard (III, III, 65-66). Dans la poétique tragique de Shakespeare s'inverse l'image d'apothéose d'un roi soleil
qu'avait voulu pérenniser l'effigie mortuaire du monarque
enterré à l'abbaye de Westminster sous un manteau de bronze
frappé de l'astre sortant des nuages. Le siècle de Shakespeare
gardait du Richard médiéval des images controversées, des
légendes noires et des légendes dorées, mille reflets d'une
identité fragmentée à l'infini par les cruautés de la propagande politicienne de ses ennemis, les partisans des Lancastres, qui s'opposaient aux dithyrambes des chroniqueurs
loyalistes, restés fidèles à Richard. Shakespeare se laisse fas-
ciner par ces incertitudes mêmes d'où naissent les légendes.
Les faits véridiques de la vie de Richard II se mêlent aux
mensonges sur sa naissance et sur sa mort : né en 1367, le
futur roi était-il le fils illégitime d'un prêtre de Bordeaux ou
le fils du Prince Noir ? Pour quelles raisons l'enfant-roi qui
arriva sur le trône à l'âge de onze ans devait-il au cours des
vingt-trois années de son règne se métamorphoser en tyran ?
Mourut-il assassiné, comme Shakespeare choisit de le dire,
ou se suicida-t-il ? Était-ce bien son cadavre que l'on exposa
à Londres ou bien celui d'un sosie ? On racontait même
qu'échappé de sa prison, il serait mort fou en Écosse. De ces
ombres, Shakespeare garde pour son portrait de roi la fragilité d'un « visage brisé en mille éclats » (IV, I, 288).

La figure historique de Richard avec ses masques, ses
ombres, ses contradictions permet au poète de l'histoire de for-
ger un personnage tragique dont la tragédie sera justement
celle de l'incertitude. Déposé moins par son cousin usurpateur
que par lui-même, assassiné moins par la volonté d'un meurtrier que par l'étrange *fatum* d'une parole à double sens,
Richard est l'un des premiers grands personnages tragiques de
Shakespeare. De toutes les incertitudes de cette vie, Shake-

*speare retient celle dont découlent toutes les autres, l'incertitude
sur son nom et, par là même, sur le nom du roi. Comme dans
d'autres tragédies de Shakespeare,* Richard II *suggère qu'à
l'origine de toute tragédie, à l'origine de la chute des princes,
plus qu'une faute morale, plus qu'un tour néfaste de la
Fortune, il y a un doute qui s'attaque aux fondements mêmes
du langage, un doute qui ébranle le lien qui unit le mot à la
chose et le nom à l'être. Au cours d'une scène qui prépare l'acte
de déposition, Richard abandonne aux mains de l'usurpateur
tous les signes de sa légitimité. Les objets symboliques du pouvoir, en changeant de main, changent de nom, par une sorte
de jeu d'équivalence dérisoire servi par une écriture en miroir
ou se mêlent pathétique et ironie :*

Que doit faire le roi à présent ? Doit-il se soumettre ?
Le roi le fera. Doit-il être déposé ?
Le roi s'y résoudra. Doit-il perdre
Le nom de roi ? Par Dieu, qu'il l'abandonne.
Je donnerai mes joyaux pour un chapelet ;
Mon somptueux palais pour un ermitage ;
Mes vêtements luxueux pour une robe de mendiant [...]
Mon sceptre pour un bâton de pèlerin ;
Mes sujets pour deux statues de saints,
Et mon vaste royaume pour une petite tombe,
Une petite petite tombe, une tombe obscure [...]

								(III, III, 143-154)

*La cruauté politique et tragique de la déposition (IV, I)
fait du roi le traître de sa propre royauté. En des accents qui
annoncent le désir d'Hamlet de voir sa chair se dissoudre en
rosée, Richard prend conscience qu'il a perdu jusqu'à son
nom d'homme, son nom de baptême :*

Je n'ai pas de nom, pas de titre ;
Non, même pas le nom dont on me baptisa,
Qui ne soit usurpé. Hélas, jour d'affliction,
Moi qui ai consumé tant d'hivers,
Aujourd'hui je ne sais de quel nom m'appeler !
Ô que ne suis-je un roi de neige dérisoire,
Exposé au soleil de Bolingbroke,
Pour fondre et m'évanouir en gouttes d'eau !

(IV, I, 254-261)

Richard II est la tragédie de ce doute, de cette faiblesse
d'un roi de neige qui va jusqu'à douter de sa légitimité et
qui laisse à l'usurpateur Bolingbroke, le futur Henry IV,
l'héritage de cette incertitude. De ces deux rois contemporains, tous deux nés en 1367, élevés ensemble, Shakespeare
fait des figures à la fois gémellaires et interchangeables, les
deux plateaux d'une même balance (III, IV, 84-89), les deux
seaux d'un même puits (IV, I, 183-186). Les mêmes images
de légitimité solaire les accompagnent dans leur ascension
ou leur déclin. Toujours à l'acte IV, Richard demande un
miroir et s'étonne devant son propre visage avant d'en briser
le reflet où il voit encore une insupportable inversion :

Est-ce là le visage
Qui comme le soleil faisait baisser les yeux ?
Est-ce là le visage qui fit bon visage à tant de folies,
Pour à la fin perdre la face devant Bolingbroke ?

[IV, I, 282-285]

*Dans la mise en scène de Patrice Chéreau (1970), Richard
voyait à ce moment le visage de Bolingbroke à travers le cadre
vide d'un miroir. Chéreau servait le mouvement de balan-
cier que Shakespeare met en marche, non pas comme dans la*

*chronique de Holinshed qui lui sert de source en opposant
faute morale contre faute morale, la prodigalité, l'ambition, la
luxure de Richard contre l'impatience, l'ambition, la cruauté
de Bolingbroke, comparée à celle du tigre, mais en opposant
deux identités, reflet l'une de l'autre, confrontées dans le
miroir tragique du théâtre, neige et soleil tout ensemble, avant
que ne retombent la nuit et l'hiver d'une prison pour Richard,
de l'exercice du pouvoir pour le futur Henry IV.*

LA VÉRITÉ DE L'USURPATION

*Shakespeare compose avec les portraits de Richard et de
Bolingbroke de complexes anamorphoses qui brouillent pour
toujours les visions tranchées, parfois caricaturales, des
chroniques médiévales. Dans* Richard II, *la prise de pouvoir est aussi crise du pouvoir. Douceur et cruauté, patience
et violence s'entremêlent pour interdire toute lecture parti-
sane, manichéenne de l'histoire, pour rendre flous les liens
depuis longtemps tissés entre la monarchie et une certaine
idée de Nature.*

Dans Richard II, *l'usurpateur n'est pas encore le roi
inquiet des pièces qui suivront, en particulier dans la deuxième partie d'*Henry IV. *Aimé du peuple, victime de la
tyrannie de Richard, fils d'un Jean de Gand que Shakespeare blanchit de toute suspicion politicienne et transforme
en figure prophétique, Bolingbroke présente un séduisant
portrait de rebelle qui ne demande en apparence que la justice. Et c'est devant le Parlement qu'il est investi de son titre
de roi. Il pourrait bien servir de modèle à ceux que tente la
rébellion contre l'absolutisme d'une Élisabeth qui, comme
Richard, n'a pas d'héritier. De fait, en 1601, quelque six ans
après la composition de* Richard II, *la pièce est remontée*

dans un contexte politique de subversion ouverte. Le comte d'Essex, à la veille du complot qu'il a fomenté pour renverser Élisabeth Ire, assiste à une représentation de la déposition de Richard II. *Il s'agit sans doute du* Richard II *de Shakespeare puisque les partisans d'Essex ont payé la troupe même de Shakespeare à cette fin, la troupe du Lord Chambellan. Parmi les commanditaires de la représentation se retrouvent, selon David Norbrook, deux descendants de Northumberland, le faiseur de roi qui représente dans* Richard II *la lutte de l'aristocratie médiévale contre la tyrannie royale. De la même façon, dans la pièce de Marlowe* Édouard II, *la liberté se trouvait dans le clan des barons qui s'opposaient au roi décadent, aux mœurs dissolues, qui n'exerçait le pouvoir que par foucades. La référence aux barons du Nord, à Northumberland en particulier, resurgissait comme une figure mythique de l'opposition à la monarchie absolue, dans cette fin de siècle où le Parlement ne parvenait toujours pas à créer un contre-pouvoir. La reine Élisabeth Ire ne se trompa pas sur le sens de la représentation théâtrale commanditée par les partisans d'Essex : « Je suis Richard II, ne le savez-vous pas ? » aurait-elle dit. Essex, l'ancien favori devenu rebelle, fut décapité à l'issue de son procès pour haute trahison. Mais la méfiance ne datait pas de cette tentative d'usurpation. Dès 1597, date de la première impression de la pièce* in quarto, *la grande scène de la déposition du roi à l'acte IV avait été censurée, tout comme déjà en 1587, pour leur deuxième édition, les* Chroniques *de* Holinshed, *source de Shakespeare, avaient subi une coupure dans le récit du même événement. Dans ce contexte de réécriture de l'histoire, d'autres censures s'exerceront. La chronique, longtemps cantonnée dans le récit exemplaire, devient plus politique, voire polémique sous l'influence entre autres de Tacite, le modèle de Machiavel. Ainsi, en 1599, la version* *de l'histoire d'Henry IV écrite par John Hayward, parce qu'elle s'inspire de Tacite, paraît suspecte. Sir Henry Savile n'avait-il pas déjà été inquiété pour avoir seulement traduit ce même Tacite, en 1591 ? Malgré la vigilance de la censure, le pouvoir de l'écrit restait dangereux : en 1595 un texte subversif avait déjà été publié,* A Conference about the next succession to the crown of England *— sans doute l'œuvre de Parsons, l'un de ces jésuites séditieux qui menaçaient la couronne d'Angleterre. Le pamphlet était dédié à Essex et on pouvait y lire que les liens du sang n'étaient pas nécessaires pour fonder la légitimité d'un roi...*

Pascal décrit bien le danger sournois de l'usurpation : « Il ne faut pas que [le peuple] sente la vérité de l'usurpation : elle a été introduite autrefois sans raison, elle est devenue raisonnable. Il faut la faire regarder comme authentique, éternelle, et en cacher le commencement si on ne veut pas qu'elle prenne bientôt fin[1]. *» Pour redoutable que soit cette perversion de la raison, le danger d'une légalité de la rébellion face à la faiblesse d'un pouvoir légitime est au cœur de la tragédie de l'histoire qu'est* Richard II. *Dans cette construction en diptyque, Shakespeare ne nous montre-t-il pas plusieurs visages du pouvoir pour nous parler d'une seule et même image de roi qui se dédouble de manière périlleuse dès que le pouvoir outrepasse ses limites ?*

C'est en justicier que Bolingbroke revient en Angleterre, transgressant légitimement si l'on peut dire la sentence de l'exil, alors que Richard II a pris prétexte de cet exil, à la mort de Jean de Gand, pour le dépouiller de l'héritage de son père. Et il revient porté au pouvoir par ceux qui voient en Richard un tyran et souhaitent abattre l'inventeur des ordres en blanc (I, IV, 45-52) — ces contrats présignés qui permettent

---

1. *Pensées*, fragment 56 dans l'éd. Folio.

*au roi de puiser en leur nom dans les trésors des nobles
suspectés d'obscures trahisons. Contrairement à Richard
qui traite ses sujets et le peuple d'esclaves, Bolingbroke a su
« plonger dans leurs cœurs / Avec une humble et familière
courtoisie » et s'assurer leur appui (I, IV, 25-26). De même,
alors que Richard insultait son oncle Jean de Gand, Bolingbroke n'est que respect pour son oncle York, qu'il a l'habileté
de consulter comme un père maintenant que le sien n'est
plus (II, III, 117). N'y a-t-il pas une ironie implicite à choisir
pour père de substitution le père du traître Aumerle ? Bolingbroke a su enlever au mot trahison de son tranchant en en
faisant une variation sur le thème de la tradition, de même
étymologie*[1]. *L'usurpateur sait marquer une extrême défé-
rence au roi qui est pourtant virtuellement son prisonnier :*

Henry Bolingbroke
À deux genoux baise la main du roi Richard,
Et exprime à sa très royale personne
Son allégeance et la sincère loyauté de son cœur [...]
(III, III, 35-38)

*Pourtant, sous la douceur perce une volonté de justice qui
pourrait devenir de la violence si sa requête n'était pas
entendue :*

... Je viens ici
À ses pieds déposer mes armes et ma puissance,
Pourvu que l'annulation de mon exil
Et la restitution de mes terres me soient librement accordées
Sinon [...]
(III, III, 38-41)

---

1. Selon Richard Marienstras.

Ce « sinon » est lourd de menaces. Mais Bolingbroke n'est pas Macduff qui, dans Macbeth, *brandira la tête du tyran sur les remparts après l'avoir vaincu en combat loyal. Ce justicier sait déjà faire fi de la justice pour assurer son pouvoir : il a condamné à mort Bushy et Greene de la manière la plus expéditive (III, I, 29), comme il fera massacrer les loyalistes (V, VI), et comme il s'arrangera pour obtenir la mort de Richard sans avoir à se salir les mains (V, IV). La tyrannie naissante de Bolingbroke servira, dans la dernière partie de la pièce, à faire oublier la tyrannie initiale de Richard et à ne plus laisser transparaître dans le roi déchu que la victime pathétique de sa propre faiblesse humaine, que sa légitimité aurait dû garder contre l'usurpateur. Shakespeare fera des deux derniers actes un poème de la douleur du roi, seul symptôme de la vérité de l'usurpation. Dans l'histoire, la douleur de Richard avait été un enjeu politique : Bolingbroke s'était ingénié à laisser croire que Richard au contraire avait abandonné son royaume « de gaieté de cœur ». Au fur et à mesure que l'« innocente » usurpation de Bolingbroke s'affirme dans la tyrannie, la douleur qu'en ressent Richard l'exalte, l'innocente presque, le fait devenir blanc comme la neige dont il pare désormais sa royauté dépossédée. C'est ainsi que l'usurpation réussit à dénaturer l'innocence même.*

Shakespeare ne rompt pas avec la continuité de l'idéal politique médiéval, celui dont se réclament les Tudors et qu'analyse Ernst Kantorowicz dans Les Deux Corps du roi. *Le juriste Edmund Plowden, sous Élisabeth Iʳ, l'avait réaffirmé : la théorie des deux corps du roi unissait dans la personne royale le corps mortel, faillible, et le corps politique, intangible image de « Dieu sur terre », afin que le nom du roi garde sa puissance quand bien même le roi réel n'aurait été que faiblesse. Richard s'en fait l'écho devant les armées menaçantes de Bolingbroke :*

[...] aucune main de chair et de sang
Ne peut empoigner le manche sacré de notre sceptre
Sans profaner, voler ou usurper.

(III, III, 79-81)

Pourtant, en suggérant une symétrie entre deux formes de tyrannie, Shakespeare écrit avec Richard II *une tragédie moderne où la confrontation entre un monarque de droit et un monarque de fait laisse apparaître la menace d'inter-changeabilité, d'artificialité qui pèse sur le nom de roi, cette artificialité qui sera au centre de la réflexion de Hobbes sur l'arbitraire du pouvoir et inspirera sa philosophie politique du contrat social.* Richard II *annonce et dénonce l'univers froid où le roi est en passe de devenir un « dieu mortel », le Léviathan de Hobbes. L'appellation de « dieu sur terre », titre immémorial des empereurs chrétiens, qui aurait dû rester l'apanage de Richard, le roi « oint du Seigneur », s'applique en fait dans la pièce à Bolingbroke une fois devenu Henry IV, au moment où, sûr de son pouvoir, il peut pardonner à Aumerle (V, III, 134). L'Henry IV historique avait de même sacralisé son titre pour gommer l'usurpation. Marc Bloch, dans* Les Rois thaumaturges, *raconte que l'huile sacrée de Thomas Becket, perdue au moment du couronnement de Richard II, avait été miraculeusement retrouvée pour le sacre de l'usurpateur.*

DES CAVERNES MUETTES

Ce poème sur la mort d'un roi est parcouru par un étrange silence qui semble provenir de ces « cavernes muettes » dont il est question dès le premier acte et qui gardent le secret du meurtre originel d'Abel (I, 1, 104-105). Richard II *pourrait ressembler à une tragédie de la vengeance. Même s'il n'apparaît jamais, un spectre hante la pièce, celui de Thomas Woodstock, duc de Gloucester, oncle de Richard, que ce dernier, excédé par ses complots, avait fait assassiner à Calais en 1397.*

Une pièce anonyme des années 1591-1594, La Première Partie du règne de Richard II ou Thomas de Woodstock, *avait donné une version partiale mais explicite des faits et dressé le portrait d'un Richard tyrannique. Shakespeare aurait, dit-on, été acteur dans cette pièce. Elle raconte le meurtre de Woodstock à Calais et dénonce la responsabilité du jeune Richard dans cette affaire obscure, tout en louant la grandeur de sa première femme, Anne de Bohème qui contribua tant à apaiser les esprits en sa faveur. Mais Shakespeare choisit d'écrire sur la seconde partie du règne de Richard (1398-1400), après que le roi a épousé en secondes noces Isabelle de Valois, jeune reine de sept ans : il en fait une épouse adulte, dont les larmes brouillent la perception politique des événements.*

La pièce débute par la querelle entre deux grands seigneurs du royaume. Devant le roi son cousin, Henry Bolingbroke accuse Thomas Mowbray du meurtre de Woodstock. Rien ne permet de comprendre, si on ne le sait déjà, que le roi est le véritable coupable. Ce n'est que dans la scène suivante qu'une conversation entre Jean de Gand, le père d'Henry, et la duchesse de Gloucester, la veuve de Woodstock, nous apprend la responsabilité du roi dans l'élimination de son oncle. Dans la réalité, Woodstock s'était trouvé au centre d'une faction visant à emprisonner Richard et à éliminer ses conseillers, coupables selon lui d'avoir perdu des territoires français si durement acquis par leurs ancêtres. Parmi les conspirateurs — les « Lords appellants », ainsi nommés parce qu'ils en appelaient à la loi pour accuser le roi —, figuraient Bolingbroke et Mowbray, les deux protagonistes que Shakespeare présente dès le premier acte de la pièce engagés dans une violente querelle. D'abord complice de la conspiration, Mowbray s'était concilié les faveurs de Richard en lui dévoilant le complot, et Bolingbroke cherchait à se venger en l'accusant d'un meurtre dont il ne pouvait charger le roi, protégé par l'immunité morale des souverains. Mowbray était un substitut idéal : son titre de capitaine de la forteresse de Calais en 1397 rendait plausible sa participation au meurtre. Lorsqu'il sera disculpé après sa mort à Venise (IV, I, 97-98), Bolingbroke poursuivra le harcèlement de la conscience du roi en inventant un nouveau coupable de substitution, Aumerle, le fils d'York, aussi détestable à ses yeux que Mowbray par la fidélité qu'il montre à Richard. En accusant un ami du roi, Bolingbroke mettait Richard dans une situation difficile, coup politique d'une très grande habileté : le roi, s'il avait voulu disculper Mowbray, se serait vu contraint d'avouer sa propre responsabilité dans le meurtre. L'unique solution est formulée par Jean de Gand, duc de Lancastre, père de Bolingbroke et oncle du roi :

GAND

... [C]omme le châtiment réside dans les mains
Qui commirent le crime que nous ne pouvons châtier,
Confions notre querelle aux volontés du ciel...

(I, II, 4-6)

Laissera-t-on à Dieu, comme le droit médiéval le voudrait, le soin d'arbitrer cet affrontement dans un duel judiciaire censé rétablir la vérité devant le royaume rassemblé autour des lices de Coventry ? Richard élude le danger avec une habileté égale à celle de Gand et de Bolingbroke : il empêchera que la justice divine ne se manifeste en feignant un acte de clémence. Il interrompt le duel dans un geste théâtral et se venge de son cousin en l'exilant. Certes son loyal Mowbray partagera la sentence, mais l'enjeu pour le roi est trop important pour qu'il s'en embarrasse, tandis que pèse sur ce début de pièce l'impénétrable silence de ce qui ne peut être dit.

Shakespeare se sert de l'immunité royale pour donner une force dramatique au silence. En assourdissant les cris de Woodstock, la victime, comparé à Abel (I, I, 104), il donne à la pièce sa dimension mythique, sans pour autant que la malédiction de Caïn retombe sur un roi. Le déroulement de la tragédie s'ingénie à contredire les identifications auxquelles on s'attendrait. La mort de Richard dans le cachot de Pomfret n'expie pas le crime de Calais — elle le répète. Richard meurt tel un nouvel Abel, victime plutôt que bourreau châtié.

Le mythe de Caïn et Abel subit un étrange déplacement, un renversement grâce auquel l'ancien manichéisme s'estompe au profit d'un machiavélisme implicite, éminemment moderne. Le nom du roi ne sera pas souillé par le crime du roi, fût-il usurpateur. Le masque de Caïn ne sera toujours porté que par des substituts, Mowbray dans l'acte I, puis Aumerle dans l'acte IV. Et lorsque Richard sera tué dans sa prison, Bolingbroke échappera lui aussi, parce que roi, à la malédiction de Caïn. C'est l'insignifiant et trop fidèle Exton qui sera condamné à « errer parmi les ombres de la nuit » (V, VI, 43) pour avoir trop bien entendu le sens d'un soupir du nouveau roi : « N'ai-je pas un ami pour me débarrasser de cette vivante peur ? » (V, IV, 2). Henry Bolingbroke, désormais roi de droit, devant la dépouille de son rival, pourra alors renier Exton et porter à son paroxysme la poétique de l'ambiguïté inaugurée par Richard :

Si j'ai souhaité sa fin,
Je l'aime assassiné, je hais son assassin.
(V, VI, 39-40)

*C'est dans ce contexte de mythe archaïque et d'écriture en
miroir que naît la poésie de toute la pièce. Une centaine de
distiques rimés donnent aux vers un rythme parfois incan-
tatoire, parfois épique, qui se détache sur la régularité obses-
sionnelle, inexorable, du vers blanc. Jamais la prose ne vient
briser ce hiératisme formel, comme si le style des chroniques
d'où est issue la trame de cette histoire s'estompait et comme
si tout ce qui pouvait en rester était la poésie lyrique de la
douleur d'un Richard ou la rébellion déférente et masquée
d'un Bolingbroke.*

Lorsque Shakespeare compose Richard II, *en 1595, les
théâtres viennent de connaître deux années de fermeture due
à une épidémie de peste. Pendant cette éclipse de vie théâtrale,
Shakespeare s'est tourné vers la poésie et, profitant du soutien
du comte de Southampton, a écrit nombre de ses* Sonnets.
*L'expérience poétique toute récente, le jeu en miroir des mots,
s'épanouit dans l'écriture de* Richard II *qui marque le
retour à la scène. Et l'Ami des Sonnets pourrait avoir inspiré
l'image poétique d'une beauté féminine dans la peinture de
Richard, sa fragilité devant la rudesse des hivers. Coleridge
ne parle-t-il pas d'une féminité du personnage ? Est-ce en écho
à Coleridge que Deborah Warner choisit une actrice, Fiona
Shaw, pour tenir le rôle de Richard, à Londres (1995) et à
Bobigny (1996) ? On a beaucoup évoqué la prétendue homosexualité de Richard II. Mais il faut se garder d'appliquer à la
pièce de Shakespeare les conclusions qu'inspire l'*Édouard II
*de Marlowe. La « féminité » de Richard peut plutôt être
interprétée comme métaphore de sa faiblesse coupable.*

LE REMPART DU CHÂTEAU

Richard II est possédé par la faiblesse, comme Richard III l'avait été par une force démoniaque. C'est ainsi que Gand, l'oncle de Richard, diagnostique la cause des malheurs qui s'abattent sur l'Angleterre par la faute de son neveu. S'instituant en prophète, se faisant le porte-parole de feu le roi Édouard III son père, Gand imagine ce que ce dernier aurait pu voir de l'avenir :

GAND

Ô si ton grand-père d'un œil de prophète
Avait vu comment le fils de son fils détruirait ses fils,
Hors de ta portée il aurait mis ta honte
Te déposant avant que tu possèdes,
Toi qui es possédé de la fureur de te déposer toi-même.

(II, I, 104-108)

Cette prophétie fictive proférée dans un passé imaginaire plane sur toute la pièce, ponctuant le déroulement de son action de trois mots : possession, dépossession, déposition. Une logique de la destruction est à l'œuvre, dans l'espace et dans le temps. Le manoir de Woodstock, après le meurtre, symbolise par sa vacuité et son silence la dépossession de l'espace :

Des appartements vides et des murs nus,
Des offices dépeuplés, des dalles désertées [...]

(I, II, 68-69)

L'Angleterre, « forteresse bâtie par la Nature pour elle-même », devrait rester ce qu'elle était pour la génération des pères, ici Jean de Gand :

Cette pierre précieuse sertie dans une mer d'argent,
Qui fait pour elle office de rempart,
Ou de douve défendant la maison [...]

(II, ɪ, 46-48)

Mais dans une tragédie comme Richard II, *l'espace protecteur se dénature lui aussi et sa valeur symbolique s'inverse : la forteresse est « maintenant livrée à bail... comme une tenure ou une petite ferme » (II, ɪ, 59-60), et le rempart se fera bientôt prison. Déjà Mowbray, exilé de sa terre natale, vit dans le corps-château comme dans un cachot, sa langue désormais prisonnière « derrière la double herse des dents et des lèvres » (I, ɪɪɪ, 167). Richard, venu chercher refuge dans la forteresse de Flint, peut s'identifier à ce château fort dont les ruines forment un vaste corps efflanqué aux côtes rugueuses. La forteresse est déjà un squelette. Bolingbroke s'adresse à « ses oreilles en ruine » (III, ɪɪɪ, 32-34). C'est en quelque sorte le corps de Richard voué au destin de la pierre, à son inévitable fragilité, comme les marbres et les mausolées des princes au sonnet 55. Il se laisse prendre au piège de « cette enceinte de ciment et de pierre » (III, ɪɪɪ, 26), où il lui est encore donné de jouer « une petite scène / Pour faire le monarque » (III, ɪɪ, 164-165). Mais lorsque Bolingbroke s'approche de la « rude carcasse » du château, c'est pour menacer de faire pleuvoir « des averses de sang » sur « le frais giron vert de la belle terre de Richard » (III, ɪɪɪ, 43-47). La couronne elle-même, dernier rempart symbolique, dans les remparts délabrés de Flint, est dépossédée de sa fonction :*

... [C]ar dans la couronne creuse
Qui ceint les tempes mortelles d'un roi,
La Mort tient sa cour [...]

Pour finir elle vient et avec une petite épingle,
Perce le rempart du château, et adieu roi !
(III, II, 160-170)

À partir de ce moment, les châteaux forts, symboles jus-
qu'ici de l'espace féodal, deviennent pour Richard autant
de stations pour son chemin de croix, de Windsor, où il
connaît la gloire, à Barkloughly où il n'ose croire encore à
sa disgrâce prochaine, de Flint, ce théâtre de silex où il
perd son identité de roi, à Pomfret où il est assassiné, pour
revenir à Windsor, dans un cercueil. Tel un oiseau de
proie, Richard avait attendu la mort de Gand pour rem-
plir ses caisses et déposséder l'exilé Bolingbroke. Le voici
dépossédé maintenant de tout espace propre, il n'est même
plus le roi de ce théâtre, où « l'acteur préféré » est désormais
Bolingbroke (V, II, 24).

L'Angleterre dépossédée de ses remparts est devenue une
lande sombre, ouverte à la guerre civile, comme pour Boling-
broke en exil, l'espace n'était que contrées de feu ou de glace
(I, III, 294-298), immense comme les landes tragiques de
Lear *ou de* Macbeth. *Dans la nuit de l'acte II, dans le*
royaume abandonné de ce soleil qu'est le roi, de mystérieux
chassés-croisés laissent présager de sinistres rassemblements.
Au pays de Galles, ses plus fidèles partisans l'attendent. Ils
l'attendent si longtemps que le soleil finit par se coucher et le
ciel s'obscurcir, lourd d'orages à venir (II, IV, 21-22), de ces
orages cosmiques que sont les conflits politiques et les guerres
civiles qui en résulteront, comme l'explicite une métaphore de
Bolingbroke :

Il me semble que le roi Richard et moi-même devons nous
    rencontrer
D'une façon aussi terrifiante que les éléments

Du feu et de l'eau, quand le choc foudroyant
De leur rencontre déchire les joues nuageuses du ciel.

(III, III, 54-57).

Comme tous les héros tragiques de Shakespeare, pas plus
qu'il n'était au rendez-vous dans l'espace de sa légitimité,
Richard n'est au rendez-vous du temps. « Oui, j'ai déréglé
le temps et maintenant le temps me dérègle » (V, V, 48), dira-
t-il, lorsqu'il sera trop tard, dans la prison de Pomfret.

Dans la pénombre de ce monde à l'envers, un temps ren-
versé joue contre lui en effet, le temps de la « réversion »,
terme juridique qui exprime le renversement anormal de
l'avenir dans le présent, lorsque le testateur survivant à ses
héritiers reprend les biens qu'il leur avait légués. Boling-
broke revient d'exil pour reprendre possession de ses biens,
« par réversion », comme Richard l'avait craint (I, II, 35)
ou la reine deviné « par anticipation » (II, II, 38).

LE CIEL ET LA TERRE

Le retour d'exil d'Henry se fait sans aucune violence
apparente. Le rugueux chemin lui-même semble moins dur
sous le miel de ses douces paroles (II, III, 3-7). Si Richard s'en
remet aux anges pour protéger son royaume (III, II, 61-63),
Bolingbroke reprend vie au contact de la terre d'Angleterre,
« ma mère et ma nourrice » disait-il en la quittant pour l'exil
(I, III, 306). Richard, lui, est coupable d'avoir négligé les
affaires terrestres (III, II, 33-35), coupable d'avoir dissocié le
spirituel et le temporel, sans toutefois renoncer au temporel et
aux ponctions financières qu'il fait subir au royaume. Para-
doxalement, c'est à Bolingbroke, l'homme de la terre, qu'il
revient de recréer l'unité. Il a besoin du spirituel pour cau-

*tionner son usurpation, sa clémence pour Carlisle en témoigne,
ainsi que l'invocation du nom de Dieu lorsqu'il monte sur le
trône (IV, I, 113). Mais, usurpateur il reste, et ne peut être
que le brillant acteur du rôle d'un bon roi et mimer la légitimité. L'espace ouvert des trois premiers actes — le royaume
tout entier — s'est réduit à un espace clos, l'espace artificiel
d'une scène de théâtre. En montant sur le trône à l'acte IV,
Bolingbroke entre sur une scène dont il ne sortira que la veille
de sa mort, lorsque dans la deuxième partie d'*Henry IV il
parlera de la difficulté à maintenir sa place comme roi :*

HENRY

Car tout mon règne n'a été qu'un théâtre
Où se jouait cet argument.

(2 *Henry IV,* IV, v, 197-198)

Le royaume de Richard est celui des anges :

Dieu pour son Richard à sa solde recrute
Un ange glorieux : et si les anges livrent combat,
Les faibles hommes succombent, car le ciel protège tou-
    jours le droit.

(III, II, 60-62)

*Shakespeare fait allusion au « character angelicus » que
tout roi terrestre se devait de représenter. Le Richard historique le soulignait dans toutes les œuvres d'art où il laissa
sa trace. Sur le plafond du Hall de Westminster, des anges
sculptés soutiennent les ogives ou, dans le diptyque de Wilton[1], le roi est représenté le jour de son couronnement entouré
d'anges, onze, pour symboliser son âge lors de son accession.*

---

1. National Gallery, Londres.

C'est vers la terre que Bolingbroke se tourne. Il a d'elle une connaissance sensuelle qui lui interdit de se satisfaire des consolations abstraites que son père suggère (I, III, 294-303). Il l'apprivoise lorsqu'elle est ingrate dans « les hautes collines sauvages et les rudes chemins escarpés » du comté de Gloucester (II, III, 4-7). Richard au contraire, tel Prospero, coupable lui aussi d'avoir négligé le pouvoir, veut ensorceler la terre et faute de la posséder, souhaite la voir couverte de maléfices, d'araignées et de crapauds (III, II, 6-26). Mais bientôt, il devra jeter à la mer le livre de cette magie, faire taire la « musique lascive » d'un langage qu'il a appris à l'école des flatteurs, véritables instigateurs de sa chute (II, I, 19). Richard ne possède plus la terre. Il n'est plus possédé que par les mots d'une poésie de la terre morte, belle certes, mais creuse comme la terre qui recevra les cadavres de ses amis morts (III, II, 140), creuse comme la couronne (III, II, 160). Richard est devenu le roi poète, mais il règne sur un espace stérile et vide.

L'HERBE DE GRÂCE

Gand avait décrit l'Angleterre comme un jardin d'Éden (II, I, 42). Shakespeare reprend l'image du jardin biblique, métaphore des bons gouvernements (III, IV, 73), pour en faire le jardin de la justice et de la pitié, le jardin d'York. Ce dernier fils survivant d'Édouard III représente la neutralité entre Richard et Bolingbroke (II, III, 158). Il en fait lui-même état :

[...] Tous deux sont mes parents :
L'un est mon souverain, que mon serment
Et le devoir m'ordonnent tous les deux de défendre ;
　l'autre aussi

Est mon parent, que le roi a lésé,
Que ma conscience et ma parenté m'ordonnent de réta-
     blir dans son droit.

                                   (II, ii, 111-115)

Le jardinier est le gardien du temps de la Providence. Il
tient la balance de la justice. Pour lui, Bolingbroke, le
« grand » Bolingbroke (III, iv, 87), a eu le mérite de débar-
rasser le jardin du royaume des chenilles — les ministres cor-
rompus du roi (II, iii, 165 et III, iv, 47). Dans ce même jar-
din, lorsque la reine apprend que Richard est dépossédé de
son royaume, la nouvelle lui parvient d'abord par une
image d'espace dénaturé :

                    [C]e jardin enclos par la mer
Est plein de mauvaises herbes, ses plus belles fleurs
     étouffées,
Ses arbres fruitiers mal taillés, ses haies détruites...

                                   [III, iv, 43-45)

De la symbolique politique, Shakespeare passe à la sym-
bolique mythique du paradis perdu. La reine cherche dans
ce jardin « quelle Ève, quel serpent » a incité le jardinier
« à répéter la chute de l'homme maudit » (III, iv, 75-76).
Dépossédée de son roi, la reine Isabelle est possédée par
des fantasmes qui dénaturent à leur tour le temps à venir.
À l'acte II, elle avait vu s'avancer vers elle le malheur
« comme une douleur encore à naître », embryon « mûri
dans le ventre de la Fortune » (II, ii, 10) dont elle devait
accoucher bientôt, devenant ainsi, sur le mode fantasma-
tique, la mère de Bolingbroke, « le sinistre enfant de [sa]
douleur » :

À présent mon âme a mis au monde son fils monstrueux,
Et moi, mère haletante nouvellement délivrée,
Je souffre mal sur mal et douleur sur douleur.

(II, II, 64-66)

*La reine quête dans ses larmes le sens d'un chagrin dont
elle ne voit d'abord que « vingt reflets » sans en comprendre
le sens, comme par l'artifice de ces miroirs démultipliants que
l'on nommera « perspectives curieuses », ou anamorphoses,
dont les images d'abord égarent avant de prendre forme :*

Car l'œil de la douleur, embué par les larmes qui l'aveuglent,
Décompose une chose unique en de nombreux objets,
Tels ces tableaux trompeurs qui, regardés de face,
Ne montrent que confusion, mais qui, vus de biais,
Révèlent des formes distinctes.

(II, II, 16-20)

*Le jardinier de l'acte III redonne aux larmes de la reine
leur force et leur véracité lorsqu'il les voit creuser la terre. Le
jardinier du bon gouvernement sait qu'une place doit être
laissée à la douleur : il réserve un espace de ce jardin aux
pleurs de la reine. À l'endroit où l'une de ses larmes est tom-
bée, il fera pousser la plante du repentir et de la pitié, « l'herbe
de grâce » au goût doux-amer, la rue, que l'on retrouvera
dans le bouquet de la folle Ophélie (III, IV, 104-105).*

DAME PHILOSOPHIE

*D'Isabelle, Richard n'a pas conçu d'enfant. Le corps
d'Isabelle est creux et vide comme la tombe que Gand compa-
rait à la matrice d'une femme :*

> [...] comme une tombe,
> Dont la matrice creuse ne reçoit que des os.
>
>   (II, i, 82-83)

Mais dans la tradition platonicienne et hermétique, la femme est le Lieu, la Matière dans le processus de la génération — que ce soit celle des corps ou celle des mots — qui permet à la Forme, le principe mâle, de naître au monde. C'est à cette image philosophique de la féminité que Richard se réfère dans l'isolement de Pomfret :

> De ma cervelle je ferai la femelle de mon esprit,
> Mon esprit sera le père et ces deux-là engendreront
> Une génération de pensées se reproduisant sans cesse
> Et ces mêmes pensées peupleront ce petit monde,
> Semblables dans leurs humeurs au peuple de ce monde
>   [...]
>
>   (V, v, 6-10)

De la même façon, une image désobligeante s'attache d'abord à la femme lorsque Bolingbroke fait jouer à la duchesse d'York le rôle de la « Mendiante » (V, III, 77-78), mais la duchesse devient bientôt la nourrice chargée de l'éducation du nouveau prince :

> LA DUCHESSE
> Si j'étais ta nourrice, si je devais t'apprendre à parler,
> « Pardon » serait le premier mot de ton vocabulaire.
>
>   (V, III, 111-112)

Or dans La Consolation de la Philosophie *— source évidente de la pièce — traduite d'abord par le poète Chaucer,* puis en 1593 par la reine Élisabeth, Boèce fait de Dame Philosophie une nourrice, rôle noble s'il en est. Ainsi la duchesse n'est pas seulement un personnage ridicule (il s'agit de la seule scène comique de la pièce). En tant que nourrice qui apprend au prince à parler, elle souligne qu'Henry ne doit pas répéter le péché contre le langage dont Richard était coupable et qui avait ébranlé les fondements mêmes du pouvoir royal. L'importance de ce thème de la nourrice gardienne de l'intégrité du langage avait déjà été annoncée par Mowbray qui se plaignait qu'aucune nourrice ne lui enseignerait la langue de l'exil — cette « mort muette » — (I, III, 172-173), si semblable à ce qui allait être celle de Richard.

LE FINALE D'UNE MUSIQUE

Pour Richard, la consolation ne peut plus venir des mots mais de la musique. Richard meurt de la mort du langage délié de sa substance. À Pomfret, les mots dont il avait tant abusé ne véhiculent plus que l'impuissance de pensées qui « meurent dans la fleur de leur orgueil » (V, V, 21). Pour s'être combattus en des duels infinis et stériles (V, III, 120 ; V, V, 13-14), les mots vont se taire, mais pas avant d'avoir, comme le miroir brisé de l'acte IV, fragmenté l'image du roi en mille rôles d'acteur dont aucun n'est le sien :

RICHARD

... ainsi à moi tout seul je joue maints personnages,
Dont aucun n'est content.

(V, V, 30-31)

Richard ne meurt ni dans le bruit et la fureur comme Macbeth, ni dans le silence comme Hamlet : une musique par-

vient jusqu'à lui. « Marque d'amour » (V, v, 65), elle fait
taire les mots assassins. Elle est le cadeau ultime du petit
palefrenier, visiteur anonyme dont le message rappelle celui
de Dame Philosophie dans la prison de Boèce, le message de
quelqu'un qui ne parle plus avec la langue mais avec le
cœur :

LE PALEFRENIER

Ce que ma langue n'ose pas, mon cœur saura le dire.

(V, v, 97)

La musique est comme une mesure du temps. Elle rappelle
les dernières paroles de Gand :

Le soleil qui se couche, le finale d'une musique,
Comme l'arrière-goût d'une saveur douce, ont une dou-
    ceur qui dure,
Se gravent plus dans la mémoire que des choses dès long-
    temps révolues.

(II, i, 12-14)

Le soleil de Richard se couche. Mais le finale de la musique
entendu à Pomfret résonne encore pour faire échec au silence
des « cavernes muettes » de la terre.

Margaret Jones-Davies

La Tragédie
du roi Richard II

CHARACTERS
(in order of appearance)

KING RICHARD II.

JOHN OF GAUNT, *Duke of Lancaster, uncle to King Richard.*

HENRY BOLINGBROKE, *Duke of Hereford (Earl of Derby), son to John Gaunt, cousin to King Richard. Afterwards King Henry IV.*

THOMAS MOWBRAY, *Duke of Norfolk (Earl of Nottingham).*

THE DUCHESS OF GLOUCESTER, *widow of Thomas of Woodstock, Duke of Gloucester.*

THE LORD MARSHAL.

THE DUKE OF AUMERLE *(Earl of Rutland), son to the Duke of York, cousin to King Richard.*

Two Heralds.

SIR HENRY GREENE
SIR JOHN BUSHY ⎫ *ministers to King Richard.*
SIR JOHN BAGOT

EDMUND OF LANGLEY, *Duke of York, uncle to King Richard, brother to John of Gaunt.*

HENRY PERCY, *Earl of Northumberland* ⎫ *northern lords,*
LORD ROSS *followers of Bolingbroke.*
LORD WILLOUGHBY

QUEEN ISABEL, *King Richard's wife.*

The Duke of York's servant.

HARRY PERCY *(Hotspur), son to the Earl of Northumberland.*

PERSONNAGES
(par ordre d'entrée en scène)

LE ROI RICHARD II.

JEAN DE GAND, *duc de Lancastre, oncle du roi Richard.*

HENRY BOLINGBROKE, *duc de Hereford (comte de Derby), fils de Jean de Gand, cousin du roi Richard, par la suite roi sous le nom d'Henry IV.*

THOMAS MOWBRAY, *duc de Norfolk (comte de Nottingham).*

LA DUCHESSE DE GLOUCESTER, *veuve de Thomas de Woodstock, duc de Gloucester.*

LE LORD MARÉCHAL.[1]

LE DUC D'AUMERLE *(comte de Rutland), fils du duc d'York, cousin du roi Richard.*

Deux hérauts.

SIR HENRY GREENE ⎫
SIR JOHN BUSHY ⎬ *ministres du roi Richard.*
SIR JOHN BAGOT ⎭

EDMOND DE LANGLEY, *duc d'York, oncle du roi Richard, frère de Jean de Gand.*

HENRY PERCY, *comte de* ⎫
Northumberland ⎪ *seigneurs du Nord,*
LORD ROSS ⎬ *partisans de Bolingbroke.*
LORD WILLOUGHBY ⎭

LA REINE ISABELLE, *épouse du roi Richard.*

Le serviteur du duc d'York.

HARRY PERCY *(Hotspur), fils du comte de Northumberland.*

LORD BERKELEY
THE EARL OF SALISBURY   *followers of*
A Welsh captain   *King Richard.*
THE BISHOP OF CARLISLE
SIR STEPHEN SCROOPE,
brother to the Earl of Wiltshire,
William Scroope
Two ladies, attendant upon the Queen.
A gardener.
His servant.
LORD FITZWATER, *follower of Bolingbroke.*
A Lord.
THE DUKE OF SURREY, *the son of Richard's half-brother, and Lord*
    Marshal, follower of King Richard.
THE ABBOT OF WESTMINSTER, *follower of King Richard.*
THE DUCHESS OF YORK.
SIR PIERCE OF EXTON.
His servant.
A groom to King Richard.
The keeper of the prison at Pomfret.
Guards, soldiers, attendants.

Scene : England and Wales.

LORD BERKELEY
LE COMTE DE SALISBURY   *partisans du*
Un capitaine **gallois**   *roi Richard.*
L'ÉVÊQUE DE CARLISLE
SIR STEPHEN SCROOPE,
frère du comte de Wiltshire,
William Scroope

Deux dames d'honneur de la reine Isabelle.
Un jardinier.
Son apprenti.
LORD FITZWATER, *partisan de Bolingbroke.*
Un seigneur.
LE DUC DE SURREY, *fils du demi-frère de Richard, et Lord Maréchal,*
   partisan du roi Richard.
L'ABBÉ DE WESTMINSTER, *partisan du roi Richard.*
LA DUCHESSE D'YORK.
SIR PIERCE D'EXTON.
Son serviteur.
Un palefrenier des écuries du roi Richard.
Le geôlier de la prison de Pomfret.
Gardes, soldats et serviteurs.

La scène est en Angleterre et au pays de Galles.

ACT I

Enter King Richard, John of Gaunt
with other nobles and attendants.

RICHARD

Old John of Gaunt, time-honoured Lancaster,
Hast thou according to thy oath and band
Brought hither Henry Hereford, thy bold son,
Here to make good the boisterous late appeal,
5 Which then our leisure would not let us hear,
Against the Duke of Norfolk, Thomas Mowbray?

GAUNT

I have, my liege.

RICHARD

Tell me moreover hast thou sounded him,
If he appeal the Duke on ancient malice,
10 Or worthily as a good subject should
On some known ground of treachery in him?

ACTE I

SCÈNE I. *[Le château de Windsor[1].]*

Entrent le roi Richard, Jean de Gand,
ainsi que d'autres nobles et leur suite.

RICHARD

Vieux Jean de Gand, vénérable Lancastre,
As-tu conformément au serment qui te lie
Fait venir ici ton intrépide fils Henry Hereford[2]
Pour qu'il justifie la récente accusation tumultueuse
Qu'alors notre loisir ne nous permit pas d'entendre
Contre le duc de Norfolk, Thomas Mowbray[3] ?

GAND

Oui, mon suzerain.

RICHARD

Dis-moi encore, l'as-tu sondé,
Accuse-t-il le duc à cause d'une vieille rancune
Ou honnêtement comme un sujet loyal
Sur quelque motif avéré de traîtrise ?

GAUNT

As near as I could sift him on that argument,
On some apparent danger seen in him
Aimed at your highness, no inveterate malice.

RICHARD

15 Then call them to our presence. Face to face,
And frowning brow to brow ourselves will hear
The accuser and the accused freely speak.
High stomached are they both and full of ire,
In rage deaf as the sea, hasty as fire.

Enter Bolingbroke and Mowbray.

BOLINGBROKE

20 Many years of happy days befall
My gracious sovereign, my most loving liege.

MOWBRAY

Each day still better other's happiness,
Until the heavens, envying earth's good hap,
Add an immortal title to your crown.

RICHARD

25 We thank you both, yet one but flatters us,
As well appeareth by the cause you come,
Namely to appeal each other of high treason.
Cousin of Hereford, what dost thou object
Against the Duke of Norfolk, Thomas Mowbray?

BOLINGBROKE

30 First... heaven be the record to my speech!
In the devotion of a subject's love,

GAND

Pour autant que j'aie pu le passer au crible sur ce point,
C'est à cause d'un péril manifeste qu'il voit
Menacer Votre Altesse, non par rancune invétérée.

RICHARD

Alors qu'on les convoque devant nous. Face à face,
Front baissé contre front, nous-même voulons entendre
L'accusateur et l'accusé parler librement.
Tous deux sont arrogants, furieux, dans leur colère
Emportés comme feu et sourds comme la mer.

Entrent Bolingbroke et Mowbray.

BOLINGBROKE

Longues années d'heureux jours
À mon gracieux souverain, mon très tendre suzerain !

MOWBRAY

Que chaque jour accroisse le bonheur de la veille
Jusqu'à ce que le ciel, jalousant la bonne fortune de la terre,
Ajoute le titre d'immortalité à votre couronne !

RICHARD

Merci à tous les deux mais l'un de vous nous flatte,
Comme en témoigne la raison de votre venue,
À savoir, vous accuser l'un l'autre de haute trahison.
Cousin de Hereford, quel grief as-tu
Contre le duc de Norfolk, Thomas Mowbray ?

BOLINGBROKE

Tout d'abord, que le ciel soit le registre de mon discours !
C'est avec la ferveur et l'amour d'un sujet

Tendering the precious safety of my prince,
And free from other misbegotten hate,
Come I appellant to this princely presence.
35 Now Thomas Mowbray, do I turn to thee,
And mark my greeting well; for what I speak
My body shall make good upon this earth,
Or my divine soul answer it in heaven.
Thou art a traitor and a miscreant,
40 Too good to be so, and too bad to live,
Since the more fair and crystal is the sky,
The uglier seem the clouds that in it fly;
Once more, the more to aggravate the note,
With a foul traitor's name stuff I thy throat,
45 And wish, so please my sovereign, ere I move,
What my tongue speaks my right drawn sword may prove.

MOWBRAY

Let not my cold words here accuse my zeal.
'Tis not the trial of a woman's war,
The bitter clamour of two eager tongues,
50 Can arbitrate this cause betwixt us twain;
The blood is hot that must be cooled for this.
Yet can I not of such tame patience boast
As to be hushed, and naught at all to say.
First, the fair reverence of your highness curbs me
55 From giving reins and spurs to my free speech,
Which else would post until it had returned
These terms of treason doubled down his throat;

Inquiet pour la précieuse sécurité de mon prince,
Et libre de toute haine illégitime,
Que je viens en accusateur[1] en votre royale présence.
Maintenant Thomas Mowbray, je me tourne vers toi,
Écoute bien ma diatribe ; car, ce que je dis,
Mon corps le prouvera sur cette terre,
Ou mon âme immortelle en répondra au ciel.
Tu es un traître et un scélérat,
Trop noble pour être tel, trop ignoble pour vivre,
Car plus pur et plus clair est le cristal des cieux,
Plus les nuages qui passent paraissent hideux ;
Encore une fois, pour encore aggraver le blâme,
J'enfonce dans ta gorge le nom de traître infâme,
Et je souhaite, s'il plaît à mon souverain, ne pas bouger
    d'ici
Que ma juste épée n'ait prouvé ce que ma langue a
    dit.

MOWBRAY

Que mes froides paroles n'accusent pas mon zèle.
Ce n'est pas l'épreuve d'une guerre de femmes,
L'aigre clameur de deux langues coupantes,
Qui peut arbitrer ce litige entre nous ;
Le sang est chaud qui doit pour cela se glacer.
Je ne peux pourtant pas m'enorgueillir d'une patience
    apprivoisée au point
D'être réduit au silence et de ne rien dire du tout.
Tout d'abord, le respect légitime que j'ai pour Votre
    Altesse
Me retient de lâcher la bride et de donner de l'éperon
    à mon libre discours,
Qui sinon galoperait jusqu'à ce qu'il lui ait rentré
Ce terme de trahison deux fois dans la gorge ;

Setting aside his high blood's royalty,
And let him be no kinsman to my liege,
60 I do defy him, and I spit at him,
Call him a slanderous coward and a villain,
Which to maintain I would allow him odds,
And meet him were I tied to run afoot
Even to the frozen ridges of the Alps,
65 Or any other ground inhabitable
Where ever Englishman durst set his foot.
Meantime, let this defend my loyalty...
By all my hopes most falsely doth he lie.

BOLINGBROKE

Pale trembling coward, there I throw my gage,
70 Disclaiming here the kindred of the king,
And lay aside my high blood's royalty,
Which fear, not reverence, makes thee to except.
If guilty dread have left thee so much strength
As to take up mine honour's pawn, then stoop.
75 By that, and all the rites of knighthood else,
Will I make good against thee, arm to arm,
What I have spoke, or thou canst worse devise.

MOWBRAY

I take it up, and by that sword I swear
Which gently laid my knighthood on my shoulder
80 I'll answer thee in any fair degree
Or chivalrous design of knightly trial;
And when I mount, alive may I not light,
If I be traitor or unjustly fight!

J'écarte la royauté de son noble sang,
Qu'il ne soit plus pour moi le parent de mon suzerain,
Je le défie, je lui crache au visage,
Le traite de lâche calomniateur et de scélérat,
Et pour soutenir cela, je suis prêt à lui accorder l'avantage,
Et à l'affronter, dussé-je à pied courir
Jusqu'aux crêtes glacées des Alpes,
Ou sur toute autre terre inhabitable
Où jamais Anglais osa poser le pied.
En attendant, que ceci défende ma loyauté...
Par toutes mes espérances il ment très perfidement.

BOLINGBROKE

Pâle tremblant couard, je jette ici mon gage,
Renonçant à la parenté du roi,
Et je mets de côté la royauté de mon noble sang,
Que la peur, non le respect, t'incite à écarter.
Si le coupable effroi te laisse assez de force
Pour relever le gage de mon honneur, alors baisse-toi.
Par ce gage, et par tous les autres rites de la chevalerie,
Je soutiendrai contre toi, bras contre bras,
Ce que j'ai dit, ou tout ce que tu peux imaginer de pire.

MOWBRAY

Je le relève ; et je jure sur cette épée
Qui doucement apposa ma chevalerie sur mon épaule,
Que je te répondrai par tous les moyens
Ou sous toutes les formes qu'autorisent les lois de
    l'épreuve chevaleresque[1] ;
Et que de mon cheval je ne descende pas vivant
Si je suis un traître ou si mon combat est injuste !

RICHARD

What doth our cousin lay to Mowbray's charge?
85 It must be great that can inherit us
So much as of a thought of ill in him.

BOLINGBROKE

Look what I speak, my life shall prove it true:
That Mowbray hath received eight thousand nobles
In name of lendings for your highness' soldiers,
90 The which he hath detained for lewd employments,
Like a false traitor and injurious villain;
Besides I say, and will in battle prove,
Or here, or elsewhere to the furthest verge
That ever was surveyed by English eye,
95 That all the treasons for these eighteen years
Complotted and contrived in this land
Fetch from false Mowbray their first head and spring;
Further I say, and further will maintain
Upon his bad life to make all this good,
100 That he did plot the Duke of Gloucester's death,
Suggest his soon-believing adversaries,
And consequently, like a traitor coward,
Sluiced out his innocent soul through streams of blood,
Which blood, like sacrificing Abel's, cries
105 Even from the tongueless caverns of the earth,
To me for justice and rough chastisement;
And, by the glorious worth of my descent,
This arm shall do it, or this life be spent.

RICHARD

How high a pitch his resolution soars!
110 Thomas of Norfolk, what say'st thou to this?

RICHARD

Qu'avance notre cousin à la charge de Mowbray ?
Il faut que ce soit grave pour nous faire hériter
Ne fût-ce que d'une pensée qu'il y a du mal en lui.

BOLINGBROKE

Tout ce que je dis, sur ma vie je le prouverai :
Ce Mowbray a reçu huit mille couronnes
À titre d'avance pour les soldats de Votre Altesse,
Cette somme il l'a conservée, employée à des usages vils,
Comme un traître perfide, un impudent scélérat ;
En outre je dis, et prouverai en combat,
Soit ici, soit ailleurs jusqu'aux confins les plus éloignés
Qu'ait jamais contemplés un œil anglais,
Que depuis dix-huit ans toutes les trahisons[1]
Tramées et machinées dans ce pays
Tirent du perfide Mowbray leur principe et leur source ;
De plus je déclare, et de plus soutiendrai
Le prouvant aux dépens de sa méchante vie,
Qu'il a tramé la mort du duc de Gloucester[2],
Y incitant ses trop crédules adversaires,
Et qu'en conséquence, comme un traître et un lâche,
Il a fait couler son âme innocente dans des flots de sang,
Ce sang, comme celui d'Abel sacrifiant, crie
Du fond des cavernes muettes de la terre,
Me réclame justice et rude châtiment ;
Et, par la glorieuse valeur de ma lignée,
Ce bras l'exaucera, ou cette vie sera consumée.

RICHARD

À quelles hauteurs s'élève sa résolution !
Thomas de Norfolk, que dis-tu à cela ?

MOWBRAY

Oh let my sovereign turn away his face,
And bid his ears a little while be deaf,
Till I have told this slander of his blood
How God and good men hate so foul a liar.

RICHARD

115 Mowbray, impartial are our eyes and ears.
Were he my brother, nay, my kingdom's heir,
As he is but my father's brother's son,
Now by my sceptre's awe I make a vow
Such neighbour nearness to our sacred blood
120 Should nothing privilege him nor partialize
The unstooping firmness of my upright soul.
He is our subject, Mowbray; so art thou :
Free speech and fearless I to thee allow.

MOWBRAY

Then, Bolingbroke, as low as to thy heart
125 Through the false passage of thy throat thou liest.
Three parts of that receipt I had for Calais
Disbursed I duly to his highness' soldiers.
The other part reserved I by consent,
For that my sovereign liege was in my debt
130 Upon remainder of a dear account
Since last I went to France to fetch his queen.
Now swallow down that lie. For Gloucester's death,
I slew him not, but to my own disgrace
Neglected my sworn duty in that case.
135 For you, my noble lord of Lancaster,

MOWBRAY

Oh, que mon souverain détourne son visage,
Et dise à ses oreilles d'être sourdes un moment,
Jusqu'à ce que j'aie déclaré à cet opprobre de son sang
À quel point Dieu et les hommes de bien haïssent un
    menteur aussi abject.

RICHARD

Mowbray, impartiaux sont nos yeux et nos oreilles.
Quand il serait mon frère, que dis-je, l'héritier de mon
    royaume,
Et il n'est que le fils du frère de mon père,
Eh bien, par la terreur de mon sceptre, j'en fais le serment,
Pareille proximité de notre sang sacré
Ne lui donnerait nul privilège, ni ne rendrait partiale
L'inébranlable fermeté de mon âme intègre.
Il est notre sujet, Mowbray ; tout comme toi :
Parle librement et sans peur je t'en donne droit.

MOWBRAY

Alors, Bolingbroke, jusqu'au fond de ton cœur
Par le perfide canal de ta gorge tu mens.
Les trois quarts de la somme que j'ai reçue pour Calais[1]
Je les ai dûment distribués aux soldats de Son Altesse ;
Le dernier quart je l'ai gardé avec son consentement,
Parce que mon souverain était mon débiteur
Du solde d'une importante dette
Depuis que j'étais allé en France chercher son épouse[2].
Ravale donc ce mensonge. Pour la mort de Gloucester,
Je ne l'ai pas tué, mais j'ai, pour ma propre disgrâce,
Négligé en ce cas mon serment d'allégeance.
Pour vous, mon noble seigneur de Lancastre,

The honourable father to my foe,
Once did I lay an ambush for your life,
A trespass that doth vex my grieved soul.
But ere I last received the sacrament
140 I did confess it, and exactly begged
Your grace's pardon, and I hope I had it.
This is my fault. As for the rest appealed,
It issues from the rancour of a villain,
A recreant and most degenerate traitor,
145 Which in myself I boldly will defend,
And interchangeably hurl down my gage
Upon this overweening traitor's foot,
To prove myself a loyal gentleman
Even in the best blood chambered in his bosom.
150 In haste whereof most heartily I pray
Your highness to assign our trial day.

RICHARD

Wrath-kindled gentlemen, be ruled by me.
Let's purge this choler without letting blood.
This we prescribe though no physician;
155 Deep malice makes too deep incision.
Forget, forgive, conclude and be agreed.
Our doctors say this is no month to bleed.
Good uncle, let this end where it begun,
We'll calm the Duke of Norfolk, you your son.

GAUNT

160 To be a make-peace shall become my age.
Throw down, my son, the Duke of Norfolk's gage.

L'honorable père de mon ennemi,
J'ai autrefois tendu une embuscade à votre vie,
Un crime qui tourmente sans cesse mon âme affligée.
Mais la dernière fois que j'ai reçu le sacrement,
Je l'ai confessé, et j'ai expressément imploré
Le pardon de Votre Grâce, j'espère l'avoir reçu.
Telle est ma faute. Quant au reste de l'accusation,
Il émane de la rancœur d'un scélérat,
D'un renégat et du plus dégénéré des traîtres ;
Ce qu'en personne j'entends soutenir hardiment,
Et, à mon tour, je jette mon gage
Aux pieds de ce traître outrecuidant,
Pour prouver ma loyauté de gentilhomme
Au prix du meilleur sang qui loge en sa poitrine.
Dans ma hâte je prie Votre Altesse instamment
De décider du jour de notre jugement.

RICHARD

Gentilshommes enflammés par le courroux, laissez-vous
    gouverner par moi,
Purgeons cette bile sans répandre de sang.
Sans être médecin, c'est notre prescription ;
Rancœur profonde fait trop profonde incision.
Oubliez, pardonnez, traitez et pactisez :
Nos docteurs disent que ce n'est pas le bon mois pour une
    saignée.
Cher oncle, où cela commença, que tout cela finisse ;
Nous calmerons le duc de Norfolk, vous votre fils.

GAND

Être un faiseur de paix conviendra à mon âge.
Mon fils, du duc de Norfolk jette le gage.

RICHARD

And, Norfolk, throw down his.

GAUNT

When, Harry, when?
Obedience bids I should not bid again.

RICHARD

Norfolk, throw down we bid, there is no boot.

MOWBRAY

165 Myself I throw, dread sovereign, at thy foot;
My life thou shalt command, but not my shame:
The one my duty owes, but my fair name,
Despite of death, that lives upon my grave,
To dark dishonour's use thou shalt not have.
170 I am disgraced, impeached and baffled here,
Pierced to the soul with slander's venomed spear,
The which no balm can cure but his heart blood
Which breathed this poison.

RICHARD

Rage must be withstood.
Give me his gage. Lions make leopards tame.

MOWBRAY

175 Yea, but not change his spots. Take but my shame
And I resign my gage. My dear, dear lord,
The purest treasure mortal times afford
Is spotless reputation — that away,
Men are but gilded loam, or painted clay.

RICHARD

Et toi, Norfolk, jette le sien.

GAND

Alors, Harry, alors ?
Obéissance ordonne que je n'aie pas à ordonner encore.

RICHARD

Norfolk, jette, nous l'ordonnons, inutile d'atermoyer.

MOWBRAY

C'est moi-même, redouté souverain, que je jette à tes pieds ;
Tu peux commander à ma vie, pas à ma honte :
Mon allégeance te doit la première, mais mon bon renom,
Qui vivra sur ma tombe en dépit de la mort,
Tu n'en disposeras pas pour le vouer au noir déshonneur.
Je suis ici disgracié, accusé de trahison et bafoué,
Transpercé jusqu'à l'âme par la lance empoisonnée de
    la calomnie,
Et aucun baume ne peut guérir cela hormis le sang du cœur
Qui exhala ce poison.

RICHARD

Il faut contenir la fureur :
Donne-moi son gage ; les lions domptent les léopards[1].

MOWBRAY

Oui, mais n'effacent pas leurs taches. Enlevez-moi ma honte,
Et je rendrai mon gage. Mon cher, cher seigneur,
Le trésor le plus pur qu'offre cette vie mortelle
Est une réputation sans tache — celle-ci éteinte,
Les hommes ne sont que glaise dorée, argile peinte.

180 A jewel in a ten times barred up chest
Is a bold spirit in a loyal breast.
Mine honour is my life, both grow in one.
Take honour from me and my life is done.
Then, dear my liege, mine honour let me try.
185 In that I live, and for that will I die.

RICHARD

Cousin, throw up your gage, do you begin.

BOLINGBROKE

O God defend my soul from such deep sin!
Shall I seem crestfallen in my father's sight?
Or with pale beggar fear impeach my height
190 Before this out-dared dastard? Ere my tongue
Shall wound my honour with such feeble wrong,
Or sound so base a parle, my teeth shall tear
The slavish motive of recanting fear
And spit it bleeding in his high disgrace,
195 Where shame doth harbour, even in Mowbray's face.

[Exit Gaunt.]

RICHARD

We were not born to sue, but to command.
Which, since we cannot do to make you friends,
Be ready, as your lives shall answer it,
At Coventry upon Saint Lambert's Day.
200 There shall your swords and lances arbitrate

Un joyau dans un coffre dix fois verrouillé
C'est un cœur intrépide dans une poitrine loyale.
Mon honneur est ma vie, tous les deux ne font qu'un.
Enlevez-moi l'honneur, c'en est fait de ma vie.
Donc, mon cher suzerain, mon honneur, laissez-moi le
    prouver ;
C'est de lui que je vis, pour lui que je mourrai.

RICHARD

Cousin, jetez votre gage, à vous de commencer.

BOLINGBROKE

Ô Dieu, garde mon âme d'un si profond péché !
Paraîtrai-je cimier baissé devant mon père ?
Dois-je blême de peur comme un mendiant ravaler ma
    hauteur
Devant ce pleutre effarouché ? Avant que ma langue
Ne blesse mon honneur d'une aussi veule soumission,
Ou ne proclame une trêve aussi honteuse, mes dents
    déchireront
Le servile instrument d'un reniement craintif,
Et le cracheront sanglant pour son grand déshonneur
Là où loge la honte, au visage même de Mowbray.

[Sort Jean de Gand.]

RICHARD

Nous ne sommes pas nés pour supplier mais pour com-
    mander[1].
Et puisque nous ne pouvons pas faire de vous des amis,
Soyez prêts, vos vies en répondront,
À Coventry le jour de la Saint Lambert[2].
Et là vos épées et vos lances devront arbitrer

The swelling difference of your settled hate.
Since we cannot atone you, we shall see
Justice design the victor's chivalry.
Lord Marshal, command our officers at arms
205 Be ready to direct these home alarms.

[Exeunt]

SCENE II.   *[John of Gaunt's house.]*

*Enter John of Gaunt
with the Duchess of Gloucester.*

GAUNT

Alas, the part I had in Woodstock's blood
Doth more solicit me than your exclaims
To stir against the butchers of his life;
But since correction lieth in those hands
5 Which made the fault that we cannot correct,
Put we our quarrel to the will of heaven,
Who, when they see the hours ripe on earth,
Will rain hot vengeance on offenders' heads.

DUCHESS

Finds brotherhood in thee no sharper spur?
10 Hath love in thy old blood no living fire?
Edward's seven sons, whereof thyself art one,
Were as seven vials of his sacred blood,
Or seven fair branches springing from one root.

Le houleux différend de votre haine enracinée.
Puisque nous ne pouvons vous réconcilier, nous verrons
La justice indiquer le vainqueur de la joute.
Lord Maréchal, commandez à nos hérauts d'armes[1]
D'être prêts à régler ces troubles domestiques.

[Ils sortent.]

SCÈNE II[2].　*[La maison de Jean de Gand.]*

Entrent Jean de Gand
et la duchesse de Gloucester.

GAND

Hélas, ce que j'ai en moi du sang de Gloucester
M'incite plus que vos protestations
À agir contre les bouchers de sa vie ;
Mais comme le châtiment réside dans les mains
Qui commirent le crime que nous ne pouvons châtier,
Confions notre querelle aux volontés du ciel ;
Quand il verra que les temps sont mûrs sur la terre,
Il fera pleuvoir une brûlante vengeance sur la tête des
　　coupables.

LA DUCHESSE

La cause d'un frère ne trouve-t-elle pas en toi un épe-
　　ron plus mordant ?
L'amour dans ton vieux sang n'a-t-il donc plus de feu ?
Les sept fils d'Édouard, et tu es l'un d'eux,
Étaient comme sept flacons de son sang sacré,
Ou sept beaux rameaux issus d'une même souche[3].

Some of those seven are dried by nature's course,
15 Some of those branches by the Destinies cut;
But Thomas, my dear lord, my life, my Gloucester,
One vial full of Edward's sacred blood,
One flourishing branch of his most royal root,
Is cracked, and all the precious liquor spilt,
20 Is hacked down, and his summer leaves all faded,
By envy's hand, and murder's bloody axe.
Ah, Gaunt! his blood was thine! that bed, that womb,
That mettle, that self mould, that fashioned thee
Made him a man; and though thou liv'st and breath'st
25 Yet art thou slain in him; thou dost consent
In some large measure to thy father's death
In that thou seest thy wretched brother die,
Who was the model of thy father's life.
Call it not patience, Gaunt, it is despair;
30 In suffering thus thy brother to be slaughtered,
Thou showest the naked pathway to thy life,
Teaching stern murder how to butcher thee.
That which in mean men we entitle patience
Is pale cold cowardice in noble breasts.
35 What shall I say? To safeguard thine own life,
The best way is to venge my Gloucester's death.

GAUNT

God's is the quarrel — for God's substitute,
His deputy anointed in His sight,
Hath caused his death; the which if wrongfully,
40 Let heaven revenge, for I may never lift
An angry arm against His minister.

Certains de ces flacons furent vidés par le cours de la nature,
Certains de ces rameaux tranchés par les destinées ;
Mais Thomas, mon cher seigneur, ma vie, mon Gloucester,
Ce flacon plein du sang sacré d'Édouard,
Ce florissant rameau de sa souche royale,
Fut brisé, et toute la précieuse liqueur en fut répandue,
Fut abattu, et toutes ses feuilles d'été se fanèrent,
Par la main de l'envie, et la sanglante hache du meurtre.
Ah, Gand ! Ce sang était le tien ! Ce lit, ce ventre,
Ce métal, ce moule même qui t'ont façonné
L'avaient fait homme ; et bien que tu vives et respires,
En lui tu es assassiné ; tu consens
Dans une large mesure à la mort de ton père
En voyant mourir ton malheureux frère
Qui était la vivante image de ton père.
N'appelle pas patience, Gand, ce qui est désespoir ;
En souffrant que ton frère soit ainsi massacré,
Tu montres à découvert le chemin qui mène à ta vie,
Apprenant au meurtre farouche comment t'assassiner.
Ce que chez les hommes ordinaires nous appelons
    patience
N'est que froide couardise blême dans de nobles poitrines.
Que te dirai-je ? Pour sauvegarder ta propre vie,
Le meilleur moyen est de venger la mort de mon Gloucester.

GAND

C'est l'affaire de Dieu — car c'est le substitut de Dieu,
Son représentant consacré sous Ses yeux,
Qui a causé sa mort ; si c'est un crime,
Que le ciel le venge, car je ne pourrais jamais lever
Un bras furieux contre son ministre.

DUCHESS

Where then, alas, may I complain myself?

GAUNT

To God, the widow's champion and defence.

DUCHESS

Why then I will. Farewell, old Gaunt.
45 Thou goest to Coventry, there to behold
Our cousin Hereford and fell Mowbray fight.
Oh, set my husband's wrongs on Hereford's spear,
That it may enter butcher Mowbray's breast!
Or if misfortune miss the first career
50 Be Mowbray's sins so heavy in his bosom
That they may break his foaming courser's back,
And throw the rider headlong in the lists,
A caitiff recreant to my cousin Hereford.
Farewell, old Gaunt; thy sometimes brother's wife
55 With her companion, grief, must end her life.

GAUNT

Sister, farewell. I must to Coventry.
As much good stay with thee as go with me!

DUCHESS

Yet one word more. — Grief boundeth where it falls,
Not with the empty hollowness, but weight.
60 I take my leave before I have begun,

LA DUCHESSE

À qui donc, hélas, pourrais-je me plaindre ?

GAND

À Dieu, champion et défenseur de la veuve.

LA DUCHESSE

Eh bien, soit. Au revoir, vieux Gand.
Tu vas à Coventry, pour y voir
Combattre notre cousin Hereford et le cruel Mowbray.
Oh, que les torts soufferts par mon mari pèsent sur la
    lance de Hereford
Pour qu'elle entre dans la poitrine de ce boucher de
    Mowbray !
Ou si par malheur il manque le premier assaut,
Que les péchés de Mowbray soient si lourds dans son cœur
Qu'ils brisent les reins de son coursier écumant
Et jette le cavalier la tête la première dans la lice,
Poltron captif de mon cousin Hereford !
Adieu, vieux Gand ; celle qui fut l'épouse de ton frère
Doit terminer sa vie, la douleur pour compagne.

GAND

Ma sœur, adieu. Je dois partir pour Coventry.
Puisse autant de bonheur demeurer avec toi et partir
    avec moi !

LA DUCHESSE

Encore un mot, pourtant... La douleur rebondit ou elle
    tombe,
Non qu'elle soit vide et creuse, mais à cause de son poids.
Je prends congé avant d'avoir commencé,

For sorrow ends not when it seemeth done.
Commend me to thy brother Edmund York.
Lo, this is all... Nay, yet depart not so;
Though this be all, do not so quickly go;
65 I shall remember more. Bid him... ah, what?...
With all good speed at Plashy visit me.
Alack, and what shall good old York there see
But empty lodgings and unfurnished walls,
Unpeopled offices, untrodden stones,
70 And what hear there for welcome but my groans?
Therefore commend me; let him not come there
To seek out sorrow that dwells everywhere.
Desolate, desolate will I hence and die.
The last leave of thee takes my weeping eye.

Exeunt.

SCENE III.   *[Coventry, the lists.]*

Enter Lord Marshal and the Duke Aumerle.

MARSHAL

My Lord Aumerle, is Harry Hereford armed?

AUMERLE

Yea, at all points, and longs to enter in.

MARSHAL

The Duke of Norfolk, sprightfully and bold,
Stays but the summons of the appellant's trumpet.

Car le chagrin ne finit pas quand il semble épuisé.
Recommande-moi à mon frère Edmond York.
Voilà, c'est tout... Non, ne t'en va pas ainsi,
Bien que ce soit là tout, ne pars pas aussi vite ;
Je vais me rappeler autre chose. Dis-lui... Oh, quoi ?...
Qu'il vienne me voir sans tarder à Plashy[1].
Hélas, et que verra là-bas le bon vieux York ?
Des appartements vides et des murs nus,
Des offices dépeuplés, des dalles désertées,
Et comme bienvenue qu'entendra-t-il sinon mes plaintes ?
Recommande-moi donc, mais qu'il ne vienne pas là-bas
Chercher la douleur : elle y est partout.
Désolée, désolée, je veux partir d'ici et mourir :
C'est le dernier adieu que t'adressent mes yeux en pleurs.

Ils sortent.

SCÈNE III[2]. *[Coventry. La lice.]*

Entrent le Lord Maréchal et le duc d'Aumerle.

LE MARÉCHAL

Mon Seigneur Aumerle, Harry Hereford est-il armé ?

AUMERLE

Oui, de pied en cap, et impatient d'entrer en lice.

LE MARÉCHAL

Le duc de Norfolk, fougueux et intrépide,
N'attend que la sommation de la trompette de l'appelant.

AUMERLE

5 Why then, the champions are prepared, and stay
For nothing but his majesty's approach.

> *Flourish and the King enters with his nobles;
> when they are set, enter the Duke of Norfolk
> [Mowbray] in arms defendant.*

RICHARD

Marshal, demand of yonder champion
The cause of his arrival here in arms.
Ask him his name, and orderly proceed
10 To swear him in the justice of his cause.

MARSHAL

In God's name and the king's, say who thou art,
And why thou com'st thus knightly clad in arms,
Against what man thou comest and what thy quarrel.
Speak truly on thy knighthood and thy oath,
15 And so defend thee heaven and thy valour!

MOWBRAY

My name is Thomas Mowbray, Duke of Norfolk,
Who hither come engaged by my oath
(Which God defend a knight should violate)!
Both to defend my loyalty and truth
20 To God, my king, and my succeeding issue,
Against the Duke of Hereford that appeals me,
And by the grace of God, and this mine arm,
To prove him, in defending of myself,
A traitor to my God, my king, and me.
25 And as I truly fight, defend me heaven!

AUMERLE

Ainsi donc les champions sont prêts, et n'attendent
Plus que l'arrivée de Sa Majesté.

Des trompettes retentissent et le roi entre avec ses
nobles ; quand ils ont pris place, entre le duc de
Norfolk [Mowbray] armé, en défendeur[1].

RICHARD

Maréchal, demandez à ce champion là-bas
La cause qui l'amène ici en armes.
Demandez-lui son nom, et selon les règles
Faites-lui jurer que sa cause est juste.

LE MARÉCHAL

Au nom de Dieu et du roi, dis qui tu es,
Et pourquoi tu viens ainsi en armure de chevalier,
Contre quel homme tu viens et quelle est ta querelle.
Parle vrai sur ta foi de chevalier et ton serment,
Et dès lors te protègent le ciel et ta bravoure !

MOWBRAY

Mon nom est Thomas Mowbray, duc de Norfolk,
Je viens ici lié par mon serment
(Et Dieu défend qu'un chevalier le viole !)
Pour défendre ma loyauté et ma fidélité
Envers Dieu, mon roi et ma descendance,
Contre le duc de Hereford qui m'accuse,
Et par la grâce de Dieu, et mon bras que voici,
Prouver, en me défendant,
Qu'il est un traître envers mon Dieu, mon roi et moi.
Pour autant que mon combat est juste, que le ciel me
    protège !

*The trumpets sound. Enter the Duke of Hereford
[Bolingbroke], appellant in armour.*

RICHARD

Marshal, demand of yonder knight in arms,
Both who he is, and why he cometh hither
Thus plated in habiliments of war;
And formally according to our law
30 Depose him in the justice of his cause.

MARSHAL

What is thy name? And wherefore com'st thou hither
Before King Richard in his royal lists?
Against whom comest thou? and what's thy quarrel?
Speak like a true knight, so defend thee heaven!

BOLINGBROKE

35 Harry of Hereford, Lancaster and Derby
Am I, who ready here do stand in arms,
To prove by God's grace, and my body's valour
In lists, on Thomas Mowbray, Duke of Norfolk,
That he's a traitor foul and dangerous,
40 To God of heaven, King Richard and to me...
And as I truly fight, defend me heaven!

MARSHAL

On pain of death, no person be so bold
Or daring-hardy as to touch the lists,
Except the Marshal and such officers
45 Appointed to direct these fair designs.

*Les trompettes retentissent. Entre, le duc de Here-
ford [Bolingbroke], l'appellant, en armes.*

RICHARD

Maréchal, demandez à ce chevalier en armes là-bas,
Qui il est, et pourquoi il vient ici
Cuirassé d'habillements de guerre,
Et dans les formes, comme l'exige notre loi,
Qu'il atteste la justice de sa cause.

LE MARÉCHAL

Quel est ton nom ? Et pourquoi viens-tu ici
Devant le roi Richard dans sa lice royale ?
Contre qui viens-tu ? Et quelle est ta querelle ?
Parle en vrai chevalier, et que le ciel te protège !

BOLINGBROKE

Harry de Hereford, Lancastre et Derby,
Voilà qui je suis, moi qui me tiens ici en armes
Prêt à prouver par la grâce de Dieu, et la bravoure de
    mon corps
Dans la lice, sur la personne de Thomas Mowbray, duc
    de Norfolk,
Qu'il est un traître abject et dangereux,
Envers le Dieu du ciel, le roi Richard et moi...
Et pour autant que mon combat est juste, que le ciel
    me protège !

LE MARÉCHAL

Sous peine de mort, que personne n'ait la témérité
Ou la hardiesse d'oser toucher les palissades,
Hormis le maréchal et les officiers
Assignés pour régler cette loyale épreuve.

BOLINGBROKE

Lord Marshal, let me kiss my sovereign's hand
And bow my knee before his majesty;
For Mowbray and myself are like two men
That vow a long and weary pilgrimage;
50 Then let us take a ceremonious leave
And loving farewell of our several friends.

MARSHAL

The appellant in all duty greets your highness,
And craves to kiss your hand and take his leave.

RICHARD

We will descend and fold him in our arms.
55 Cousin of Hereford, as thy cause is right
So be thy fortune in this royal fight!
Farewell, my blood, which if today thou shed
Lament we may, but not revenge thee dead.

BOLINGBROKE

Oh, let no noble eye profane a tear
60 For me, if I be gored with Mowbray's spear.
As confident as is the falcon's flight
Against a bird do I with Mowbray fight.
My loving lord, I take my leave of you;
Of you, my noble cousin, Lord Aumerle;
65 Not sick, although I have to do with death,
But lusty, young and cheerly drawing breath.
Lo, as at English feasts, so I regreet
The daintiest last, to make the end most sweet.
Oh thou, the earthly author of my blood,
70 Whose youthful spirit in me regenerate

BOLINGBROKE

Lord Maréchal, laissez-moi baiser la main de mon souverain,
Et ployer le genou devant Sa Majesté ;
Car Mowbray et moi-même ressemblons à deux hommes
Qui font vœu d'accomplir un long et fatigant pèlerinage ;
Aussi permettez-nous de prendre solennellement congé
De nos divers amis, et de leur dire un tendre adieu.

LE MARÉCHAL

L'accusateur en toute allégeance salue votre Altesse,
Et implore de baiser votre main et de prendre congé.

RICHARD

Nous allons descendre et le serrer dans nos bras.
Cousin de Hereford, pour autant que ta cause est juste,
Que la fortune t'assiste en ce royal combat !
Adieu, mon sang ; si aujourd'hui tu le répands,
Mort, nous pourrons te pleurer, mais pas te venger.

BOLINGBROKE

Oh, qu'aucun œil noble ne profane une larme
Pour moi, si je suis éventré par la lance de Mowbray !
Aussi confiant que l'est le faucon qui s'abat
Sur un oiseau, je livre à Mowbray ce combat.
Mon tendre seigneur, je prends congé de vous ;
De vous, mon noble cousin, seigneur Aumerle ;
Non pas malade, bien que j'aie affaire à la mort,
Mais vigoureux, jeune et respirant la gaieté.
Et puis, comme dans les festins anglais, j'aborde[1]
Le meilleur en dernier, gardant le plus exquis pour la fin.
Ô toi, l'auteur terrestre de mon sang,
Dont l'ardeur juvénile qui revit en moi

Doth with a twofold vigour lift me up
To reach at victory above my head,
Add proof unto mine armour with thy prayers,
And with thy blessings steel my lance's point,
75 That it may enter Mowbray's waxen coat,
And furbish new the name of John of Gaunt
Even in the lusty haviour of his son.

GAUNT

God in thy good cause make thee prosperous,
Be swift like lightning in the execution,
80 And let thy blows, doubly redoubled,
Fall like amazing thunder on the casque
Of thy adverse pernicious enemy!
Rouse up thy youthful blood, be valiant and live.

BOLINGBROKE

Mine innocence and Saint George to thrive!

MOWBRAY

85 However God or Fortune cast my lot,
There lives or dies, true to King Richard's throne,
A loyal, just and upright gentleman.
Never did captive with a freer heart
Cast off his chains of bondage, and embrace
90 His golden uncontrolled enfranchisement,
More than my dancing soul doth celebrate
This feast of battle with mine adversary.
Most mighty liege, and my companion peers,
Take from my mouth the wish of happy years;
95 As gentle and as jocund as to jest
Go I to fight. Truth hath a quiet breast.

Me hisse avec une vigueur double
Jusqu'à une victoire plus haute que ma tête,
Rends mon armure invulnérable par tes prières,
Par tes bénédictions aiguise la pointe de ma lance,
Qu'elle perce comme de la cire la cotte de mailles de
    Mowbray,
Et refourbisse à neuf le nom de Jean de Gand,
Par la prouesse même de son fils.

GAND

Que Dieu soit favorable à ta juste cause,
Sois vif comme l'éclair dans l'exécution,
Et que tes coups, doublement redoublés,
S'abattent comme un stupéfiant tonnerre sur le casque
De ton adverse et perfide ennemi !
Excite ton jeune sang, sois vaillant et vis.

BOLINGBROKE

Mon innocence et saint Georges me soutiennent !

MOWBRAY

Quel que soit le sort que Dieu ou la fortune m'assignent,
Ici vivra ou mourra fidèle au trône du roi Richard,
Un gentilhomme loyal, juste et intègre.
Jamais captif d'un cœur plus réjoui
Ne rejeta ses chaînes de servitude, et n'étreignit
Sa liberté dorée et sans entraves
Que mon âme en dansant ne célèbre
La fête qu'est cette bataille contre mon adversaire.
Très puissant suzerain, mes compagnons, mes pairs,
Recevez de ma bouche un souhait d'années heureuses ;
Aussi serein et gai que pour une parade
Je vais me battre : la loyauté a le cœur tranquille.

RICHARD

Farewell, my lord, securely I espy
Virtue with valour couched in thine eye.
Order the trial, Marshal, and begin.

MARSHAL

100 Harry of Hereford, Lancaster and Derby,
Receive thy lance, and God defend the right.

BOLINGBROKE

Strong as a tower in hope, I cry amen.

MARSHAL

Go bear this lance to Thomas, Duke of Norfolk.

HERALD 1.

Harry of Hereford, Lancaster and Derby,
105 Stands here, for God, his sovereign, and himself,
On pain to be found false and recreant,
To prove the Duke of Norfolk, Thomas Mowbray,
A traitor to his God, his king, and him,
And dares him to set forward to the fight.

HERALD 2.

110 Here standeth Thomas Mowbray, Duke of Norfolk,
On pain to be found false and recreant,
Both to defend himself, and to approve
Henry of Hereford, Lancaster and Derby
To God, his sovereign, and to him disloyal,
115 Courageously and with a free desire,
Attending but the signal to begin.

RICHARD

Adieu, mon seigneur, avec confiance je vois
Vertu et bravoure briller dans ton regard.
Ordonnez l'épreuve, Maréchal, et commencez.

LE MARÉCHAL

Harry de Hereford, Lancastre et Derby,
Reçois ta lance, et que Dieu défende le droit !

BOLINGBROKE

Fort comme une tour dans mon espérance, je crie amen.

LE MARÉCHAL

Allez porter cette lance à Thomas, duc de Norfolk.

PREMIER HÉRAUT

Harry de Hereford, Lancastre et Derby,
Se présente ici, pour Dieu, son souverain, et lui-même,
Sous peine d'être reconnu fourbe et félon,
Afin de prouver que le duc de Norfolk, Thomas Mowbray,
Est un traître envers son Dieu, son roi et lui,
Et il le somme de s'avancer pour le combat.

DEUXIÈME HÉRAUT

Ici se présente Thomas Mowbray, duc de Norfolk,
Sous peine d'être reconnu fourbe et félon,
À la fois pour se défendre, et pour faire la preuve
Qu'Henry de Hereford, Lancastre et Derby,
Est déloyal envers Dieu, son souverain, et lui
Qui courageusement et avec toute l'ardeur de son désir,
N'attend que le signal pour commencer.

MARSHAL

Sound trumpets, and set forward combatants.

[A charge sounded.]

Stay, the king hath thrown his warder down.

RICHARD

Let them lay by their helmets and their spears,
120 And both return back to their chairs again.
Withdraw with us, and let the trumpets sound
While we return these dukes what we decree.

[A long flourish.]

Draw near and list
What with our Council we have done.
125 For that our kingdom's earth should not be soiled
With that dear blood which it hath fostered;
And for our eyes do hate the dire aspect
Of civil wounds ploughed up with neighbour's sword,
And for we think the eagle-winged pride
130 Of sky-aspiring and ambitious thoughts,
With rival-hating envy set on you
To wake our peace, which in our country's cradle
Draws the sweet infant breath of gentle sleep;
Which so roused up with boisterous untuned drums,
135 With harsh resounding trumpet's dreadful bray,
And grating shock of wrathful iron arms,
Might from our quiet confines fright fair peace,
And make us wade even in our kindred's blood...
Therefore we banish you out territories.

LE MARÉCHAL

Sonnez trompettes, et vous, combattants, avancez.

> *[On sonne la charge.]*

Arrêtez, le roi a jeté son bâton[1].

RICHARD

Qu'ils déposent leurs casques et leurs lances,
Et retournent tous les deux à leurs sièges.
Retirez-vous avec nous, et que sonnent les trompettes,
Jusqu'à ce que nous rapportions notre décision à ces ducs.

> *[Sonnerie prolongée.]*

Approchez et écoutez
Ce qu'en notre conseil nous avons arrêté.
Afin que la terre de notre royaume ne soit pas souillée
Par ce sang précieux qu'elle a nourri ;
Et parce que nos yeux haïssent la vision atroce
Des blessures civiles labourées par des épées conci-
   toyennes,
Et parce que nous pensons que c'est l'orgueil au vol d'aigle
De pensées ambitieuses qui aspirent à s'élever jusqu'au ciel,
Ainsi que la rancœur d'une haine rivale, qui vous incitent
À réveiller notre paix, cette paix qui dans le berceau de
   notre pays
Respire calmement d'un doux sommeil d'enfant ;
Et parce que ainsi réveillée par les tambours bruyants et
   désaccordés,
Par le braiment horrible des trompettes au son rauque,
Et par le choc grinçant du fer des armes courroucées,
Cette belle paix pourrait fuir de frayeur nos paisibles
   contrées,
Et nous faire patauger dans le sang de nos frères[2]...
Nous vous bannissons de nos territoires.

140 You, cousin Hereford, upon pain of life,
    Till twice five summers have enriched our fields
    Shall not regreet our fair dominions,
    But tread the stranger paths of banishment.

BOLINGBROKE

    Your will be done; this must my comfort be,
145 That sun that warms you here, shall shine on me,
    And those his golden beams to you here lent
    Shall point on me and gild my banishment.

·RICHARD

    Norfolk, for thee remains a heavier doom,
    Which I with some unwillingness pronounce.
150 The sly slow hours shall not determinate
    The dateless limit of thy dear exile;
    The hopeless word of never to return
    Breathe I against thee, upon pain of life.

MOWBRAY

    A heavy sentence, my most sovereign liege,
155 And all unlooked for from your highness' mouth;
    A dearer merit, not so deep a maim
    As to be cast forth in the common air,
    Have I deserved at your highness' hands.
    The language I have learnt these forty years,
160 My native English, now I must forgo,
    And now my tongue's use is to me no more
    Than an unstringed viol or a harp,
    Or like a cunning instrument cased up,
    Or being open, put into his hands
165 That knows no touch to tune the harmony.

Vous, cousin Hereford, sous peine de mort,
Jusqu'à ce que deux fois cinq étés aient enrichi nos champs,
Vous ne saluerez pas nos beaux domaines,
Mais foulerez les chemins étrangers de l'exil.

BOLINGBROKE

Que votre volonté soit faite ; mon réconfort sera
Que le soleil qui vous réchauffe ici, brillera aussi sur moi,
Et que ses rayons d'or qu'il vous prête ici
Seront pointés sur moi pour dorer mon exil.

RICHARD

Norfolk, pour toi il reste un plus lourd verdict,
Que je prononce à regret.
La fuite des heures lentes ne mettra point de terme
À la durée illimitée de ton cruel exil[1] ;
Ce mot désespérant : sans jamais de retour,
Je le profère contre toi, sous peine de mort[2].

MOWBRAY

Lourde sentence, mon souverain seigneur,
Que je n'attendais pas de la bouche de Votre Altesse ;
Plus riche récompense, mutilation moins grave
Que d'être rejeté dans l'air que tous respirent,
Voilà ce que j'ai mérité de Votre Altesse.
Le langage que j'apprends depuis ces quarante ans,
Mon anglais natal, je dois y renoncer,
Et désormais ma langue ne m'est pas plus utile
Qu'une viole ou une harpe sans leurs cordes,
Un instrument subtil enclos dans son étui
Ou que l'on sort pour le mettre en des mains
Qui n'en connaissent pas le doigté et n'en tirent aucune
    harmonie.

Within my mouth you have engaoled my tongue,
Doubly portcullised with my teeth and lips,
And dull unfeeling barren ignorance
Is made my gaoler to attend on me.
170 I am too old to fawn upon a nurse,
Too far in years to be a pupil now:
What is thy sentence then but speechless death,
Which robs my tongue from breathing native breath?

RICHARD

It boots thee not to be compassionate.
175 After our sentence plaining comes too late.

MOWBRAY

Then thus I turn me from my country's light
To dwell in solemn shades of endless night.

RICHARD

Return again, and take an oath with thee.
Lay on our royal sword your banished hands.
180 Swear by the duty that you owe to God —
Our part therein we banish with yourselves —
To keep the oath that we administer.
You never shall, so help you truth and God,
Embrace each other's love in banishment,
185 Nor never look upon each other's face,
Nor never write, regreet, nor reconcile
This louring tempest of your home-bred hate,
Nor never by advised purpose meet
To plot, contrive or complot any ill
190 'Gainst us, our state, our subjects, or our land.

Vous avez incarcéré ma langue dans ma bouche
Derrière la double herse de mes dents et de mes lèvres,
Et l'ignorance stérile, insensible, engourdie,
En a fait le geôlier qui doit veiller sur moi.
Je suis trop vieux pour câliner une nourrice[1],
Trop avancé en age pour être un écolier :
Ta sentence, qu'est-elle sinon la mort muette,
Qui dérobe à ma langue jusqu'au souffle natal ?

RICHARD

Il ne te sert à rien d'implorer compassion ;
Après notre sentence la plainte vient trop tard.

MOWBRAY

Alors je me détourne de la lumière de mon pays,
Pour aller vivre dans l'ombre désolée d'une nuit infinie.

RICHARD

Reviens, et emporte ce serment avec toi.
Posez vos mains bannies sur notre épée royale,
Jurez par l'allégeance que vous devez à Dieu —
La part qui nous revient nous la bannissons avec vous —
De tenir le serment que nous vous imposons.
Vous ne devez jamais, avec le secours de votre loyauté et
    de Dieu,
Vous unir l'un l'autre d'amitié dans l'exil,
Ni jamais vous voir l'un l'autre en face,
Ni jamais vous écrire, vous saluer de nouveau, ou apaiser
La sombre tempête de votre haine domestique,
Ni jamais de propos délibéré vous rencontrer,
Pour tramer, machiner ou comploter quoi que ce soit
    de mal,
Contre nous, notre autorité, nos sujets, ou notre terre.

BOLINGBROKE

I swear.

MOWBRAY

And I, to keep all this.

BOLINGBROKE

Norfolk, so far as to mine enemy:
By this time, had the king permitted us,
One of our souls had wandered in the air,
195 Banished this frail sepulchre of our flesh,
As now our flesh is banished from this land...
Confess thy treasons ere thou fly the realm;
Since thou hast far to go, bear not along
The clogging burthen of a guilty soul.

MOWBRAY

200 No, Bolingbroke, if ever I were traitor,
My name be blotted from the book of life,
And I from heaven banished as from hence!
But what thou art, God, thou, and I do know,
And all too soon, I fear, the king shall rue.
205 Farewell, my liege. Now no way can I stray...
Save back to England all the world's my way.

Exit.

RICHARD

Uncle, even in the glasses of thine eyes
I see thy grieved heart. Thy sad aspect
Hath from the number of his banished years

BOLINGBROKE

Je le jure.

MOWBRAY

Je jure moi aussi de tenir tout cela.

BOLINGBROKE

Norfolk, un mot encore comme à mon ennemi :
À l'heure qu'il est, le roi l'eût-il permis,
L'une de nos âmes eût erré dans les airs,
Bannie du frêle sépulcre de notre chair,
Comme à présent notre chair est bannie de cette terre...
Avoue tes trahisons avant de fuir ce royaume ;
Tu dois aller si loin, n'emporte pas avec toi
Le fardeau accablant d'une âme coupable.

MOWBRAY

Non, Bolingbroke, si jamais je fus traître,
Que mon nom soit rayé du livre de la vie,
Et moi banni du ciel tout autant que d'ici !
Mais ce que tu es, Dieu, toi et moi le savons,
Et bien trop tôt, je crains, le roi en pâtira[1].
Adieu, mon suzerain. Dorénavant, je ne peux plus me
    fourvoyer...
Hormis la route d'Angleterre, mon chemin c'est le monde
    entier.

Il sort.

RICHARD

Oncle, dans le miroir même de tes yeux
Je vois ton cœur affligé. Ton triste aspect
Du nombre de ses années d'exil

210 Plucked four away. *[To Bolingbroke]* Six frozen winters spent,
Return with welcome home from banishment.

BOLINGBROKE

How long a time lies in one little word!
Four lagging winters and four wanton springs
End in a word: such is the breath of kings.

GAUNT

215 I thank my liege that in regard of me
He shortens four years of my son's exile;
But little vantage shall I reap thereby;
For ere the six years that he hath to spend
Can change their moons and bring their times about
220 My oil-dried lamp and time-bewasted light
Shall be extinct with age and endless night,
My inch of taper will be burnt and done,
And blindfold Death not let me see my son.

RICHARD

Why uncle, thou hast many years to live.

GAUNT

225 But not a minute, king, that thou canst give:
Shorten my days thou canst with sullen sorrow,
And pluck nights from me, but not lend a morrow.
Thou canst help time to furrow me with age,
But stop no wrinkle in his pilgrimage;
230 Thy word is current with him for my death,
But dead thy kingdom cannot buy my breath.

Vient d'en arracher quatre. *[À Bolingbroke.]* Lorsque auront
   passé six hivers glacés,
Reviens d'exil et tu seras le bienvenu[1].

BOLINGBROKE

Que de temps en un si petit mot !
Quatre hivers languissants, quatre espiègles printemps
S'achèvent en un mot : tel est le souffle des rois.

GAND

Je remercie mon suzerain qui par égard pour moi
Retranche quatre années de l'exil de mon fils ;
Mais j'en moissonnerai un bien faible avantage ;
Car avant que les six années qu'il doit passer
Aient changé leur lune et renouvelé leurs saisons,
Ma lampe à sec d'huile et ma lumière par le temps épuisée,
La vieillesse et la nuit sans fin les auront éteintes,
Ce qui me reste de bougie sera tout à fait consumé,
Et la mort aux yeux bandés ne me laissera pas revoir mon
   fils.

RICHARD

Voyons, oncle, tu as beaucoup d'années à vivre.

GAND

Mais pas une minute, roi, que tu puisses donner :
Tu peux abréger mes jours par le sombre chagrin,
Et m'arracher des nuits mais pas me prêter un lendemain ;
Tu peux aider le temps à creuser les sillons de la vieillesse,
Mais tu ne peux dans sa course retenir une seule ride ;
Ta parole a cours auprès de lui pour ordonner ma mort,
Mais mort, tout ton royaume ne peut racheter mon
   souffle.

RICHARD

Thy son is banished upon good advice,
Whereto thy tongue a party verdict gave.
Why at our justice seemst thou then to lour?

GAUNT

235 Things sweet to taste prove in digestion sour.
You urged me as a judge, but I had rather
You would have bid me argue like a father.
Oh, had it been a stranger, not my child,
To smoothe his fault I should have been more mild.
240 A partial slander sought I to avoid,
And in the sentence my own life destroyed.
Alas, I looked when some of you should say
I was too strict to make mine own away;
But you gave leave to my unwilling tongue
245 Against my will to do myself this wrong.

RICHARD

Cousin, farewell — and uncle, bid him so.
Six years we banish him and he shall go.

[Flourish. Exeunt King Richard and attendants.]

AUMERLE

Cousin, farewell. What presence must not know,
From where you do remain let paper show.

[Exit.]

RICHARD

Ton fils est banni sur un sage conseil,
Et ce verdict, ta langue y a pris part.
Pourquoi alors fronces-tu le sourcil contre notre justice ?

GAND

Les choses douces au goût sont aigres à digérer.
Vous m'avez consulté comme juge, mais j'aurais préféré
Que comme un père vous m'eussiez prié d'argumenter.
Oh, eût-il été un étranger, non mon enfant,
Pour atténuer sa faute j'aurais été plus indulgent.
Je voulais éviter qu'on me trouvât partial,
Et j'ai par mon verdict détruit ma propre vie.
Hélas, j'espérais que l'un de vous dirait
Que j'étais trop rigoureux, me dépouillant de ce qui est
    à moi ;
Mais vous avez permis que ma langue à regret
M'inflige ce malheur contre ma volonté.

RICHARD

Cousin, adieu — et vous, oncle, dites-lui aussi adieu,
Nous le bannissons pour six ans, il partira.

[Fanfare. Sortent le roi Richard et sa suite.]

AUMERLE

Cousin, adieu. Ce que nous ne pourrons plus échanger
    en personne,
Écrivez-le de là où vous serez.

[Il sort.]

MARSHAL

250 My lord, no leave take I, for I will ride
As far as land will let me by your side.

GAUNT

Oh, to what purpose dost thou hoard thy words,
That thou returnst no greeting to thy friends?

BOLINGBROKE

I have too few to take my leave of you,
255 When the tongue's office should be prodigal
To breathe the abundant dolour of the heart.

GAUNT

Thy grief is but thy absence for a time.

BOLINGBROKE

Joy absent, grief is present for that time.

GAUNT

What is six winters? They are quickly gone.

BOLINGBROKE

260 To men in joy; but grief makes one hour ten.

GAUNT

Call it a travail that thou tak'st for pleasure.

BOLINGBROKE

My heart will sigh when I miscall it so,
Which finds it an enforced pilgrimage.

LE MARÉCHAL[1]

Mon seigneur, je ne prends pas congé, car je veux che-
    vaucher
Aussi loin que la terre me laissera à vos côtés.

GAND

Oh, dans quel but thésaurises-tu tes mots
Que tu ne répondes pas aux saluts de tes amis ?

BOLINGBROKE

J'en ai trop peu pour prendre congé de vous
Quand ma langue devrait être prodigue
Pour exprimer l'abondante douleur de mon cœur.

GAND

Ton chagrin n'est que ton absence pour un temps.

BOLINGBROKE

La joie absente, c'est le chagrin qui est présent tout ce temps.

GAND

Qu'est-ce que six hivers ? Ils sont vite passés.

BOLINGBROKE

Dans la joie, mais d'une heure le chagrin en fait dix.

GAND

Dis-toi que c'est un voyage que tu fais par plaisir.

BOLINGBROKE

Mon cœur soupirera si je donne un faux nom
À ce qui n'est pour lui qu'un pèlerinage forcé.

GAUNT

The sullen passage of thy weary steps
265 Esteem as foil wherein thou art to set
The precious jewel of thy home return.

BOLINGBROKE

Nay, rather every tedious stride I make
Will but remember me what a deal of world
I wander from the jewels that I love.
270 Must I not serve a long apprenticehood
To foreign passages, and in the end,
Having my freedom, boast of nothing else
But that I was a journeyman to grief?

GAUNT

All places that the eye of heaven visits
275 Are to a wise man ports and happy havens.
Teach thy necessity to reason thus...
There is no virtue like necessity.
Think not the king did banish thee,
But thou the king. Woe doth the heavier sit
280 Where it perceives it is but faintly borne.
Go, say I sent thee forth to purchase honour,
And not the king exiled thee; or suppose
Devouring pestilence hangs in our air
And thou art flying to a fresher clime.
285 Look what thy soul holds dear, imagine it
To lie that way thou goest, not whence thou com'st.
Suppose the singing birds musicians,
The grass whereon thou treadst the presence strewed,
The flowers fair ladies, and thy steps no more

GAND

La sombre procession de tes pas fatigués
Tiens-la pour la monture où tu sertiras
Le précieux joyau de ton retour.

BOLINGBROKE

Non, chaque pénible pas que je ferai
Me rappellera plutôt que l'étendue d'un monde
Me sépare des joyaux que j'aime.
Ne dois-je pas longtemps faire l'apprentissage
Des routes étrangères pour à la fin,
Retrouvant ma liberté, ne pouvoir me vanter
Que d'être un artisan qualifié dans la douleur ?

GAND

Tous les lieux que l'œil du ciel visite
Sont pour le sage autant de ports et de havres heureux.
Apprends à la nécessité où tu te trouves à raisonner ainsi...
Il n'y a pas de vertu comme la nécessité.
Ne pense pas que le roi t'a banni,
Mais que toi tu as banni le roi. Le malheur se fait plus lourd
Quand il sent qu'on le supporte d'un cœur faible.
Va, dis-toi que je t'ai envoyé acquérir l'honneur,
Et non que le roi t'a exilé ; ou suppose
Qu'il plane dans notre air une peste dévorante
Et que tu fuis vers un climat plus sain.
Imagine que ce que ton âme chérit
Se trouve là ou tu vas, et non là d'où tu viens.
Prends les oiseaux qui chantent pour des musiciens,
L'herbe que tu foules pour les roseaux qui jonchent la
    salle du trône,
Les fleurs pour de belles dames, et tes pas seulement

290 Than a delightful measure or a dance;
For gnarling sorrow hath less power to bite
The man that mocks at it and sets it light.

BOLINGBROKE

Oh, who can hold a fire in his hand
By thinking on the frosty Caucasus?
295 Or cloy the hungry edge of appetite
By bare imagination of a feast?
Or wallow naked in December snow
By thinking on fantastic summer's heat?
Oh no, the apprehension of the good
300 Gives but the greater feeling to the worse.
Fell Sorrow's tooth doth never rankle more
Than when he bites but lanceth not the sore.

GAUNT

Come, come, my son, I'll bring thee on thy way.
Had I thy youth and cause, I would not stay.

BOLINGBROKE

305 Then, England's ground farewell; sweet soil, adieu,
My mother and my nurse that bears me yet.
Where'er I wander, boast of this I can,
Though banished, yet a true born Englishman.

Exeunt.

Pour une pavane exquise ou une danse ;
Car le chagrin hargneux mord moins férocement
Celui qui s'en moquant le traite légèrement.

BOLINGBROKE

Oh, qui peut tenir le feu dans sa main
En pensant au Caucase glacé ?
Ou rassasier le vorace tranchant de l'appétit
Par la seule imagination d'un banquet ?
Ou se rouler nu dans la neige de décembre
En se représentant la chaleur de l'été ?
Oh non, la perception du bien
Fait seulement ressentir plus vivement le mal[1].
La féroce dent du chagrin n'infecte jamais plus
Que lorsqu'elle mord mais ne vide pas l'abcès.

GAND

Viens, viens, mon fils, je vais te mettre sur ta route,
Si j'avais ta jeunesse et ta cause, je ne tarderais pas.

BOLINGBROKE

Alors, sol d'Angleterre, adieu ; adieu, sol chéri,
Ma mère et ma nourrice me portent encore !
Où que j'aille errer, je pourrai me vanter
D'être, bien que banni, un véritable Anglais.

Ils sortent.

SCENE IV. *[The Court.]*

Enter the King with Bushy, [Greene and Bagot]
at one door, and the Lord Aumerle at another.

RICHARD

We did observe. Cousin Aumerle,
How far brought you high Hereford on his way?

AUMERLE

I brought high Hereford, if you call him so,
But to the next highway, and there I left him.

RICHARD

And say, what store of parting tears were shed?

AUMERLE

5 Faith, none for me, except the north-east wind,
Which then blew bitterly against our faces,
Awaked the sleeping rheum, and so by chance
Did grace our hollow parting with a tear.

RICHARD

10 What said our cousin when you parted with him?

AUMERLE

'Farewell',
And, for my heart disdained that my tongue
Should so profane the word, that taught me craft
To counterfeit oppression of such grief

SCÈNE IV.   *[La cour[1].]*

*Entrent le roi avec Bushy, [Greene et Bagot[2]] par
une porte ; et le seigneur Aumerle par l'autre.*

RICHARD

Nous avons observé. Cousin Aumerle[3],
Jusqu'où avez-vous accompagné le grand Hereford ?

AUMERLE

Je n'ai accompagné le grand Hereford, puisque vous
    l'appelez ainsi,
Que jusqu'à la grand-route la plus proche, et je l'ai
    laissé là.

RICHARD

Et dites-moi, combien de larmes d'adieu furent versées ?

AUMERLE

Ma foi, aucune de ma part, sauf que le vent du nord-est
Qui nous soufflait alors âprement au visage,
Réveilla la sécrétion endormie, et ainsi par hasard
Gratifia nos adieux vides d'une larme.

RICHARD

Qu'a dit notre cousin quand vous l'avez quitté ?

AUMERLE

« Adieu »...
Et la réticence de mon cœur à laisser ma langue
Profaner ce mot, m'enseigna l'artifice
De feindre d'être si accablé par le chagrin

15 That words seemed buried in my sorrow's grave.
  Marry, would the word 'farewell' have lengthened hours
  And added years to his short banishment,
  He should have had a volume of 'farewells';
  But since it would not, he had none of me.

RICHARD

20 He is our cousin, cousin, but 'tis doubt,
  When time shall call him home from banishment,
  Whether our kinsman come to see his friends.
  Our self and Bushy, Bagot here and Greene,
  Observed his courtship to the common people,
25 How he did seem to dive into their hearts
  With humble and familiar courtesy;
  What reverence he did throw away on slaves,
  Wooing poor craftsmen with the craft of smiles
  And patient underbearing of his fortune,
30 As 'twere to banish their affects with him.
  Off goes his bonnet to an oyster-wench;
  A brace of draymen bid God speed him well
  And had the tribute of his supple knee,
  With 'Thanks, my countrymen, my loving friends',
35 As were our England in reversion his,
  And he our subjects' next degree in hope.

GREENE

  Well, he is gone; and with him go these thoughts.
  Now, for the rebels which stand out in Ireland,
  Expedient manage must be made, my liege,
40 Ere further leisure yield them further means
  For their advantage and your highness' loss.

Que les mots paraissaient enterrés dans la tombe de ma
    douleur.
Ma foi, si le mot « adieu » avait allongé les heures
Et ajouté des années à son court bannissement,
Il aurait eu tout un volume d'adieux ;
Mais les adieux n'y pouvant rien, il n'en a pas eu un seul.

RICHARD

Il est notre cousin, cousin, mais on peut douter,
Quand le temps le rappellera d'exil,
Que notre parent revienne voir ses amis.
Nous-même et Bushy, Bagot et Greene,
Avons observé comme il faisait la cour aux gens du peuple,
Comme il donnait l'impression de plonger dans leurs cœurs
Avec une humble et familière courtoisie ;
Quel respect il jetait à des esclaves,
Enjôlant de pauvres artisans par son art des sourires
Et la patience mise à endurer son sort,
Comme pour emporter leur affection dans son exil.
Un coup de chapeau à une marchande d'huîtres ;
Deux charretiers lui dirent : Dieu vous garde,
Et eurent le tribut de ses souples genoux,
Avec un « Merci, mes compatriotes, mes tendres amis »...
Comme si notre Angleterre devait lui revenir de droit[1],
Et qu'il fût le prochain espoir de nos sujets.

GREENE

Eh bien, il est parti ; et qu'avec lui partent ces pensées.
Quant aux rebelles qui se sont insurgés en Irlande[2],
Il faut rapidement prendre des mesures, mon suzerain,
Avant que de nouveaux délais ne leur procurent de
    nouveaux moyens,
Avantageux pour eux, préjudiciables à Votre Altesse.

RICHARD

We will ourself in person to this war;
And, for our coffers, with too great a court
And liberal largesse, are grown somewhat light,
45 We are enforced to farm our royal realm,
The revenue whereof shall furnish us
For our affairs in hand. If that come short,
Our substitutes at home shall have blank charters
Whereto, when they shall know what men are rich,
50 They shall subscribe them for large sums of gold,
And send them after to supply our wants;
For we will make for Ireland presently.

Enter Bushy.

Bushy, what news?

BUSHY

Old John of Gaunt is grievous sick, my lord,
55 Suddenly taken, and hath sent post haste
To entreat your majesty to visit him.

RICHARD

Where lies he?

BUSHY

At Ely House.

RICHARD

Nous irons en personne à cette guerre ;
Et comme nos coffres, du fait d'une cour trop nom-
　　breuse
Et de largesses trop généreuses, sont devenus un peu
　　légers,
Nous sommes contraints d'affermer notre domaine
　　royal[1],
Dont le revenu pourvoira
À nos affaires en cours. Si cela ne suffit pas,
Nos mandataires ici auront des ordres en blanc[2],
Et lorsqu'ils sauront quels hommes sont riches,
Ils les feront souscrire pour de fortes sommes d'or
Qu'ils nous enverront ensuite pour subvenir à nos
　　besoins ;
Car nous voulons partir pour l'Irlande sur-le-champ.
　　　　　　　　　　　　　　　　　　Entre Bushy.
Bushy, quelles nouvelles ?

BUSHY

Le vieux Jean de Gand est gravement malade, mon sei-
　　gneur,
Brutalement terrassé, il a envoyé en toute hâte
Supplier Votre Majesté de lui rendre visite.

RICHARD

Où est-il ?

BUSHY

　　À Ely House.

RICHARD

Now put it, God, in the physician's mind
To help him to his grave immediately!
60 The lining of his coffers shall make coats
To deck our soldiers for these Irish wars.
Come, gentlemen, let's all go visit him.
Pray God we may make haste and come too late.
Amen.

[ALL]

Exeunt.

RICHARD

Alors, Dieu, mets dans la tête du médecin
De l'expédier dans sa tombe immédiatement[1]!
La garniture de ses coffres nous fera des manteaux
Pour équiper nos soldats pour ces guerres d'Irlande.
Venez, messieurs, allons tous lui rendre visite,
Dieu veuille que nous puissions faire vite et arriver trop
    tard!
Amen.

[TOUS]

Ils sortent.

ACT II

SCENE I. *[Ely House, Holborn.]*

Enter John of Gaunt, sick, with the Duke of York,
[the Earl of Northumberland], etc.

GAUNT

Will the king come that I may breathe my last
In wholesome counsel to his unstaid youth?

YORK

Vex not yourself, nor strive not with your breath;
For all in vain comes counsel to his ear.

GAUNT

5 Oh, but they say the tongues of dying men
Enforce attention like deep harmony.
Where words are scarce they are seldom spent in vain,
For they breathe truth that breathe their words in pain.
He that no more must say is listened more

ACTE II

SCÈNE I[1]. *[Ely House, Holborn.]*

Entrent Jean de Gand, malade, et le duc d'York,
[le comte de Northumberland], etc.

GAND

Le roi viendra-t-il afin que mon dernier souffle
Donne un conseil salutaire aux foucades de sa jeunesse ?

YORK

Ne vous tourmentez pas et ne fatiguez pas votre souffle ;
Car c'est en vain que les conseils parviennent à son oreille.

GAND

Oh, mais on dit que la voix des mourants
Force l'attention comme une harmonie profonde.
Quand les mots sont parcimonieux, il est rare qu'ils
    soient prononcés en vain,
Car c'est la vérité qu'exhale ceux qui exhalent leurs
    mots en souffrant,
Celui qui ne dira plus rien, est plus écouté

10 Than they whom youth and ease have taught to glose;
More are men's ends marked than their lives before.
The setting sun, and music at the close,
As the last taste of sweets, is sweetest last,
Writ in remembrance more than things long past.
15 Though Richard my life's counsel would not hear
My death's sad tale may yet undeaf his ear.

YORK

No, it is stopped with other flattering sounds,
As praises, of whose taste the wise are fond,
Lascivious metres, to whose venom sound
20 The open ear of youth doth always listen,
Report of fashions in proud Italy,
Whose manners still our tardy-apish nation
Limps after in base imitation.
Where doth the world thrust forth a vanity —
25 So it be new, there's no respect how vile —
That is not quickly buzzed into his ears?
Then all too late comes counsel to be heard
Where will doth mutiny with wit's regard.
Direct not him whose way himself will choose.
30 'Tis breath thou lack'st and that breath wilt thou lose.

Que ceux à qui jeunesse et oisiveté inspirent des discours doucereux ;
On fait plus attention aux dernières heures d'un
homme qu'à toute sa vie passée.
Le soleil qui se couche, le finale d'une musique,
Comme l'arrière-goût d'une saveur douce, ont une
douceur qui dure,
Se gravent plus dans la mémoire que des choses dès
longtemps révolues :
Même si Richard n'a pas voulu entendre les conseils
d'un vivant,
Les paroles solennelles d'un mourant peuvent encore
dessourdir son oreille.

YORK

Non, elle est bouchée par d'autres sons flatteurs,
Par des louanges dont même les sages sont épris,
Des poèmes lascifs dont l'oreille de la jeunesse
Est toujours prête à écouter les sons empoisonnés,
Écho des modes de l'orgueilleuse Italie
Dont notre nation traînarde singe toujours les mœurs
Qu'elle imite servilement en claudiquant derrière.
Le monde lance-t-il quelque part une seule vanité —
Pour peu qu'elle soit nouvelle, qu'importe qu'elle soit
médiocre —
Qu'on ne s'empresse de bourdonner à ses oreilles ?
Le conseil arrive alors trop tard pour qu'on l'écoute
Quand la volonté se rebelle contre la sagesse de l'intel-
ligence.
Ne dirige pas celui qui veut choisir tout seul sa voie.
C'est le souffle qui te manque et ce souffle, tu le gas-
pilleras.

GAUNT

Methinks I am a prophet new inspired,
And thus expiring do foretell of him.
His rash fierce blaze of riot cannot last,
For violent fires soon burn out themselves.
35 Small showers last long, but sudden storms are short;
He tires betimes that spurs too fast betimes.
With eager feeding food doth choke the feeder;
Light vanity, insatiate cormorant,
Consuming means, soon preys upon itself.
40 This royal throne of kings, this sceptred isle,
This earth of majesty, this seat of Mars,
This other Eden, demi-paradise,
This fortress built by Nature for herself
Against infection and the hand of war,
45 This happy breed of men, this little world,
This precious stone set in the silver sea,
Which serves it in the office of a wall,
Or as a moat defensive to a house,
Against the envy of less happier lands;
50 This blessed plot, this earth, this realm, this England,
This nurse, this teeming womb of royal kings
Feared by their breed and famous by their birth,
Renowned for their deeds as far from home
For Christian service and true chivalry
55 As is the sepulchre in stubborn Jewry
Of the world's ransom, blessed Mary's son,
This land of such dear souls, this dear, dear land,

GAND

Je me sens un prophète nouvellement inspiré,
Et voici ce qu'en expirant je prédis de lui.
La rage et l'impétueux brasier de ses débordements ne
　　peuvent pas durer,
Car les feux brûlants se consument eux-mêmes.
Les pluies fines durent longtemps, mais les orages sou-
　　dains sont brefs ;
Il se fatigue de bonne heure celui qui de bonne heure
　　éperonne trop fort son cheval ;
Nourriture avidement engloutie étouffe le glouton.
La vanité frivole, cormoran insatiable,
Consumant ses ressources, se dévore vite elle-même.
Ce noble trône de rois, cette île porteuse de sceptres[1],
Terre de majesté, résidence de Mars,
Cet autre Éden, ce demi-paradis,
Cette forteresse bâtie par la Nature pour elle-même
Contre la contagion et la main de la guerre,
Cette heureuse race d'hommes, ce petit univers,
Cette pierre précieuse sertie dans une mer d'argent,
Qui fait pour elle office de rempart,
Ou de douve défendant la maison,
Contre la jalousie de pays moins heureux ;
Cette parcelle bénie, cette terre, ce royaume, cette
　　Angleterre,
Cette nourrice, cette matrice féconde en princes royaux,
Redoutés pour leur race, fameux par leur naissance,
Renommés pour leurs exploits
Au service de la Chrétienté et de la vraie chevalerie
Aussi loin que chez le Juif rebelle, jusqu'au sépulcre
Du bienheureux fils de Marie, qui a racheté le monde ;
Cette patrie d'âmes si chères, cette chère, chère patrie,

Dear for her reputation through the world,
Is now leased out — I die pronouncing it —,
60 Like to a tenement or pelting farm.
England, bound in with the triumphant sea
Whose rocky shore beats back the envious siege
Of watery Neptune, is now bound in with shame,
With inky blots and rotten parchment bonds;
65 That England, that was wont to conquer others,
Hath made a shameful conquest of itself.
Ah, would the scandal vanish with my life,
How happy then were my ensuing death!

Enter King and Queen [Aumerle, Bushy, Greene,
Bagot, Ross and Willoughby].

YORK

The king is come. Deal mildly with his youth.
70 For young hot colts being reined do rage the more.

QUEEN

How fares our noble uncle Lancaster?

RICHARD

What comfort, man? How is't with aged Gaunt?

GAUNT

Oh, how that name befits my composition!
Old Gaunt indeed, and gaunt in being old.
75 Within me grief hath kept a tedious fast,
And who abstains from meat that is not gaunt?

Chérie pour sa gloire à travers le monde,
Est maintenant donnée à bail — je meurs de le dire —
Tout comme une tenure ou une petite ferme.
L'Angleterre, que ceinture la mer triomphante,
Dont la côte rocheuse repousse le siège hostile
De l'humide Neptune, est maintenant ceinturée par la
    honte,
Par les taches d'encre des contrats, des parchemins pourris ;
Cette Angleterre qui avait coutume de conquérir les autres,
A fait une indigne conquête d'elle-même.
Ah, si le scandale pouvait s'évanouir avec ma vie,
Quel bonheur ce serait que ma mort prochaine !

> *Entrent le roi, la reine, [Aumerle, Bushy, Greene,*
> *Bagot, Ross et Willoughby].*

YORK

Le Roi est là. Ménagez sa jeunesse,
Car les jeunes poulains fougueux qu'on réfrène enragent
    de plus belle.

LA REINE

Comment se porte notre noble oncle de Lancastre ?

RICHARD

Comment ça va, l'ami ? Comment va le vieux Gand ?

GAND

Oh, que ce nom convient à mon état !
Vieux Gand en effet, vieille peau décharnée par la
    vieillesse.
En moi le chagrin observe un jeûne austère,
Et qui peut s'abstenir de manger sans être décharné ?

For sleeping England long time have I watched,
Watching breeds leanness; leanness is all gaunt.
The pleasure that some fathers feed upon
80 Is my strict fast — I mean my children's looks,
And therein fasting hast thou made me gaunt.
Gaunt am I for the grave, gaunt as a grave,
Whose hollow womb inherits naught but bones.

RICHARD

Can sick men play so nicely with their names?

GAUNT

85 No, misery makes sport to mock itself:
Since thou dost seek to kill my name in me
I mock my name, great king, to flatter thee!

RICHARD

Should dying men flatter with those that live?

GAUNT

No, no, men living flatter those that die.

RICHARD

90 Thou, now a-dying, sayest thou flatterest me.

GAUNT

Oh no, thou diest, though I the sicker be.

RICHARD

I am in health, I breathe, and see thee ill.

J'ai si longtemps veillé l'Angleterre endormie,
Veiller engendre la maigreur, et la maigreur est décharnée
   comme un gant.
Le plaisir dont certains pères se nourrissent
Je veux dire la vue de mes enfant, j'en fait stricte abstinence,
Et ce jeûne m'a décharné comme un gant.
Décharné pour la tombe, décharné comme une tombe,
Dont la matrice creuse ne reçoit que des os.

RICHARD

Un malade peut-il jouer si joliment sur son nom ?

GAND

Non, c'est la détresse qui s'amuse à se moquer d'elle-
   même :
Puisque mon nom, tu cherches en moi à le tuer,
Je me moque de mon nom, grand roi, pour te flatter !

RICHARD

Est-ce aux mourants de flatter ceux qui vivent ?

GAND

Non, non, ce sont les vivants qui flattent ceux qui meurent.

RICHARD

Toi, un mourant, tu dis que tu me flattes.

GAND

Oh non, c'est toi qui meurs, même si je suis le plus malade.

RICHARD

Je suis en bonne santé, je respire, et te vois au plus mal.

GAUNT

Now He that made me knows I see thee ill,
Ill in myself to see, and in thee, seeing ill.
95 Thy deathbed is no lesser than thy land,
Wherein thou liest in reputation sick,
And thou, too careless patient as thou art,
Commit'st thy anointed body to the cure
Of those physicians that first wounded thee.
100 A thousand flatterers sit within thy crown,
Whose compass is no bigger than thy head,
And yet encaged in so small a verge
The waste is no whit lesser than thy land.
Oh, had thy grandsire with a prophet's eye
105 Seen how his son's son should destroy his sons,
From forth thy reach he would have laid thy shame,
Deposing thee before thou wert possessed,
Which art possessed now to depose thyself.
Why, cousin, wert thou regent of the world,
110 It were a shame to let this land by lease;
But for thy world enjoying but this land
Is it not more than shame to shame it so?
Landlord of England art thou now, not king,
Thy state of law is bondslave to the law,
And thou —

RICHARD

115   A lunatic lean-witted fool,
Presuming on an ague's privilege,
Dar'st with thy frozen admonition
Make pale our cheek, chasing the royal blood
With fury from his native residence.

GAND

Ah, celui qui m'a créé le sait, c'est moi qui te vois au plus mal,
J'ai du mal à te voir, en toi je vois le mal.
Ton lit de mort n'est rien de moins que ton pays,
Où tu es couché, atteint dans ta réputation,
Et toi, malade trop étourdi que tu es,
Tu confies ton corps sacré pour qu'ils le guérissent
À ces médecins mêmes qui t'ont d'abord blessé :
Mille flatteurs siègent dans ta couronne,
Dont le cercle n'est pas plus grand que ta tête,
Et pourtant, même circonscrit à un si petit territoire,
Le ravage a toute l'étendue de ton pays.
Oh, si ton grand-père d'un œil de prophète
Avait vu comment le fils de son fils détruirait ses fils,
Hors de ta portée il aurait mis ta honte,
Te déposant avant que tu possèdes,
Toi qui es possédé de la fureur de te déposer toi-même.
Ma foi, cousin, serais-tu le régent de l'univers,
Ce serait une honte d'affermer cette terre ;
Mais pour seul univers tu n'as que cette terre,
N'est-ce pas plus qu'une honte de la couvrir ainsi de honte ?
Propriétaire de l'Angleterre, voilà ce que tu es, et non
     plus roi,
Ton État, le siège de la loi, est asservi à la loi,
Et toi...

RICHARD

     Bouffon lunatique maigre d'esprit,
Abusant du privilège de la fièvre,
Tu oses par ton sermon glacé
Faire pâlir notre joue, par la colère chasser le sang royal
De sa résidence native.

120 Now, by my seat's right royal majesty,
Wert thou not brother to great Edward's son,
This tongue that runs so roundly in thy head
Should run thy head from thy unreverent shoulders.

GAUNT

Oh spare me not, my brother Edward's son,
125 For that I was his father Edward's son;
That blood already, like the pelican,
Hast thou tapped out and drunkenly caroused :
My brother Gloucester, plain well-meaning soul,
Whom fair befall in heaven 'mongst happy souls,
130 May be a precedent and witness good
That thou respect'st not spilling Edward's blood.
Join with the present sickness that I have
And thy unkindness be like crooked age
To crop at once a too long withered flower !
135 Live in thy shame, but die not shame with thee !
These words hereafter thy tormentors be !
Convey me to my bed, then to my grave.
Love they to live that love and honour have.

[Exit Gaunt with Northumberland.]

RICHARD

And let them die that age and sullens have,
140 For both hast thou, and both become the grave.

Par la très royale majesté de mon trône,
Si tu n'étais pas le frère du fils du grand Édouard,
Cette langue qui roule si agilement dans ta tête
Ferait rouler ta tête loin de tes irrespectueuses épaules.

GAND

Oh, ne m'épargne pas, fils de mon frère Édouard[1],
Parce que je suis le fils d'Édouard son père[2] ;
Ce sang-là, comme le pélican,
Tu l'as déjà tiré et tu t'en es saoulé comme un ivrogne :
Mon frère Gloucester, cette âme simple et bienveillante[3],
— Que le ciel lui donne la joie parmi les âmes heureuses —
Est un bon précédent et témoigne
Que tu ne crains pas de verser le sang d'Édouard.
Ligue-toi avec mon mal présent,
Et que ta cruauté se joigne à la vieillesse recourbée
Pour faucher à l'instant une fleur fanée depuis trop
       longtemps.
Vis dans ton infamie, mais que ton infamie ne meure
       pas avec toi !
Que ces mots désormais te torturent !
Portez-moi dans mon lit, puis dans ma tombe...
Que la vie soit aimable à ceux qui ont l'amour et l'hon-
       neur en partage.

[Gand sort avec Northumberland.]

RICHARD

Et qu'ils meurent, ceux qui ont la vieillesse et la ran-
       cœur en partage,
Car tu as les deux, et toutes deux sont faites pour la
       tombe.

YORK

I do beseech your majesty, impute his words
To wayward sickliness and age in him;
He loves you, on my life, and holds you dear,
As Harry Duke of Hereford were he here.

RICHARD

145 Right, you say true. As Hereford's love, so his;
As theirs, so mine, and all be as it is.

[Re-enter Northumberland.]

NORTHUMBERLAND

My liege, old Gaunt commends him to your majesty.

RICHARD

What says he?

NORTHUMBERLAND

Nay nothing, all is said:
His tongue is now a stringless instrument.
150 Words, life and all, old Lancaster hath spent.

YORK

Be York the next that must be bankrupt so!
Though death be poor it ends a mortal woe.

RICHARD

The ripest fruit first falls, and so doth he;

YORK

Je supplie Votre Majesté d'imputer ces paroles
À l'entêtement de sa vieillesse malade ;
Il vous aime, sur ma vie, et vous chérit
Autant que Harry, duc de Hereford, s'il était ici.

RICHARD

Juste, vous dites vrai. Son amour est comme celui de
   Hereford ;
Et le mien comme le leur ; et que les choses restent
   comme elles sont.

[Rentre Northumberland[1].]

NORTHUMBERLAND

Mon suzerain, le vieux Gand se recommande à votre
   Majesté.

RICHARD

Que dit-il ?

NORTHUMBERLAND

         Plus rien, tout est dit :
Sa langue n'est plus qu'un instrument sans cordes.
Paroles, vie, le vieux Lancastre a tout dépensé.

YORK

Que York soit le prochain à faire ainsi banqueroute !
Bien que la mort soit pauvre, elle achève une misère
   mortelle.

RICHARD

Le fruit le plus mûr tombe le premier, ainsi de lui ;

His time is spent, our pilgrimage must be.
155 So much for that. Now, for our Irish wars:
We must supplant those rough rug-headed kernes,
Which live like venom where no venom else,
But only they, have privilege to live.
And, for these great affairs do ask some charge,
160 Towards our assistance we do seize to us
The plate, coin, revenues, and moveables
Whereof our uncle Gaunt did stand possessed.

YORK

How long shall I be patient? Ah, how long
Shall tender duty make me suffer wrong?
165 Not Gloucester's death nor Hereford's banishment,
Nor Gaunt's rebukes, nor England's private wrongs,
Nor the prevention of poor Bolingbroke
About his marriage, nor my own disgrace
Have ever made me sour my patient cheek,
170 Or bend one wrinkle on my sovereign's face.
I am the last of noble Edward's sons,
Of whom thy father, Prince of Wales, was first.
In war was never lion raged more fierce,
In peace was never gentle lamb more mild
175 Than was that young and princely gentleman.
His face thou hast, for even so looked he,
Accomplished with the number of thy hours;
But when he frowned it was against the French
And not against his friends; his noble hand
180 Did win what he did spend, and spent not that
Which his triumphant father's hand had won;

Son temps est dépensé, notre pèlerinage se poursuit.
N'en parlons plus. Maintenant, nos guerres d'Irlande :
Nous devons chasser ces Kernes farouches à la tête hirsute,
Qui vivent comme un venin là où plus rien de venimeux,
En dehors d'eux, n'a le privilège de vivre.
Et comme ce grand projet exige des dépenses,
Nous saisissons pour notre usage
L'argenterie, l'or, les revenus et tous les biens meubles
Que possédait notre oncle Jean de Gand[1].

YORK

Combien de temps resterai-je patient ? Ah, combien de
    temps
Mon loyal attachement me fera-t-il souffrir l'injustice ?
Ni la mort de Gloucester, ni l'exil de Hereford,
Ni les affronts infligés à Gand, ni les torts subis par le
    peuple d'Angleterre,
Ni l'obstacle opposé au mariage
Du pauvre Bolingbroke[2], ni ma propre disgrâce
N'ont aigri ma joue patiente,
Ou plissé d'une ride le front que je tournais vers mon
    souverain.
Je suis le dernier des fils du noble Édouard,
Dont ton père, le prince de Galles, était le premier.
Dans la guerre, jamais lion furieux ne fut plus féroce,
Dans la paix jamais tendre agneau ne fut plus doux
Que l'était ce jeune et princier gentilhomme.
Tu as son visage, car il te ressemblait
Quand il avait le même âge que toi ;
Mais lorsqu'il fronçait le sourcil, c'était contre les Français,
Et pas contre ses amis ; sa noble main
Gagnait ce qu'il dépensait, et ne dépensait pas
Ce que la main de son victorieux père avait gagné ;

His hands were guilty of no kindred blood,
But bloody with the enemies of his kin.
Oh, Richard! York is too far gone with grief,
185 Or else he never would compare between...

RICHARD

Why, uncle, what's the matter?

YORK

O my liege,
Pardon me if you please; if not, I, pleased
Not to be pardoned, am content with all.
Seek you to seize and gripe into your hands
190 The royalties and rights of banished Hereford?
Is not Gaunt dead? And doth not Hereford live?
Was not Gaunt just? And is not Harry true?
Did not the one deserve to have an heir?
Is not his heir a well-deserving son?
195 Take Hereford's rights away and take from time
His charters and his customary rights;
Let not tomorrow then ensue today.
Be not thyself. For how art thou a king
But by fair sequence and succession?
200 Now, afore God — God forbid I say true —
If you do wrongfully seize Hereford's rights,
Call in the letters patents that he hath
By his attorneys-general to sue
His livery, and deny his offered homage,
205 You pluck a thousand dangers on your head,
You lose a thousand well-disposed hearts,
And prick my tender patience to those thoughts
Which honour and allegiance cannot think.

Ses mains étaient innocentes du sang de ses proches,
Sanglantes seulement des ennemis de sa race.
Ô Richard, York est trop accablé par le chagrin,
Sans quoi jamais il n'irait comparer...

RICHARD

Eh bien, mon oncle, qu'y a-t-il ?

YORK

                        Ô mon suzerain,
Pardonnez-moi s'il vous plaît ; sinon, il me plaira
De ne pas être pardonné, je m'en accommoderai.
Vous prétendez saisir et prendre dans vos mains
Les prérogatives et les droits du banni Hereford ?
Gand n'est-il pas mort ? Et Hereford n'est-il pas vivant ?
Gand n'était-il pas juste ? Et Harry n'est-il pas loyal ?
Le premier ne méritait-il pas d'avoir un héritier ?
Son héritier n'est-il pas un fils méritant ?
Arrachez à Hereford ses droits, et arrachez au temps
Les chartes et ses droits coutumiers ;
Ne laissez pas demain suivre alors aujourd'hui.
Ne sois pas toi-même. Car comment es-tu roi
Sinon par légitime descendance et succession ?
Eh bien, devant Dieu — Dieu veuille que je mente —
Si vous saisissez injustement les droits de Hereford,
Révoquez les lettres patentes qui l'autorisent
Par le truchement de ses mandataires à réclamer
Son héritage, et si vous refusez l'hommage qu'il vous offre,
Vous attirez mille dangers sur votre tête,
Vous perdez mille cœurs dévoués,
Et aiguillonnez ma tendre patience vers ces pensées
Que l'honneur et l'allégeance ne peuvent penser.

RICHARD

Think what you will, we seize into our hands
210 His plate, his goods, his money and his lands.

YORK

I'll not be by the while. My liege, farewell.
What will ensue hereof there's none can tell;
But by bad courses may be understood
That their events can never fall out good.

Exit.

RICHARD

215 Go, Bushy, to the Earl of Wiltshire straight,
Bid him repair to us to Ely House
To see this business. Tomorrow next
We will for Ireland, and 'tis time, I trow.
And we create, in absence of ourself,
220 Our uncle York lord governor of England;
For he is just, and always loved us well.
Come on, our queen, tomorrow must we part.
Be merry, for our time of stay is short.

*[Flourish]. Exeunt King and Queen, [with Aumerle,
Bushy, Greene and Bagot]. Manet Northumberland.*

NORTHUMBERLAND

Well, lords, the Duke of Lancaster is dead.

ROSS

225 And living too, for now his son is duke.

RICHARD

Pensez ce que vous voulez, nous saisissons
Sa vaisselle, ses biens, son argent et ses terres.

YORK

Je ne serai pas là pour voir cela. Mon suzerain, adieu.
Que va-t-il s'ensuivre, nul ne saurait le dire ;
Mais on peut bien prévoir, des mauvais procédés,
Que ce n'est pas du bien qui peut en résulter.

Il sort.

RICHARD

Va, Bushy, immédiatement trouver le comte de Wiltshire[1],
Prie-le de nous rejoindre à Ely House
Pour régler cette affaire. Dès demain
Nous partons pour l'Irlande, il est temps, je le sens.
Et nous créons pendant le temps de notre absence,
Notre oncle York Gouverneur d'Angleterre ;
Car il est droit, et il nous a toujours aimé.
Venez, notre reine, demain, nous devons nous séparer[2] ;
Soyez gaie, car le laps de temps qu'il nous reste est court.

*[Fanfare.] Sortent le roi, la reine, [Aumerle, Bushy,
Greene et Bagot.] Reste Northumberland.*

NORTHUMBERLAND

Eh bien, Messieurs, le duc de Lancastre est mort.

ROSS

Et néanmoins vivant, car désormais son fils est duc.

WILLOUGHBY

Barely in title, not in revenues.

NORTHUMBERLAND

Richly in both, if justice had her right.

ROSS

My heart is great, but it must break with silence,
Ere't be disburdened with a liberal tongue.

NORTHUMBERLAND

230 Nay, speak thy mind, and let him ne'er speak more
That speaks thy words again to do thee harm.

WILLOUGHBY

Tends that thou wouldst speak to the Duke of Hereford?
If it be so, out with it boldly, man;
Quick is mine ear to hear of good towards him.

ROSS

235 No good at all that I can do for him,
Unless you call it good to pity him,
Bereft, and gelded of his patrimony.

NORTHUMBERLAND

Now afore God 'tis shame such wrongs are borne
In him, a royal prince, and many mo
240 Of noble blood in this declining land.
The king is not himself, but basely led;

WILLOUGHBY

En titre seulement, pas en richesses.

NORTHUMBERLAND

En tout, et largement, si la justice avait son dû.

ROSS

Mon cœur est lourd, mais il doit se briser en silence,
Plutôt que d'être déchargé de son fardeau par des propos
    trop libres.

NORTHUMBERLAND

Non, dis ta pensée, et qu'il perde à jamais la parole
Celui qui répétera tes paroles pour te nuire.

WILLOUGHBY

Ce que tu veux dire concerne-t-il le duc de Hereford ?
Si c'est le cas, exprime-toi hardiment, l'ami ;
Mon oreille est prompte à écouter quand on lui veut du
    bien.

ROSS

Du bien, il n'est en mon pouvoir de lui en faire aucun
À moins que vous n'appeliez « bien », le plaindre
D'être spolié et châtré de son patrimoine.

NORTHUMBERLAND

Par Dieu, c'est une honte que de telles injustices
L'accablent, lui, un prince royal, et bien d'autres
De noble sang dans ce pays qui décline ;
Le roi n'est plus lui-même, il se laisse indignement
    mener

By flatterers, and what they will inform
Merely in hate 'gainst any of us all
That will the king severely prosecute
245 'Gainst us, our lives, our children and our heirs.

ROSS

The commons hath he pilled with grievous taxes,
And quite lost their hearts. The nobles hath he fined
For ancient quarrels and quite lost their hearts.

WILLOUGHBY

And daily new exactions are devised,
250 As blanks, benevolences, and I wot not what...
But what a God's name doth become of this?

NORTHUMBERLAND

Wars hath not wasted it, for warred he hath not,
But basely yielded upon compromise
That which his ancestors achieved with blows.
255 More hath he spent in peace than they in wars.

ROSS

The Earl of Wiltshire hath the realm in farm.

WILLOUGHBY

The king's grown bankrupt like a broken man.

NORTHUMBERLAND

Reproach and dissolution hangeth over him.

Par des flatteurs ; et quelles que soient les accusations
    que ceux-ci lancent
Par pure haine contre l'un d'entre nous,
Le roi exercera des poursuites rigoureuses
Contre nous, nos vies, nos enfants et nos héritiers.

ROSS

Le peuple, il l'a pillé par de lourdes taxes,
Et il s'est entièrement aliéné son cœur. Les nobles,
Il leur a infligé des amendes pour d'anciennes que-
    relles, et il s'est entièrement aliéné leur cœur.

WILLOUGHBY

Et tous les jours il invente de nouvelles exactions,
Ordres en blanc, emprunts forcés, et je ne sais quoi...
Mais au nom de Dieu, où s'en va tout cela ?

NORTHUMBERLAND

Ce ne sont pas les guerres qui ont englouti cela, car il
    n'a pas fait la guerre,
Il a au contraire cédé indignement par des compromis[1]
Ce que ses ancêtres avaient acquis de haute lutte ;
Il a plus dépensé dans la paix qu'eux dans la guerre.

ROSS

Le comte de Wiltshire a pris tout le royaume à ferme.

WILLOUGHBY

Le roi a fait banqueroute comme un failli.

NORTHUMBERLAND

Le discrédit et la ruine le guettent.

ROSS

He hath not money for these Irish wars,
260 His burthenous taxations notwithstanding,
But by the robbing of the banished duke.

NORTHUMBERLAND

His noble kinsman, most degenerate king!
But lords, we hear this fearful tempest sing,
Yet seek no shelter to avoid the storm;
265 We see the wind sit sore upon our sails,
And yet we strike not but securely perish.

ROSS

We see the very wreck that we must suffer,
And unavoided is the danger now,
For suffering so the causes of our wreck.

NORTHUMBERLAND

270 Not so, even through the hollow eyes of death
I spy life peering, but I dare not say
How near the tidings of our comfort is.

WILLOUGHBY

Nay, let us share thy thoughts as thou dost ours.

ROSS

Be confident to speak, Northumberland.
275 We three are but thyself, and speaking so
Thy words are but as thoughts; therefore be bold.

ROSS

Il ne trouve d'argent pour ces guerres d'Irlande,
En dépit de ses taxes exorbitantes,
Qu'en dépouillant le duc banni.

NORTHUMBERLAND

Son noble parent — Ô roi dégénéré !
Mais, messieurs, nous écoutons chanter l'effroyable
    tempête,
Sans chercher un abri pour éviter l'orage ;
Nous voyons que le vent rudoie notre bateau,
Et au lieu d'amener les voiles, nous coulons tranquille-
    ment.

ROSS

Nous voyons le naufrage que nous devons endurer,
Et désormais le danger est inévitable,
Tant nous avons enduré les causes du naufrage.

NORTHUMBERLAND

Non, même dans les yeux caves de la mort
Je vois la vie paraître ; mais je n'ose pas dire
À quel point la nouvelle de notre réconfort est proche.

WILLOUGHBY

Allons, partageons tes pensées, comme tu partages les
    nôtres.

ROSS

Parle avec confiance, Northumberland.
Nous trois ne faisons qu'un, et, si tu parles,
Tes mots ne sont que des pensées ; donc courage.

NORTHUMBERLAND

Then thus: I have from le Port Blanc,
A bay in Brittaine, received intelligence
That Harry, Duke of Hereford, Rainold Lord Cobham,
280 [The son of Richard Earl of Arundel],
That late broke from the Duke of Exeter,
His brother, Archbishop late of Canterbury,
Sir Thomas Erpingham, Sir John Ramston,
Sir John Norbery, Sir Robert Waterton, and Francis Quoint,
285 All these well furnished by the Duke of Brittaine
With eight tall ships, three thousand men of war,
Are making hither with all due expedience,
And shortly mean to touch our northern shore.
Perhaps they had ere this, but that they stay
290 The first departing of the king for Ireland.
If then we shall shake off our slavish yoke,
Imp out our drooping country's broken wing,
Redeem from broking pawn the blemished crown,
Wipe off the dust that hides our sceptre's gilt,
295 And make high majesty look like itself,
Away with me in post to Ravenspurgh.
But if you faint, as fearing to do so,
Stay and be secret, and myself will go.

ROSS

To horse, to horse! Urge doubts to them that fear.

WILLOUGHBY

300 Hold out my horse, and I will first be there.

Exeunt.

NORTHUMBERLAND

Eh bien voici : j'ai de Port-Blanc[1],
Une baie en Bretagne, reçu intelligence
Que Harry, duc de Hereford, le seigneur Rainold Cobham,
[Le fils du comte Richard d'Arundel[2]]
Qui s'est récemment échappé de chez le duc d'Exeter,
Son frère, anciennement archevêque de Cantorbéry[3],
Sir Thomas Erpingham[4], Sir John Ramston,
Sir John Norbery, Sir Robert Waterton, et Francis
    Quoint,
Tous bien équipés par le duc de Bretagne[5]
Avec huit grands vaisseaux, trois mille hommes de guerre,
Font voile vers ici en toute hâte,
Dans le dessein d'aborder sur la côte nord.
Peut-être y seraient-ils déjà s'ils n'avaient attendu
Que le roi parte enfin pour l'Irlande.
Si donc nous devons secouer le joug de notre esclavage,
Remplumer l'aile brisée de notre pays qui défaille,
Racheter aux prêteurs sur gage la couronne ternie,
Essuyer la poussière qui cache l'or de notre sceptre,
Et faire que la majesté souveraine redevienne elle-même,
Vite avec moi galopez jusqu'à Ravenspurgh[6] ;
Mais si vous vacillez et craignez de venir,
Restez et gardez le secret, j'irai seul.

ROSS

À cheval, à cheval ! Parlez de doute à ceux qui ont peur.

WILLOUGHBY

Si mon cheval tient bon, j'y serai le premier.

Ils sortent.

SCENE II. *[Windsor Castle.]*

Enter the Queen, Bushy, Bagot.

BUSHY

Madam, your majesty is too much sad.
You promised, when you parted with the king,
To lay aside life-harming heaviness
And entertain a cheerful disposition.

QUEEN

5 To please the king I did — to please myself
I cannot do it; yet I know no cause
Why I should welcome such a guest as grief
Save bidding farewell to so sweet a guest
As my sweet Richard. Yet again methinks
10 Some unborn sorrow, ripe in Fortune's womb,
Is coming towards me, and my inward soul
With nothing trembles; at some thing it grieves,
More than with parting from my lord the king.

BUSHY

Each substance of a grief hath twenty shadows
15 Which shows like grief itself, but is not so.
For sorrow's eye, glazed with blinding tears,
Divides one thing entire to many objects,
Like perspectives, which rightly gazed upon,
Show nothing but confusion; eyed awry
20 Distinguish form. So your sweet majesty,
Looking awry upon your lord's departure,

SCÈNE II [1].   *[Le château de Windsor.]*

Entrent la reine, Bushy et Bagot.

BUSHY

Madame, Votre Majesté est bien trop triste.
Vous aviez promis en quittant le roi,
D'écarter l'affliction ennemie de la vie,
Pour faire bon accueil à la gaieté.

LA REINE

C'était pour plaire au roi — pour me plaire à moi-même
Je ne peux pas ; pourtant je ne connais pas de raison
De devoir accueillir comme hôte le chagrin,
Sauf d'avoir dit adieu à un hôte aussi cher
Que l'est mon cher Richard. Et pourtant il me semble
Qu'une douleur encore à naître, mûrie dans le ventre
    de la Fortune,
S'en vient vers moi, et mon âme intime
Tremble de ce rien [2] ; quelque chose la chagrine,
Et ce n'est pas seulement le départ de mon seigneur le roi.

BUSHY

Tout chagrin véritable a vingt reflets [3],
Qui ont l'apparence du chagrin, mais qui ne sont pas lui.
Car l'œil de la douleur, embué par les larmes qui l'aveuglent,
Décompose une chose unique en de nombreux objets,
Tels ces tableaux trompeurs qui, regardés de face,
Ne montrent que confusion, mais qui, vus de biais,
Révèlent des formes distinctes. Ainsi Votre Chère Majesté,
Regardant de biais le départ de votre seigneur,

Find shapes of grief more than himself to wail,
Which, looked on as it is, is naught but shadows
Of what it is not. Then, thrice-gracious queen,
25 More than your lord's departure weep not — More's not seen,
Or if it be 'tis with false sorrow's eye
Which for things true, weeps things imaginary.

QUEEN

It may be so; but yet my inward soul
Persuades me it is otherwise. Howe'er it be
30 I cannot but be sad, so heavy sad
As, though on thinking on no thought I think,
Makes me with heavy nothing faint and shrink.

BUSHY

'Tis nothing but conceit, my gracious lady.

QUEEN

'Tis nothing less: conceit is still derived
35 From some forefather grief; mine is not so,
For nothing hath begot my something grief,
Or something hath the nothing that I grieve —
'Tis in reversion that I do possess —,
But what it is that is not yet known what,
40 I cannot name: 'tis nameless woe I wot.

[Enter Greene.]

Y trouve à déplorer, outre ce chagrin même, des figures
    du chagrin,
Qui, à les voir telles qu'elles sont, ne sont rien que des
    reflets
De ce qu'elles ne sont point. Aussi, trois fois gracieuse
    reine,
Ne pleurez rien de plus que le départ de votre seigneur
    — il n'y a rien de plus,
Si ce n'est vu par l'œil trompeur de la douleur,
Qui pleure comme véritables des choses imaginaires.

LA REINE

Il se peut ; et pourtant mon âme intime
Me persuade qu'il en est autrement. Quoi qu'il en soit,
Je ne puis qu'être triste, si lourdement triste
Que, bien que je pense à ne penser à aucune pensée,
Ce néant si lourd me fait défaillir et m'étioler.

BUSHY

Ce n'est rien qu'un fantasme, ma gracieuse dame.

LA REINE

Ce n'est rien moins qu'un fantasme, lequel procède toujours
D'un chagrin qui le crée ; il n'en va pas ainsi pour moi,
Car rien n'a engendré ce quelque chose qu'est mon chagrin,
Ou bien ce rien qui me chagrine appartient à quelque
    chose —
C'est par anticipation que je le possède[1] —
Mais que peut bien être ce qui n'est pas encore connu,
Je ne peux pas le nommer : c'est un mal sans nom.

[Entre Greene.]

GREENE

God save your majesty, and well met, gentlemen.
I hope the king is not yet shipped for Ireland.

QUEEN

Why hopest thou so? 'Tis better hope he is,
For his designs crave haste, his haste good hope.
45 Then wherefore dost thou hope he is not shipped?

GREENE

That he, our hope, might have retired his power,
And driven into despair an enemy's hope
Who strongly hath set footing in this land:
The banished Bolingbroke repeals himself,
50 And, with uplifted arms is safe arrived
At Ravenspurgh.

QUEEN

Now God in heaven forbid!

GREENE

Ah madam, 'tis too true; and that is worse
The Lord Northumberland, his son young Harry Percy,
The lords of Ross, Beaumond and Willoughby,
55 With all their powerful friends, are fled to him.

BUSHY

Why have you not proclaimed Northumberland
And all the rest, revolted faction, traitors?

GREENE

Dieu garde Votre Majesté ! Bonjour messieurs.
J'espère que le roi ne s'est pas encore embarqué pour
  l'Irlande.

LA REINE

Pourquoi espères-tu cela ? Mieux vaut espérer qu'il l'est,
Car ses projets exigent la hâte, et sa hâte notre bon espoir.
Pourquoi donc espères-tu qu'il ne s'est pas embarqué ?

GREENE

Parce que lui, notre espoir, aurait pu faire revenir ses
  troupes,
Et réduire au désespoir l'espoir d'un ennemi
Qui a fermement pris pied dans ce pays :
Bolingbroke le banni s'est lui-même rappelé d'exil,
Et, les armes à la main, il est parvenu sans encombres
À Ravenspurgh.

LA REINE

Le Dieu du ciel nous en préserve !

GREENE

Ah, Madame, ce n'est que trop vrai ; et voici le pire :
Le seigneur Northumberland, son fils le jeune Henry Percy,
Les seigneurs Ross, Beaumond et Willoughby[1],
Avec tous leurs puissants amis, ont couru le rejoindre.

BUSHY

Pourquoi n'avez-vous pas proclamé traîtres Northumberland
Et tous les autres factieux de cette rébellion ?

GREENE

We have, whereupon the Earl of Worcester
Hath broken his staff, resigned his stewardship,
60 And all the Household servants fled with him
To Bolingbroke.

QUEEN

So, Greene, thou art the midwife to my woe
And Bolingbroke my sorrow's dismal heir;
Now hath my soul brought forth her prodigy,
65 And I, a gasping new-delivered mother,
Have woe to woe, sorrow to sorrow joined.

BUSHY

Despair not, madam.

QUEEN

Who shall hinder me?
I will despair, and be at enmity
With cozening Hope. He is a flatterer,
70 A parasite, a keeper-back of death
Who gently would dissolve the bands of life
Which false Hope lingers in extremity.

[Enter York.]

GREENE

Here comes the Duke of York.

QUEEN

With signs of war about his aged neck.
75 Oh, full of careful business are his looks!
Uncle, for God's sake speak comfortable words.

GREENE

Nous l'avons fait ; sur quoi le comte de Worcester[1]
A brisé son bâton, résigné sa charge de sénéchal,
Et tous les gens de la maison du roi ont fui avec lui
Vers Bolingbroke.

LA REINE

Ainsi Greene, tu es l'accoucheur de mon mal,
Et Bolingbroke le sinistre enfant de ma douleur ;
À présent mon âme a mis au monde son fils monstrueux,
Et moi, mère haletante nouvellement délivrée,
Je souffre mal sur mal et douleur sur douleur.

BUSHY

Ne désespérez pas, Madame...

LA REINE

                    Qui m'en empêchera ?
Je veux désespérer et être l'ennemie
De ce fraudeur d'Espoir. C'est un flatteur,
Un parasite, il retarde la Mort,
Qui délicatement dénouerait les liens de la vie,
Que le fallacieux Espoir prolonge à l'extrême.

[Entre York.]

GREENE

Voici venir le duc d'York.

LA REINE

Avec des insignes de guerre autour de son vieux cou ;
Oh, tous ses traits sont marqués par le souci anxieux !
Oncle, pour l'amour de Dieu, dites-nous des paroles de
   réconfort.

YORK

Should I do so I should belie my thoughts;
Comfort's in heaven and we are on the earth,
Where nothing lives but crosses, cares and grief.
80 Your husband, he is gone to save far off
Whilst others come to make him lose at home.
Here am I left to underprop his land
Who weak with age cannot support myself.
Now comes the sick hour that his surfeit made,
85 Now shall he try his friends that flattered him.

[Enter a Servant.]

SERVANT

My lord, your son was gone before I came.

YORK

He was? Why, so, go all which way it will.
The nobles they are fled, the commons cold,
And will, I fear, revolt on Hereford's side.
90 Sirrah, get thee to Plashy, to my sister Gloucester,
Bid her send me presently a thousand pound.
Hold, take my ring.

SERVANT

My lord, I had forgot to tell your lordship.
Today as I came by I called there —
95 But I shall grieve you to report the rest.

YORK

What is't, knave?

YORK

Si je le faisais, je trahirais mes pensées ;
Le réconfort est au ciel, et nous sommes sur la terre,
Où il n'y a que tourments, soucis et chagrins.
Votre époux est parti sauver bien loin
Ce que d'autres viennent lui faire perdre chez lui.
Ici il m'a laissé en tuteur du pays,
Moi affaibli par l'âge, qui ne puis me soutenir moi-même ;
Maintenant voici l'heure nauséeuse que sa gabegie a causée,
Maintenant il va mettre à l'épreuve les amis qui le flattaient.

[Entre un serviteur.]

LE SERVITEUR

Mon seigneur, votre fils était parti avant mon arrivée[1].

YORK

Parti ? Eh bien, que tout aille à sa guise !
Les nobles, eux, ont fui, le peuple est froid
Et se révoltera, je le crains, en faveur de Hereford.
Toi, rends-toi à Plashy, chez ma sœur Gloucester,
Dis-lui de m'envoyer mille livres tout de suite.
Attends, prends mon anneau.

LE SERVITEUR

Mon seigneur, j'avais oublié de le dire à Votre Seigneurie :
Aujourd'hui en venant j'y suis passé...
Mais en vous disant la suite je vais vous affliger.

YORK

Qu'y a-t-il, canaille ?

SERVANT

An hour before I came the duchess died.

YORK

God for His mercy! What a tide of woes
Comes rushing on this woeful land at once!
100 I know not what to do. I would to God,
So my untruth had not provoked him to it,
The king had cut off my head with my brother's.
What, are there no posts despatched for Ireland?
How shall we do for money for these wars?
105 Come, sister... cousin I would say, pray pardon me.
Go, fellow, get thee home. Provide some carts
And bring away the armour that is there.

[Exit Servant.]

Gentlemen, will you go muster men?
If I know how or which way to order these affairs
110 Thus disorderly thrust into my hands,
Never believe me. Both are my kinsmen;
Th'one is my sovereign, whom both my oath
And duty bids defend; th'other again
Is my kinsman, whom the king hath wronged,
115 Whom conscience and my kindred bids to right.
Well, somewhat we must do. Come, cousin.
I'll dispose of you. Gentlemen, go muster up your men

LE SERVITEUR

Une heure avant mon arrivée, la duchesse était morte.

YORK

Dieu de miséricorde, quel déferlement de malheurs
Vient d'un coup envahir ce malheureux pays !
Je ne sais pas quoi faire. Dieu ! je voudrais,
Pourvu que je ne l'y eusse pas incité par une déloyauté,
Que le roi m'eût tranché la tête en même temps qu'à
    mon frère.
Quoi, n'a-t-on pas dépêché de courrier en Irlande ?
Comment allons-nous faire pour trouver de l'argent
    pour ces guerres ?
Venez, ma sœur... ma nièce, voulais-je dire, de grâce,
    pardonnez-moi.
Allons, toi, retourne chez moi, procure-toi des chariots
Et rapporte les armes qui s'y trouvent.

[Sort le serviteur.]

Messieurs, allez rassembler les hommes, voulez-vous ?
Si je prétends savoir comment et dans quel sens régler
    ces affaires
Qu'on a jetées pêle-mêle entre mes mains,
N'en croyez rien. Tous deux sont mes parents :
L'un est mon souverain, que mon serment
Et le devoir m'ordonnent tous les deux de défendre ;
    l'autre aussi
Est mon parent, que le roi a lésé,
Que ma conscience et ma parenté m'ordonnent de
    rétablir dans son droit.
Bon, il faut faire quelque chose. Venez, ma nièce,
Je vais m'occuper de vous. Messieurs, allez rassembler
    vos hommes

And meet me presently at Berkeley.
I should to Plashy too,
120 But time will not permit. All is uneven,
And everything is left at six and seven.

[Exeunt York and Queen.]

BUSHY

The wind sits fair for news to go for Ireland
But none returns. For us to levy power
Proportionable to the enemy is all impossible.

GREENE

125 Besides, our nearness to the king in love
Is near the hate of those love not the king.

BAGOT

And that's the wavering commons, for their love
Lies in their purses, and whoso empties them
By so much fills their hearts with deadly hate.

BUSHY

130 Wherein the king stands generally condemned.

BAGOT

If judgement lie in them then so do we,
Because we ever have been near the king.

GREENE

Well, I will for refuge straight to Bristol Castle.
The Earl of Wiltshire is already there.

Et retrouvez-moi tout de suite à Berkeley[1].
Il faudrait aussi que j'aille à Plashy,
Mais le temps ne le permettra pas. C'est le chaos partout,
Et tout se trouve sens dessus dessous.

[Sortent York et la reine.]

BUSHY

Le vent est favorable pour porter des nouvelles en Irlande,
Mais il n'en revient aucune. Quant à lever des forces
Proportionnées à celles de l'ennemi c'est pour nous
tout à fait impossible.

GREENE

En outre, l'amour qui nous fait proches du roi
Rapproche de nous la haine de ceux qui n'aiment pas le roi.

BAGOT

C'est-à-dire le peuple versatile, car son amour
Est dans sa bourse, et quiconque la vide
Remplit son cœur d'autant de haine mortelle.

BUSHY

En cela le roi est unanimement condamné.

BAGOT

Si la sentence dépend du peuple, nous le sommes aussi,
Car nous avons toujours été proches du roi.

GREENE

Bon, je vais tout de suite chercher refuge au château de
Bristol,
Le comte de Wiltshire s'y trouve déjà[2].

BUSHY

135 Thither will I with you, for little office
Will the hateful commons perform for us,
Except like curs to tear us all to pieces.
Will you go along with us?

BAGOT

No, I will to Ireland to his majesty.
140 Farewell. If heart's presages be not vain,
We three here part that ne'er shall meet again.

BUSHY

That's as York thrives to beat back Bolingbroke.

GREENE

Alas, poor duke! The task he undertakes
Is numbering sands and drinking oceans dry.
145 Where one on his side fights thousands will fly.
Farewell at once, for once, for all, and ever.

BUSHY

Well, we may meet again.

BAGOT

I fear me never.

Exeunt.

BUSHY

Je viens avec vous ; car le peuple haineux
Ne nous rendra guère d'autres services
Que celui de nous mettre en pièces comme une meute
  de roquets.
Vous venez avec nous, Bagot ?

BAGOT

Non, je vais en Irlande retrouver Sa Majesté[1].
Adieu. Si les pressentiments de mon cœur ne sont pas
  illusoires,
Tous trois nous nous quittons ici pour ne plus jamais
  nous revoir.

BUSHY

Tout dépend d'York : il parviendra peut-être à repous-
  ser Bolingbroke.

GREENE

Hélas, le pauvre duc ! La tâche qu'il entreprend
C'est de compter le sable et de boire les océans ;
Pour un qui combattra de son côté, mille déserteront.
Adieu donc, une fois pour toutes et à jamais.

BUSHY

Qui sait, nous nous reverrons peut-être.

BAGOT

                    J'en ai bien peur, jamais.

Ils sortent.

SCENE III. *[In Gloucestershire.]*

Enter [Bolingbroke] and Northumberland.

BOLINGBROKE

How far is it, my lord, to Berkeley now?

NORTHUMBERLAND

Believe me, noble lord,
I am a stranger here in Gloucestershire.
These high wild hills and rough uneven ways
5 Draws out our miles and makes them wearisome,
And yet your fair discourse hath been as sugar,
Making the hard way sweet and delectable.
But I bethink me what a weary way
From Ravenspurgh to Cotshall will be found
10 In Ross and Willoughby, wanting your company,
Which I protest hath very much beguiled
The tediousness and process of my travel.
But theirs is sweetened with the hope to have
The present benefit which I possess,
15 And hope to joy is little less in joy,
Than hope enjoyed. By this the weary lords
Shall make their way seem short, as mine hath done
By sight of what I have, your noble company.

SCÈNE III.   [Dans le Gloucestershire.]

Entrent [Bolingbroke] et Northumberland.

BOLINGBROKE

À quelle distance, mon seigneur, sommes-nous maintenant de Berkeley ?

NORTHUMBERLAND

Croyez-moi, noble seigneur,
Je suis un étranger ici dans le Gloucestershire.
Ces hautes collines sauvages et ces rudes chemins escar-
pés
Étirent notre route et la rendent fatigante,
Et pourtant l'agrément de votre conversation a été
comme un miel,
Il a adouci la rudesse du chemin, le rendant délectable.
Mais je me dis que le chemin
De Ravenspurgh aux Cotswolds doit paraître ennuyeux
À Ross et Willoughby, privés de votre compagnie,
Qui je le jure m'a largement fait oublier
La fastidieuse longueur de mon voyage.
Mais le leur est adouci par l'espoir de jouir
Du présent bienfait que je possède,
Et l'espoir de jouir ne le cède guère en jouissance
À celle de l'espoir comblé. Ainsi à ces lords fatigués
Le chemin paraîtra court, comme le mien le fut
D'avoir sous les yeux ce que j'ai, votre noble compa-
gnie.

BOLINGBROKE

Of much less value is my company
20 Than your good words. But who comes here?

Enter Harry Percy.

NORTHUMBERLAND

It is my son, young Harry Percy,
Sent from my brother Worcester, whencesoever.
Harry, how fares your uncle?

PERCY

I had thought, my lord, to have learned his health of you.

NORTHUMBERLAND

25 Why, is he not with the queen?

PERCY

No, my good lord, he hath forsook the court,
Broken his staff of office and dispersed
The Household of the king.

NORTHUMBERLAND

What was his reason?
He was not so resolved when last we spake together.

PERCY

30 Because your lordship was proclaimed traitor.
But he, my lord, is gone to Ravenspurgh
To offer service to the Duke of Hereford,
And sent me over by Berkeley to discover

BOLINGBROKE

Ma compagnie a bien moins de valeur
Que vos bonnes paroles. Mais qui vient ?

Entre Harry Percy.

NORTHUMBERLAND

C'est mon fils, le jeune Harry Percy[1],
Envoyé je ne sais d'où par mon frère Worcester.
Harry, comment se porte votre oncle ?

PERCY

Je pensais, mon seigneur, avoir par vous de ses nouvelles.

NORTHUMBERLAND

Quoi, n'est-il pas avec la reine ?

PERCY

Non, mon bon seigneur, il a quitté la cour,
Brisé son bâton de sénéchal et dispersé
La maison du roi.

NORTHUMBERLAND

Pour quelle raison ?
Il n'était pas dans ces dispositions la dernière fois que
nous nous sommes parlé.

PERCY

Parce que Votre Seigneurie a été proclamée traître.
Mais lui, mon seigneur, est allé à Ravenspurgh
Proposer ses services au duc de Hereford,
Et il m'a fait passer par Berkeley pour découvrir

What power the Duke of York had levied there,
35 Then with directions to repair to Ravenspurgh.

NORTHUMBERLAND

Have you forgot the Duke of Hereford, boy?

PERCY

No, my good lord, for that is not forgot
Which ne'er I did remember: to my knowledge,
I never in my life did look on him.

NORTHUMBERLAND

40 Then learn to know him now. This is the Duke.

PERCY

My gracious lord, I tender you my service,
Such as it is, being tender, raw, and young,
Which elder days shall ripen and confirm
To more approved service and desert.

BOLINGBROKE

45 I thank thee, gentle Percy, and be sure
I count myself in nothing else so happy
As in a soul remembering my good friends,
And as my fortune ripens with thy love
It shall be still thy true love's recompense.
50 My heart this covenant makes, my hand thus seals it.

NORTHUMBERLAND

How far is it to Berkeley? and what stir
Keeps good old York there with his men of war?

Quelles forces le duc d'York y a levées,
Avec ordre de regagner ensuite Ravenspurgh[1].

NORTHUMBERLAND

Avez-vous oublié le duc de Hereford, mon enfant ?

PERCY

Non, mon bon seigneur, car ne peut être oublié
Celui dont je n'ai jamais eu le souvenir : à ma connaissance,
Je ne l'ai jamais vu de ma vie.

NORTHUMBERLAND

Apprenez dès lors à le connaître. Voici le duc.

PERCY

Mon gracieux seigneur, je vous offre tels quels mes ser-
vices,
Ceux d'un jeune homme tendre, inexpérimenté,
Mais les années sauront les mûrir et les confirmer
Par une valeur et un mérite mieux éprouvés.

BOLINGBROKE

Je te remercie, noble Percy, sois sûr
Que je m'estime heureux par-dessus tout
D'avoir une âme reconnaissante envers mes bons amis,
Et ma fortune, en mûrissant avec ton amour,
Saura toujours récompenser ta loyauté.
Mon cœur écrit ce pacte, voici ma main pour le sceller.

NORTHUMBERLAND

À quelle distance sommes-nous de Berkeley ? Et à quoi
S'occupe le bon vieux York avec ses hommes de guerre ?

PERCY

There stands the castle by yon tuft of trees,
Manned with three hundred men as I have heard,
55 And in it are the Lords of York, Berkeley and Seymour,
None else of name and noble estimate.

[Enter Ross and Willoughby.]

NORTHUMBERLAND

Here come the Lords of Ross and Willoughby,
Bloody with spurring, fiery red with haste.

BOLINGBROKE

Welcome, my lords; I wot your love pursues
60 A banished traitor. All my treasury
Is yet but unfelt thanks, which, more enriched,
Shall be your love and labour's recompense.

ROSS

Your presence makes us rich, most noble lord.

WILLOUGHBY

And far surmounts our labour to attain it.

BOLINGBROKE

65 Evermore thank's the exchequer of the poor,
Which till my infant fortune comes to years
Stands for my bounty. But who comes here?

[Enter Berkeley.]

PERCY

C'est là qu'est le château près de ce bouquet d'arbres,
Défendu par trois cents hommes, à ce qu'on m'a dit,
Et au-dedans les seigneurs d'York, de Berkeley et de
     Seymour...
Personne d'autre de renom ou de qualité.

[Entrent Ross et Willoughby.]

NORTHUMBERLAND

Voici les seigneurs Ross et Willoughby[1],
Sanglants d'avoir éperonné, chauffés au rouge par la hâte.

BOLINGBROKE

Bienvenue, mes seigneurs ; je sais que votre amour s'at-
     tache
À un traître banni. Tout mon trésor
N'est encore que d'impalpables mercis, mais, une fois
     enrichi,
Il récompensera votre amour et vos peines.

ROSS

C'est votre présence qui nous enrichit, très noble seigneur.

WILLOUGHBY

Elle surpasse de loin nos peines pour l'atteindre.

BOLINGBROKE

Le remerciement est toujours le financier du pauvre,
Et jusqu'à ce que grandisse ma fortune encore enfant,
Il me tiendra lieu de munificence. Mais qui vient ?

[Entre Berkeley.]

NORTHUMBERLAND

It is my Lord of Berkeley, as I guess.

BERKELEY

My Lord of Hereford, my message is to you.

BOLINGBROKE

70 My lord, my answer is: to Lancaster,
And I am come to seek that name in England,
And I must find that title in your tongue
Before I make reply to aught you say.

BERKELEY

Mistake me not, my lord, 'tis not my meaning
75 To raze one title of your honour out.
To you, my lord, I come, what lord you will,
From the most gracious regent of this land,
The Duke of York, to know what pricks you on
To take advantage of the absent time,
80 And fright our native peace with self-borne arms?

[Enter York.]

BOLINGBROKE

I shall not need transport my words by you.
Here comes his grace in person. My noble uncle.

[Kneels.]

NORTHUMBERLAND

C'est mon seigneur de Berkeley, je crois.

BERKELEY

Mon seigneur de Hereford, mon message est pour vous.

BOLINGBROKE

Mon seigneur, je réponds au nom de Lancastre,
Et je suis venu chercher ce nom en Angleterre,
Et je dois trouver ce titre sur vos lèvres,
Avant de répondre à ce que vous direz.

BERKELEY

Ne vous méprenez pas, mon seigneur, ce n'est pas mon
    intention
De gommer un seul de vos titres d'honneur.
Je viens vous trouver, mon seigneur... seigneur de ce
    que vous voulez,
De la part du très gracieux régent de ce pays,
Le duc d'York, afin de savoir ce qui vous aiguillonne
À prendre avantage de l'absence royale
Et à troubler notre paix domestique en brandissant des
    armes par intérêt personnel.

                                        [Entre York.]

BOLINGBROKE

Je n'aurai pas besoin de vous pour porter mes paroles.
Voici venir Sa Grâce en personne. Mon noble oncle !

                                        [Il s'agenouille.]

YORK

Show me thy humble heart and not thy knee,
Whose duty is deceivable and false.

BOLINGBROKE

85 My gracious uncle...

YORK

Tut, tut! Grace me no grace, nor uncle me no uncle.
I am no traitor's uncle, and that word 'grace'
In an ungracious mouth is but profane.
Why have those banished and forbidden legs
90 Dared once to touch a dust of England's ground?
But then, more why? Why have they dared to march
So many miles upon her peaceful bosom,
Frighting her pale-faced villages with war
And ostentation of despised arms?
95 Comest thou because the anointed king is hence?
Why, foolish boy, the king is left behind,
And in my loyal bosom lies his power.
Were I but now lord of such hot youth
As when brave Gaunt, thy father, and myself
100 Rescued the Black Prince, that young Mars of men,
From forth the ranks of many thousand French,
Oh then how quickly should this arm of mine,

YORK

Montre-moi ton humble cœur plutôt que ce genou
Dont l'hommage est trompeur et perfide.

BOLINGBROKE

Mon gracieux oncle...

YORK

Taratata ! De grâce ne me serine pas gracieux par-ci,
    oncle par-là.
Je ne suis pas l'oncle d'un traître et ce mot de « grâce »
Dans une bouche qui ne mérite pas la grâce n'est que
    profanation.
Pourquoi ces jambes bannies, ces pieds proscrits
Ont-ils, ne fût-ce qu'une fois, osé toucher un seul grain
    de poussière du sol anglais ?
Mais il y a d'autres « pourquoi »... Pourquoi ont-ils osé
    parcourir
Tant de miles sur sa paisible poitrine,
Terrifiant ses villages blêmes par la guerre
Et l'exhibition d'armes infamantes ?
Viens-tu parce que le roi consacré est absent ?
Mais, petit garçon stupide, le roi est resté ici,
Et dans ma poitrine loyale demeure son pouvoir.
Si j'étais encore le maître de cette jeunesse bouillante
    d'autrefois,
Comme lorsque le valeureux Gand, ton père, et moi-
    même,
Arrachâmes le Prince Noir, ce jeune Mars parmi les
    hommes,
Des rangs de plusieurs milliers de Français,
Oh comme ce bras maintenant prisonnier de la paralysie

Now prisoner to the palsy, chastise thee,
And minister correction to thy fault!

BOLINGBROKE

105 My gracious uncle, let me know my fault:
On what condition stands it and wherein?

YORK

Even in condition of the worst degree...
In gross rebellion and detested treason:
Thou art a banished man, and here art come,
110 Before the expiration of thy time
In braving arms against thy sovereign.

BOLINGBROKE

As I was banished, I was banished Hereford;
But as I come, I come for Lancaster.
And, noble uncle, I beseech your grace
115 Look on my wrongs with an indifferent eye.
You are my father, for methinks in you —
I see old Gaunt alive. Oh then, my father,
Will you permit that I shall stand condemned
A wandering vagabond, my rights and royalties
120 Plucked from my arms perforce and given away
To upstart unthrifts? Wherefore was I born?
If that my cousin king be King in England
It must be granted I am Duke of Lancaster.
You have a son, Aumerle, my noble cousin;
125 Had you first died and he been thus trod down
He should have found his uncle Gaunt a father
To rouse his wrongs and chase them to the bay.

Aurait vite fait de te châtier,
Et de t'administrer la correction qu'exige ta faute !

BOLINGBROKE

Mon gracieux oncle, faites-moi connaître ma faute :
De quelle nature est-elle, en quoi consiste-t-elle ?

YORK

Elle est de la nature la plus grave qui soit...
Rébellion flagrante, abominable trahison ;
Tu es un homme banni, et tu viens ici
Avant l'expiration de ta peine,
Les armes à la main, braver ton souverain.

BOLINGBROKE

Lorsque je fus banni, c'est Hereford qui fut banni ;
À présent je reviens, c'est pour Lancastre que je viens.
Mon cher oncle, je supplie Votre Grâce
De considérer les torts que j'ai subis d'un œil impartial.
Vous êtes mon père, car il me semble qu'en vous
Je vois vivre le vieux Gand. Mon père, donc,
Permettrez-vous que je reste condamné
À errer comme un vagabond, mes droits et prérogatives
Arrachés de mes mains par la force et distribués
À des parvenus dépensiers ? Pourquoi suis-je né ?
Si mon cousin le roi est roi d'Angleterre,
Il faut m'accorder que je suis duc de Lancastre.
Vous avez un fils, Aumerle, mon noble cousin ;
Si vous étiez mort le premier, et qu'il eût été piétiné de
    la sorte,
Il aurait trouvé en son oncle Gand un père
Pour débusquer les injustices, les traquer, les réduire
    aux abois.

I am denied to sue my livery here,
And yet my letters patents give me leave.
130 My father's goods are all distrained and sold,
And these and all are all amiss employed.
What would you have me do? I am a subject,
And I challenge law; attorneys are denied me,
And therefore personally I lay my claim
135 To my inheritance of free descent.

NORTHUMBERLAND

The noble duke hath been too much abused.

ROSS

It stands your grace upon to do him right.

WILLOUGHBY

Base men by his endowments are made great.

YORK

My lords of England, let me tell you this:
140 I have had feeling of my cousin's wrongs
And laboured all I could to do him right.
But in this kind to come, in braving arms,
Be his own carver, and cut out his way,
To find out right with wrong — it may not be.
145 And you that do abet him in this kind
Cherish rebellion and are rebels all.

NORTHUMBERLAND

The noble duke hath sworn his coming is

On me refuse le droit de réclamer ici mes terres,
Malgré les lettres patentes qui m'y autorisent.
Tous les biens de mon père sont saisis et vendus,
Et de cela comme de tout le reste, on fait mauvais
    usage.
Que voudriez-vous que je fasse ? Je suis un sujet,
J'en appelle à la loi ; on me refuse des mandataires,
Je viens donc en personne revendiquer
Mes droits d'héritier légitime.

NORTHUMBERLAND

Le noble duc a souffert trop d'abus.

ROSS

Il incombe à Votre Grâce de lui rendre justice.

WILLOUGHBY

Ses domaines servent à grandir des hommes de rien.

YORK

Seigneurs d'Angleterre, laissez-moi vous dire ceci :
J'ai ressenti les torts soufferts par mon neveu,
Et fait tous les efforts pour lui rendre justice.
Mais venir de la sorte jeter le défi des armes,
Découper soi-même sa part, se tailler son chemin,
Chercher le droit en violant le droit — cela ne doit pas
    être.
Et vous qui l'appuyez de cette façon-là
Vous cajolez la rébellion et êtes tous des rebelles.

NORTHUMBERLAND

Le noble duc a juré qu'il ne vient chercher que son
    bien[1],

But for his own, and for the right of that
We all have strongly sworn to give him aid.
150 And let him ne'er see joy that breaks that oath!

YORK

Well, well. I see the issue of these arms.
I cannot mend it, I must needs confess,
Because my power is weak and all ill-left.
But if I could, by Him that gave me life,
155 I would attach you all and make you stoop
Unto the sovereign mercy of the king;
But since I cannot, be it known unto you
I do remain as neuter. So fare you well,
Unless you please to enter in the castle,
160 And there repose you for this night.

BOLINGBROKE

An offer, uncle, that we will accept.
But we must win your grace to go with us
To Bristol Castle, which they say is held
By Bushy, Bagot and their complices,
165 The caterpillars of the commonwealth,
Which I have sworn to weed and pluck away.

YORK

It may be I will go with you, but yet I'll pause,
For I am loath to break our country's laws.
Nor friends nor foes to me welcome you are.
170 Things past redress are now with me past care.

Exeunt.

Et pour soutenir ce droit
Nous avons tous juré de lui apporter notre aide.
Qu'il ne connaisse jamais la joie celui qui rompra ce
   serment !

YORK

Allons, allons, je prévois l'issue de cet affrontement.
Je n'y peux rien, je dois bien l'avouer,
Car les forces dont je dispose sont faibles et mal équipées.
Mais si je le pouvais, par Celui qui m'a donné la vie,
Je vous arrêterais tous et vous ferais plier
Devant la miséricorde souveraine du roi ;
Mais puisque je ne le peux pas, sachez
Que je reste neutre. Ainsi, adieu
À moins qu'il ne vous plaise d'entrer dans ce château
Et de vous y reposer cette nuit.

BOLINGBROKE

Une offre, mon oncle, que nous acceptons volontiers.
Mais nous devons convaincre Votre Grâce de venir avec
   nous
Au château de Bristol, lequel à ce qu'on dit
Est tenu par Bushy, Bagot et leurs complices[1],
Cette vermine de l'État[2]
Que j'ai juré d'extirper et d'anéantir.

YORK

Je viendrai peut-être avec vous ; mais je veux encore réfléchir
Car il me répugne de violer les lois de notre pays.
Ni amis ni ennemis, vous êtes les bienvenus.
De ce qui est sans remède je ne me soucie plus.

                                        Ils sortent.

SCENE IV. *[Wales.]*

*Enter Earl of Salisbury
and a Welsh captain.*

CAPTAIN

My lord of Salisbury, we have stayed ten days
And hardly kept our countrymen together,
And yet we hear no tidings from the king.
Therefore we will disperse ourselves. Farewell.

SALISBURY

5 Stay yet another day, thou trusty Welshman:
The king reposeth all his confidence in thee.

CAPTAIN

'Tis thought the king is dead. We will not stay.
The bay trees in our country are all withered
And meteors fright the fixed stars of heaven.
10 The pale faced moon looks bloody on the earth,
And lean looked prophets whisper fearful change.
Rich men look sad and ruffians dance and leap...
The one in fear to lose what they enjoy,
The other to enjoy by rage and war.
15 These signs forerun the death or fall of kings.
Farewell. Our countrymen are gone and fled
As well assured Richard their king is dead.

[Exit.]

SCÈNE IV. *[Le pays de Galles.]*

Entrent le comte de Salisbury
et un capitaine gallois[1].

LE CAPITAINE

Mon seigneur de Salisbury, nous attendons depuis dix jours[2],
Retenant à grand-peine nos compatriotes,
Mais nous sommes toujours sans nouvelles du roi.
C'est pourquoi nous allons nous disperser. Adieu.

SALISBURY

Attends encore un autre jour, fidèle Gallois :
Le roi met toute sa confiance en toi.

LE CAPITAINE

On pense que le roi est mort. Nous ne voulons plus attendre.
Dans notre pays tous les lauriers sont flétris,
Et des météores effraient les astres fixes du ciel.
La lune blême montre à la terre un aspect sanglant,
Et des devins au visage émacié prédisent en chuchotant
    des changements terribles.
Les riches ont l'air triste, et les coquins dansent et bon-
    dissent...
Les uns tremblant de perdre ce dont ils jouissent,
Les autres espérant en jouir par la fureur et la guerre.
De tels signes présagent la mort ou la chute des rois.
Adieu. Nos compatriotes ont disparu,
Convaincus **que Ri**chard leur roi n'est plus.

[Il sort.]

SALISBURY

Ah, Richard! With the eyes of heavy mind
I see thy glory like a shooting star
20 Fall to the base earth from the firmament.
Thy sun sets weeping in the lowly west,
Witnessing storms to come, woe and unrest.
Thy friends are fled to wait upon thy foes,
And crossly to thy good all fortune goes.

[Exit.]

SALISBURY

Ah, Richard ! Avec les yeux de la tristesse
Je vois ta gloire comme une étoile filante
Tomber du firmament sur cette terre indigne.
Ton soleil au couchant s'abîme dans les pleurs,
Prophétisant orages à venir, troubles, malheurs.
Tes amis ont couru servir tes adversaires,
Et la fortune, en tout, à ton bien est contraire.

[Il sort.]

ACT III

SCENE I. [Before Bristol Castle.]

Enter [Bolingbroke], York, Northumberland, [Ross,
Willoughby, Percy], Bushy and Greene prisoners.

BOLINGBROKE

Bring forth these men.
Bushy and Greene, I will not vex your souls,
Since presently your souls must part your bodies,
With too much urging your pernicious lives,
5 For 'twere no charity; yet to wash your blood
From off my hands, here in the view of men
I will unfold some causes of your deaths:
You have misled a prince, a royal king,
A happy gentleman in blood and lineaments
10 By you unhappied and disfigured clean;
You have in manner with your sinful hours,
Made a divorce betwixt his queen and him,
Broke the possession of a royal bed,
And stained the beauty of a fair queen's cheeks

ACTE III

SCÈNE I. *[Devant le château de Bristol.]*

Entrent [Bolingbroke], York, Northumberland, [Ross,
Willoughby, Percy], avec Bushy et Greene, prisonniers.

BOLINGBROKE

Faites avancer ces hommes.
Bushy et Greene, je ne tourmenterai pas vos âmes,
Puisque à l'instant vos âmes doivent quitter vos corps,
En insistant par trop sur vos vies scélérates,
Car ce ne serait point charité ; mais afin de laver mes mains
De votre sang, ici aux yeux des hommes,
Je dévoilerai certaines des raisons de votre mort :
Vous avez dévoyé un prince, un grand roi,
Un gentilhomme heureux dans sa naissance et dans ses
    traits,
Par vous enmalheuré et proprement défiguré ;
Vous l'avez en quelque sorte par vos péchés,
Divorcé d'avec sa reine[1],
Vous avez rompu le contrat d'un lit royal,
Et flétri la beauté des joues d'une charmante reine

15 With tears drawn from her eyes by your foul wrongs;
  Myself — a prince by fortune of my birth,
  Near to the king in blood and near in love
  Till you did make him misinterpret me —
  Have stooped my neck under your injuries
20 And sighed my English breath in foreign clouds,
  Eating the bitter bread of banishment,
  Whilst you have fed upon my signories,
  Disparked my parks and felled my forest woods,
  From my own windows torn my household coat,
25 Razed out my imprese, leaving me no sign
  Save men's opinions and my living blood
  To show the world I am a gentleman.
  This and much more, much more than twice all this,
  Condemns you to the death. See them delivered over
30 To execution and the hand of death.

BUSHY

More welcome is the stroke of death to me
Than Bolingbroke to England. Lords, farewell.

GREENE

My comfort is that heaven will take our souls
And plague injustice with the pains of hell.

BOLINGBROKE

35 My Lord Northumberland, see them dispatched.
          [Exeunt Northumberland and prisoners.]
Uncle, you say the queen is at your house;
For God's sake fairly let her be intreated.
Tell her I send to her my kind commends;
Take special care my greetings be delivered.

Par les pleurs que vos noires infamies ont tiré de ses yeux.
Moi-même — prince par la fortune de ma naissance,
Proche du roi par le sang, proche aussi par l'amour,
Jusqu'à ce que vous l'ayez prévenu contre moi —
J'ai courbé la nuque sous vos outrages,
Exhalé mes soupirs anglais dans des nuages étrangers,
En mangeant le pain amer de l'exil,
Pendant que vous vous nourrissiez de mes domaines,
Saccagiez mes parcs, abattiez mes bois forestiers,
De mes propres fenêtres arrachiez mon blason de famille,
Effaciez ma devise, ne me laissant pas d'autres signes
Que l'opinion des hommes et mon sang bien vivant
Pour montrer au monde que je suis gentilhomme.
Ceci et bien plus, bien plus que deux fois tout ceci,
Vous condamne à la mort. Livrez-les
À l'exécution et à la main de la mort.

BUSHY

Bienvenu est pour moi le choc de la mort
Plus que ne l'est Bolingbroke pour l'Angleterre. Mes
    seigneurs, adieu.

GREENE

Mon réconfort est que le ciel prendra nos âmes,
Et frappera l'injustice des tourments de l'enfer.

BOLINGBROKE

Seigneur de Northumberland, veillez à ce qu'on les expédie.
                    [Sortent Northumberland et les prisonniers.]
Oncle, vous dites que la reine est chez vous ;
Pour l'amour de Dieu qu'elle y soit bien traitée.
Dites-lui que je lui envoie mes hommages affectueux ;
Prenez grand soin de lui transmettre mes compliments.

YORK

40 A gentleman of mine I have dispatched
With letters of your love to her at large.

BOLINGBROKE

Thanks, gentle uncle. Come, lords, away,
To fight with Glendower and his complices:
A while to work, and after holiday.

Exeunt.

SCENE II. *[Harlech, Wales.]*

[Flourish.] Enter the King, Aumerle,
Carlisle [and Soldiers].

RICHARD

Barkloughly Castle call they this at hand?

AUMERLE

Yea, my lord. How brooks your grace the air
After your late tossing on the breaking seas?

RICHARD

Needs must I like it well. I weep for joy
5 To stand upon my kingdom once again.
Dear earth, I do salute thee with my hand,
Though rebels wound thee with their horses' hooves.
As a long-parted mother with her child

YORK

J'ai dépêché un de mes gentilshommes
Avec une lettre qui l'assure pleinement de votre amour.

BOLINGBROKE

Merci, cher oncle. Venez, seigneurs, partons,
Allons combattre Glendower et ses complices :
Encore un peu de travail, et ensuite vacances.

Ils sortent.

SCÈNE II. *[Harlech, sur la côte du pays de Galles[1].]*

*[Fanfare.] Entrent le Roi, Aumerle,
[l'évêque de] Carlisle, [et des soldats].*

RICHARD

Est-ce bien Barkloughly qu'on appelle ce château, là,
  tout près[2] ?

AUMERLE

Oui, mon seigneur. Comment Votre Grâce trouve-t-elle
  l'air du pays
Après avoir été ballottée sur les mers impétueuses ?

RICHARD

Force m'est de l'aimer. Je pleure de joie
De me tenir à nouveau debout sur mon royaume.
Terre chérie, je te salue de ma main,
Bien que des rebelles te blessent du sabot de leurs chevaux.
De même qu'une mère longtemps séparée de son enfant

Plays fondly with her tears and smiles in meeting,
10 So weeping, smiling, greet I thee, my earth,
And do thee favours with my royal hands;
Feed not thy sovereign's foe, my gentle earth,
Nor with thy sweets comfort his ravenous sense,
But let thy spiders that suck up thy venom
15 And heavy-gaited toads lie in their way,
Doing annoyance to the treacherous feet
Which with usurping steps do trample thee;
Yield stinging nettles to mine enemies;
And when they from thy bosom pluck a flower,
20 Guard it, I pray thee, with a lurking adder,
Whose double tongue may with a mortal touch
Throw death upon thy sovereign's enemies.
Mock not my senseless conjuration, lords.
This earth shall have a feeling and these stones
25 Prove armed soldiers ere her native king
Shall falter under foul rebellion's arms.

CARLISLE

Fear not, my lord. That power that made you king
Hath power to keep you king in spite of all.
The means that heavens yield must be embraced
30 And not neglected. Else heaven would
And we will not; heavens offer, we refuse
The proffered means of succour and redress.

Joue de ses larmes et de ses sourires dans la folle tendresse
    des retrouvailles,
Ainsi moi, pleurant, souriant, je t'accueille, ma terre,
Et te caresse de mes mains royales ;
Ne nourris pas l'ennemi de ton souverain, ma douce terre,
Et de tes délices ne réjouis pas son appétit vorace,
Mais que tes araignées qui sucent ton venin
Et que les crapauds à la lourde démarche se trouvent
    sur leur chemin,
Importunant les pieds perfides
Qui te foulent de leurs pas usurpateurs ;
Offre à mes ennemis des orties piquantes ;
Et lorsque sur ton sein ils cueillent une fleur,
Fais-la garder, je te prie, par une vipère dissimulée,
Dont la langue fourchue puisse d'un dard fatal
Jeter la mort sur les ennemis de ton souverain.
Seigneurs, ne raillez pas mon invocation à des choses
    insensibles.
Cette terre aura du sentiment, et ces pierres
Seront des soldats armés avant que son roi natif
Ne chancelle sous les coups de l'infâme rébellion.

CARLISLE

N'ayez crainte, mon seigneur. Ce pouvoir qui vous a fait
    roi
A le pouvoir de vous garder roi en dépit de tout.
Les moyens que le ciel envoie, il faut s'en emparer
Et non les négliger. Sinon, le ciel veut,
Et nous, nous ne voulons pas ; quand le ciel offre, nous,
    nous refusons
Les moyens de secours et de rétablissement qu'il nous tend.

AUMERLE

He means, my lord, that we are too remiss;
Whilst Bolingbroke through our security
35 Grows strong and great in substance and in power.

RICHARD

Discomfortable cousin, knowest thou not
That when the searching eye of heaven is hid
Behind the globe and lights the lower world
Then thieves and robbers range abroad unseen
40 In murders and in outrage boldly here;
But when from under this terrestrial ball,
He fires the proud tops of the eastern pines
And darts his light through every guilty hole
Then murders, treasons and detested sins,
45 The cloak of night being plucked from off their backs,
Stand bare and naked, trembling at themselves?
So when this thief, this traitor, Bolingbroke,
Who all this while hath revelled in the night
Whilst we were wandering with the antipodes
50 Shall see us rising in our throne the east
His treasons will sit blushing in his face,
Not able to endure the sight of day,
But self-affrighted tremble at his sin.
Not all the water in the rough rude sea
55 Can wash the balm off from an anointed king;
The breath of worldly men cannot depose
The deputy elected by the Lord;
For every man that Bolingbroke hath pressed
To lift shrewd steel against our golden crown
60 God for His Richard hath in heavenly pay

AUMERLE

Il veut dire, mon seigneur, que nous sommes trop négligents ;
Tandis que Bolingbroke, du fait de notre présomption,
Se renforce et s'accroît en ressources et en puissance[1].

RICHARD

Ô déprimant cousin ! Ne sais-tu pas
Que lorsque l'œil scrutateur du ciel est caché
Derrière le globe et qu'il éclaire le monde d'en bas,
Alors voleurs et brigands rôdent partout invisibles
Perpétrant ici hardiment des meurtres et des violences ;
Mais lorsque surgissant de sous la boule terrestre
Il embrase à l'orient la cime orgueilleuse des pins,
Et darde sa lumière dans chaque recoin coupable,
Alors meurtres, trahisons, et péchés exécrés,
Le manteau de la nuit leur étant arraché,
Se retrouvent tout nus, dépouillés, tremblant devant
　　eux-mêmes ;
Ainsi quand ce voleur, ce traître, Bolingbroke,
Qui durant tout ce temps festoyait dans la nuit
Tandis que nous errions parmi les hommes des Antipodes,
Nous verra à l'orient monter sur notre trône,
Ses trahisons viendront empourprer son visage,
Incapable de soutenir la vue du jour,
Elles trembleront d'effroi devant son péché.
Toute l'eau de la mer houleuse déchaînée
Du front d'un roi ne peut laver l'onction sacrée ;
Le souffle des humains ne saurait déposer
Le substitut élu par le Seigneur ;
Pour chaque homme que Bolingbroke a enrôlé
Pour lever un acier meurtrier contre notre couronne d'or,
Dieu pour son Richard à sa solde recrute

A glorious angel. Then, if angels fight,
Weak men must fall, for heaven still guards the right.

Enter Salisbury.

Welcome, my lord. How far off lies your power?

SALISBURY

Nor near nor farther off, my gracious lord,
65 Than this weak arm; discomfort guides my tongue,
And bids me speak of nothing but despair.
One day too late, I fear me, noble lord,
Hath clouded all thy happy days on earth.
Oh call back yesterday, bid time return,
70 And thou shalt have twelve thousand fighting men!
Today, today, unhappy day too late,
O'erthrows thy joys, friends, fortune and thy state;
For all the Welshmen, hearing thou wert dead,
Are gone to Bolingbroke, dispersed and fled.

AUMERLE

75 Comfort, my liege, why looks your grace so pale?

RICHARD

But now the blood of twenty thousand men
Did triumph in my face, and they are fled;
And till so much blood thither come again
Have I not reason to look pale and dead?
80 All souls that will be safe fly from my side,
For time hath set a blot upon my pride.

Un ange glorieux. Et si les anges livrent combat,
Les faibles hommes succombent, car le ciel protège toujours le droit.

Entre Salisbury[1].

Bienvenue, mon seigneur : à quelle distance sont vos
  troupes ?

SALISBURY

Ni plus près ni plus loin, mon gracieux seigneur,
Que ce faible bras ; le découragement guide ma langue,
Et m'oblige à ne parler que de désespoir.
Un seul jour de retard a, je le crains, noble seigneur,
Ennuagé tous tes beaux jours sur terre.
Oh, rappelle hier, dis au temps de revenir,
Et tu auras douze mille combattants !
Aujourd'hui, aujourd'hui, ce malheureux jour de retard
Ruine tes joies, tes amis, ta fortune, ton pouvoir ;
Car tous les Gallois te croyant mort sont allés
À Bolingbroke, ont fui ou se sont dispersés.

AUMERLE

Courage, mon suzerain, pourquoi Votre Grâce est-elle
  si pâle ?

RICHARD

Il y a un instant le sang de vingt mille hommes
Triomphait sur ma face, et ils se sont enfuis ;
Et tant que tout ce sang ne me reviendra pas,
N'ai-je pas lieu d'avoir l'air pâle comme un mort ?
Que me fuient tous ceux qui veulent être en sécurité,
Car le temps a porté atteinte à ma fierté.

AUMERLE

Comfort, my liege. Remember who you are.

RICHARD

I had forgot myself. Am I not king?
Awake, thou coward majesty, thou sleepest.
85 Is not the king's name twentv thousand names?
Arm, arm, my name! A puny subject strikes
At thy great glory. Look not to the ground,
Ye favourites of a king, are we not high?
High be our thoughts. I know my uncle York
90 Hath power enough to serve our turn. But who comes here?

Enter Scroope.

SCROOPE

More health and happiness betide my liege
Than can my care-tuned tongue deliver him.

RICHARD

My ear is open and my heart prepared.
The worst is worldly loss thou canst unfold.
95 Say, is my kingdom lost? Why, 'twas my care
And what loss is it to be rid of care?
Strives Bolingbroke to be as great as we?
Greater he shall not be. If he serve God
We'll serve Him too, and be his fellow so.
100 Revolt our subjects? That we cannot mend;
They break their faith to God as well as us.
Cry woe, destructlon, ruin and decay...
The worst is death, and death will have his day.

AUMERLE

Courage, mon suzerain. Rappelez-vous qui vous êtes.

RICHARD

Je m'étais oublié, ne suis-je pas roi ?
Réveille-toi, couarde majesté ! Tu dors.
Le nom de roi n'est-il pas vingt mille noms ?
Arme-toi, arme-toi, mon nom ! Un infime sujet s'attaque
À ta grande gloire. Ne baissez pas les yeux vers le sol,
Vous favoris d'un roi, ne sommes-nous pas très haut ?
Hautes soient nos pensées. Je sais que mon oncle York
A des forces suffisantes pour nous soutenir. Mais qui
    vient là ?

Entre Scroope[1].

SCROOPE

Que plus de santé et de bonheur adviennent à mon
    suzerain
Que n'en peut annoncer le timbre anxieux de ma voix.

RICHARD

Mon oreille est ouverte et mon cœur préparé.
Au pire, tu ne peux révéler qu'une perte terrestre.
Dis, mon royaume est-il perdu ? Ma foi, c'était mon souci,
Est-ce une perte d'être débarrassé d'un souci ?
Bolingbroke prétend-il être aussi grand que nous ?
Plus grand, il ne le sera pas. S'il sert Dieu,
Nous Le servirons aussi, et serons en cela son égal.
Nos sujets se révoltent ? Cela nous n'y pouvons rien ;
Ils violent leur foi envers Dieu aussi bien qu'envers nous.
Annoncez destruction, ruine, déclin, malheur...
Le pire, c'est la mort, la mort aura son heure.

SCROOPE

Glad am I that your highness is so armed
105 To bear the tidings of calamity.
Like an unseasonable stormy day,
Which makes the silver rivers drown their shores,
As if the world were all dissolved to tears,
So high above his limits swells the rage
110 Of Bolingbroke, covering your fearful land
With hard bright steel and hearts harder than steel.
White-beards have armed their thin and hairless scalps
Against thy majesty, boys with women's voices
Strive to speak big, and clap their female joints
115 In stiff unwieldy arms against thy crown.
Thy very beadsmen learn to bend their bows
Of double-fatal yew against thy state.
Yea, distaff women manage rusty bills
Against thy seat: both young and old rebel
120 And all goes worse than I have power to tell.

RICHARD

Too well, too well thou tell'st a tale so ill.
Where is the Earl of Wiltshire, where is Bagot,
What is become of Bushy, where is **Greene**,
That they have let the dangerous enemy
125 Measure our confines with such peaceful steps?
If we prevail their heads shall pay for it:
I warrant they have made peace with Bolingbroke.

SCROOPE

Peace have they made with him indeed, my lord.

SCROOPE

Je suis content que Votre Altesse soit si bien armée
Pour supporter l'annonce de la calamité.
Tel un orage hors de saison,
Qui fait noyer leurs berges aux rivières d'argent,
Comme si le monde entier fondait en larmes,
Ainsi, débordant ses limites, s'enfle la fureur
De Bolingbroke, qui couvre votre terre épouvantée
D'acier dur et brillant et de cœurs plus durs que l'acier.
Des barbes blanches ont armé leur maigre crâne chauve
Contre Ta Majesté ; de jeunes garçons aux voix de fille
Tâchent de parler rude et, contre ta couronne, bouclent
    leur corps de femme
Dans de raides armures incommodes.
Tes pauvres même contre ta souveraineté
Apprennent à bander l'if deux fois mortel de leurs arcs ;
Et même les fileuses brandissent des lances rouillées
Contre ton trône : tous, jeunes et vieux, se rebellent
Tout va encore plus mal que je ne saurais dire.

RICHARD

Trop bien, tu racontes trop bien un si grand mal.
Où est le comte de Wiltshire ? Où est Bagot ?
Qu'est devenu Bushy ? Où est Greene ?
Qu'ils aient laissé l'ennemi dangereux
Arpenter notre territoire d'un pas si tranquille ?
Si nous sommes vainqueurs, leurs têtes me le paieront :
Je parie qu'ils ont fait la paix avec Bolingbroke.

SCROOPE

La paix certes, ils l'ont faite avec lui, mon seigneur.

RICHARD

Oh villains, vipers, damned without redemption!
130 Dogs, easily won to fawn on any man!
Snakes in my heart blood warmed, that sting my heart!
Three Judases, each one thrice worse than Judas!
Would they make peace? Terrible hell
Make war upon their spotted souls for this!

SCROOPE

135 Sweet love I see, changing his property,
Turns to the sourest and most deadly hate.
Again uncurse their souls. Their peace is made
With heads and not with hands; those whom you curse
Have felt the worst of death's destroying wound
140 And lie full low, graved in the hollow ground.

AUMERLE

Is Bushy, Greene, and the Earl of Wiltshire dead?

SCROOPE

Ay, all of them at Bristol lost their heads.

AUMERLE

Where is the duke my father with his power?

RICHARD

No matter where... Of comfort no man speak.
145 Let's talk of graves, of worms and epitaphs,
Make dust our paper and with rainy eyes
Write sorrow on the bosom of the earth.

RICHARD

Ô scélérats, vipères, damnés sans rédemption !
Chiens, toujours prêts à ramper devant n'importe qui !
Serpents qui, réchauffés dans le sang de mon cœur, me
    percent le cœur !
Trois Judas, chacun trois fois pire que Judas !
Ils ont voulu faire la paix ? Enfer terrible,
Fais la guerre à leurs âmes souillées !

SCROOPE

Le doux amour, je vois, changeant de caractère,
Tourne à la haine la plus aigre et la plus mortelle.
Rétractez vos malédictions ; leur paix est faite,
Conclue avec leurs têtes et non avec leurs mains ; ceux
    que vous maudissez
Ont reçu de la mort la pire des blessures,
Ils ont un trou profond pour sépulture[1].

AUMERLE

Quoi, Bushy, Greene, et le comte de Wiltshire sont morts ?

SCROOPE

Oui, ils ont tous eu la tête tranchée à Bristol.

AUMERLE

Où est le duc mon père avec ses troupes ?

RICHARD

Peu importe où il est... Que nul ne parle de réconfort.
Parlons de tombeaux, de vers et d'épitaphes,
La poussière soit notre papier, avec la pluie des yeux
Écrivons la douleur sur le sein de la terre.

Let's choose executors and talk of wills.
And yet not so, for what can we bequeath
150 Save our deposed bodies to the ground?
Our lands, our lives and all are Bolingbroke's,
And nothing can we call our own but death;
And that small model of the barren earth
Which serves as paste and cover to our bones.
155 For God's sake let us sit upon the ground,
And tell sad stories of the death of kings:
How some have been deposed, some slain in war,
Some haunted by the ghosts they have deposed,
Some poisoned by their wives, some sleeping killed,
160 All murdered... for within the hollow crown
That rounds the mortal temples of a king
Keeps Death his court, and there the antic sits
Scoffing his state and grinning at his pomp,
Allowing him a breath, a little scene
165 To monarchise, be feared and kill with looks,
Infusing him with self and vain conceit
As if this flesh which walls about our life
Were brass impregnable, and humoured thus
Comes at the last and with a little pin
170 Bores through his castle wall, and farewell king!
Cover your heads, and mock not flesh and blood
With solemn reverence. Throw away respect,
Tradition, form and ceremonious duty,
For you have but mistook me all this while.
175 I live with bread like you, feel want,
Taste grief, need friends. Subjected thus,
How can you say to me I am a king?

Choisissons des exécuteurs et parlons testament.
Et pourtant non, car que pouvons-nous léguer
Si ce n'est à la terre nos corps destitués ?
Nos domaines, nos vies, tout est à Bolingbroke,
Et il n'est rien que nous puissions appeler nôtre, hormis
    la mort,
Et cette petite figurine de terre stérile
Qui sert de pâte et de vêtement à nos os.
Pour l'amour de Dieu asseyons-nous sur la terre,
Et racontons la triste histoire de la mort des rois[1] :
Certains déposés, d'autres tués à la guerre,
D'autres hantés par les spectres de ceux qu'ils avaient déposés,
D'autres empoisonnés par leurs femmes, d'autres tués
    dans leur sommeil,
Tous assassinés... car dans la couronne creuse
Qui ceint les tempes mortelles d'un roi
La Mort tient sa cour, là trône la bouffonne,
Raillant sa dignité, ricanant de sa pompe,
Lui accordant un souffle, une petite scène
Pour faire le monarque, être craint, et tuer d'un regard,
Lui insufflant une vaine opinion de lui-même,
Comme si cette chair, rempart de notre vie,
Était une citadelle de bronze ; puis s'étant joué de lui,
Pour finir elle vient et avec une petite épingle,
Perce le rempart du château, et adieu roi !
Couvrez vos têtes, et ce qui n'est que chair et sang
Ne le bafouez pas par des hommages solennels. Bannissez
    le respect,
La tradition, l'étiquette et le cérémonial,
Car tout ce temps vous vous êtes mépris :
Je vis de pain comme vous, je ressens le manque,
J'éprouve la douleur et j'ai besoin d'amis. Ainsi assujetti,
Comment pouvez-vous me dire que je suis roi[2] ?

CARLISLE

My lord, wise men ne'er sit and wail their woes,
But presently prevent the ways to wail.
180 To fear the foe, since fear oppresseth strength,
Gives, in your weakness, strength unto your foe,
And so your follies fight against your self.
Fear and be slain. No worse can come to fight,
And fight and die is death destroying death,
185 Where fearing dying pays death servile breath.

AUMERLE

My father hath a power. Enquire of him
And learn to make a body of a limb.

RICHARD

Thou chid'st me well. Proud Bolingbroke, I come
To change blows with thee for our day of doom.
190 This ague fit of fear is overblown;
An easy task it is to win our own.
Say, Scroope, where lies our uncle with his power?
Speak sweetly, man, although thy looks be sour.

SCROOPE

Men judge by the complexion of the sky
195 The state and inclination of the day;
So may you by my dull and heavy eye:
My tongue hath but a heavier tale to say.
I play the torturer by small and small

CARLISLE

Mon seigneur, les sages ne restent pas assis à pleurer
   leurs malheurs,
Mais s'emploient à prévenir tout sujet de pleurer.
Avoir peur de l'ennemi, vu que la peur paralyse la force,
C'est par votre faiblesse fortifier votre ennemi,
Ainsi votre égarement combat contre vous-même.
Craignez et faites-vous tuer. Que risque-t-on de pire à
   combattre ?
Combattre et mourir, c'est par la mort détruire la mort,
Mais craindre de mourir, c'est payer à la mort un servile
   tribut.

AUMERLE

Mon père a une armée. Informez-vous de lui,
D'un seul membre apprenez à faire un corps entier.

RICHARD

Tu me sermonnes avec raison. Orgueilleux Bolingbroke,
   je viens
Échanger des coups avec toi en ce jour de notre destin.
Cet accès de frayeur est dissipé ;
Gagner ce qui est à nous est une tâche aisée.
Dis, Scroope, où se trouve notre oncle avec son armée ?
Que tes paroles soient douces malgré ton air acide.

SCROOPE

D'après l'aspect du ciel les hommes déterminent
Le jour et le temps qu'il fera ;
À mon air triste et lourd voyez pareillement
Que ma langue doit faire un plus triste récit.
Je joue le tortionnaire à petit feu

To lengthen out the worst that must be spoken:
200 Your uncle York is joined with Bolingbroke
And all your northern castles yielded up,
And all your southern gentlemen in arms
Upon his party.

RICHARD

Thou hast said enough.
Beshrew thee, cousin, which didst lead me forth
205 Of that sweet way I was in to despair!
What say you now? What comfort have we now?
By heaven I'll hate him everlastingly
That bids me be of comfort any more.
Go to Flint Castle, there I'll pine away...
210 A king, woe's slave, shall kingly woe obey.
That power I have, discharge, and let them go
To ear the land that hath some hope to grow,
For I have none. Let no man speak again
To alter this, for counsel is but vain.

AUMERLE

My liege, one word.

RICHARD

215   He does me double wrong
That wounds me with the flatteries of his tongue.
Discharge my followers, let them hence away
From Richard's night to Bolingbroke's fair day.

[Exeunt.]

En retardant le pire qu'il faut pourtant avouer :
Votre oncle York s'est joint à Bolingbroke,
Tous vos châteaux du nord se sont rendus à lui,
Et tous vos gentilshommes au sud ont pris les armes
Et embrassé son parti.

RICHARD

Tu en as dit assez.
Maudit sois-tu, cousin, de m'avoir détourné
Du doux chemin qui me menait au désespoir !
Que dis-tu maintenant ? Quel espérance avons-nous
   maintenant ?
Par le ciel, je haïrai éternellement
Quiconque me dira encore d'espérer.
Allons au château de Flint, c'est là que je me consume-
   rai[1]...
Roi esclave du malheur, au malheur royalement j'obéirai.
Cette armée que j'ai, licenciez-la, et qu'ils aillent
Labourer une terre qui a quelque espoir de récolte,
Car moi je n'en ai plus. Que nul ne dise rien
Pour changer tout ceci car les conseils sont vains.

AUMERLE

Mon suzerain, un mot.

RICHARD

Il me fait double tort
Celui qui me blesse par les flatteries de sa langue.
Licenciez mes partisans ; laissez-les passer
De la nuit de Richard au grand jour de Bolingbroke.

[Ils sortent.]

SCENE III. [Wales. Before Flint Castle.]

Enter Bolingbroke, York, Northumberland,
[Attendants].

BOLINGBROKE

So that by this intelligence we learn
The Welshmen are dispersed, and Salisbury
Is gone to meet the king, who lately landed
With some few private friends upon this coast.

NORTHUMBERLAND

5 The news is very fair and good, my lord.
Richard not far from hence hath hid his head.

YORK

It would beseem the Lord Northumberland
To say King Richard. Alack the heavy day
When such a sacred king should hide his head!

NORTHUMBERLAND

10 Your grace mistakes, only to be brief
Left I his title out.

YORK

The time hath been,
Would you have been so brief with him, he would
Have been so brief with you to shorten you,
For taking so the head, your whole head's length.

SCÈNE III[1].   *[Le pays de Galles. Devant le château de Flint.]*

Entrent Bolingbroke, York,
Northumberland [et leur suite].

BOLINGBROKE

Ainsi par ce message nous apprenons
Que les Gallois se sont dispersés, et que Salisbury
Est allé retrouver le roi, qui vient de débarquer
Avec quelques amis intimes sur cette côte.

NORTHUMBERLAND

La nouvelle est belle et bonne, mon seigneur.
Richard non loin d'ici cache sa tête.

YORK

Il siérait à mon seigneur Northumberland
De dire : le « roi Richard ». Hélas le triste jour
Où un roi consacré devrait cacher sa tête !

NORTHUMBERLAND

Votre Grâce se méprend, c'est seulement pour faire bref
Que j'ai omis son titre.

YORK

Il fut un temps
Où si vous aviez fait aussi bref avec lui,
Il se fut montré bref avec vous au point de vous raccourcir,
Pour ce coup de tête, de toute la longueur de votre tête.

BOLINGBROKE

15 Mistake not, uncle, further than you should.

YORK

Take not, good cousin, further than you should,
Lest you mistake. The heavens are o'er our heads.

BOLINGBROKE

I know it, uncle, and oppose not myself
Against their will. But who comes here?

Enter Harry Percy.

20 Welcome, Harry. What, will not this castle yield?

PERCY

The castle royally is manned, my lord,
Against thy entrance.

BOLINGBROKE

Royally? Why, it contains no king.

PERCY

Yes, my good lord.
25 It doth contain a king; King Richard lies
Within the limits of yon lime and stone,
And with him are the Lord Aumerle, Lord Salisbury,
Sir Stephen Scroope, besides a clergyman
Of holy reverence; who, I cannot learn.

NORTHUMBERLAND

30 Oh, belike it is the Bishop of Carlisle.

BOLINGBROKE

Ne vous méprenez pas, oncle, plus qu'il ne faut.

YORK

Et vous, cher neveu, ne prenez pas plus qu'il ne faut,
De peur de vous méprendre. Il y a un ciel au-dessus de
    nos têtes.

BOLINGBROKE

Je le sais, oncle, et ne m'oppose pas
À ses volontés. Mais qui vient ?

                                        Entre Harry Percy.
Bienvenu, Harry. Quoi, ce château ne veut-il pas se rendre ?

PERCY

Ce château est royalement défendu, mon seigneur[1],
Contre ton entrée.

BOLINGBROKE

Royalement !
Mais il ne contient pas un roi ?

PERCY

                                Si, mon bon seigneur,
Il contient un roi ; le roi Richard est là
Dans cette enceinte de ciment et de pierre ;
Et avec lui le seigneur Aumerle, le seigneur Salisbury,
Sir Stephen Scroope, plus un ecclésiastique
De sainte dignité ; qui ? Je n'ai pas pu l'apprendre.

NORTHUMBERLAND

Oh, probablement c'est l'évêque de Carlisle.

BOLINGBROKE

Noble lords,
Go to the rude ribs of that ancient castle,
Through brazen trumpet send the breath of parle
Into his ruined ears, and thus deliver:
35 Henry Bolingbroke
On both his knees doth kiss King Richard's hand
And sends allegiance and true faith of heart
To his most royal person; hither come
Even at his feet to lay my arms and power,
40 Provided that my banishment repealed
And lands restored again be freely granted;
If not I'll use the advantage of my power
And lay the summer's dust with showers of blood
Rained from the wounds of slaughtered Englishmen...
45 The which how far off from the mind of Bolingbroke
It is such crimson tempest should bedrench
The fresh green lap of fair King Richard's land,
My stooping duty tenderly shall show.
Go, signify as much while here we march
50 Upon the grassy carpet of this plain.
Let's march without the noise of threatening drum,
That from this castle's tottered battlements
Our fair appointments may be well perused.
Methinks King Richard and myself should meet
55 With no less terror than the elements
Of fire and water when their thundering shock
At meeting tears the cloudy cheeks of heaven.

BOLINGBROKE

Nobles seigneurs,
Avancez jusqu'à la rude carcasse de cet antique château,
Par la trompette de cuivre faites entendre à ses oreilles
    en ruine
Le souffle de l'invitation à parlementer, et dites-lui ceci :
Henry Bolingbroke
À deux genoux baise la main du roi Richard,
Et exprime à sa très royale personne
Son allégeance et la sincère loyauté de son cœur ; je viens
    ici
À ses pieds déposer mes armes et ma puissance,
Pourvu que l'annulation de mon exil
Et la restitution de mes terres me soient librement
    accordées ;
Sinon, prenant avantage de ma puissante armée
Je couvrirai la poussière d'été des averses de sang
Qui pleuvront des blessures des Anglais égorgés…
Mais combien est loin de l'esprit de Bolingbroke
Le désir que ce pourpre déluge abreuve
Le frais giron vert de la belle terre du roi Richard,
Ma soumission prosternée le montrera tendrement.
Allez lui signifier cela tandis que nous marcherons
Sur le tapis herbeux de cette plaine.
Marchons sans le bruit du tambour menaçant,
Afin que des remparts délabrés de ce château
On puisse bien observer notre bel armement.
Il me semble que le roi Richard et moi-même devons
    nous rencontrer
D'une façon aussi terrifiante que les éléments
Du feu et de l'eau, quand le choc foudroyant
De leur rencontre déchire les joues nuageuses du ciel.

Be he the fire, I'll be the yielding water;
The rage be his, whilst on the earth I rain
60 My waters; on the earth and not on him.
March on, and mark King Richard how he looks.

> *The trumpets sound, Richard appears on the walls*
> *[with Carlisle, Aumerle, Scroope, Salisbury].*

See, see, King Richard doth himself appear,
As doth the blushing discontented sun
From out the fiery portal of the east
65 When he perceives the envious clouds are bent
To dim his glory and to stain the track
Of his bright passage to the occident.

YORK

Yet looks he like a king. Behold, his eye,
As bright as is the eagle's, lightens forth
70 Controlling majesty; alack, alack for woe
That any harm should stain so fair a show!

RICHARD *[to Northumberland]*

We are amazed, and thus long have we stood
To watch the fearful bending of thy knee
Because we thought ourself thy lawful king.
75 And if we be, how dare thy joints forget
To pay their awful duty to our presence?
If we be not, show us the hand of God
That hath dismissed us from our stewardship;
For well we know no hand of blood and bone
80 Can gripe the sacred handle of our sceptre,
Unless he do profane, steal or usurp.

Qu'il soit le feu, je serai l'eau qui se dérobe ;
Qu'il soit tout à la rage, tandis que sur la terre je ferai
    pleuvoir
Mes eaux... Sur la terre, pas sur lui[1].
Marchons et voyons quelle figure fait le roi Richard.

> *Les trompettes retentissent. Richard paraît sur*
> *les remparts [avec Carlisle, Aumerle, Scroope,*
> *Salisbury].*

Voyez, voyez le roi Richard lui-même apparaît[2],
Semblable au soleil rouge de colère
Surgissant aux portes flamboyantes de l'orient,
Quand il voit les nuages jaloux destinés
À obscurcir sa gloire et à ternir le sillage
De sa course éclatante vers l'occident.

YORK

Il a toujours un air royal. Regardez, son œil,
Aussi brillant que l'est celui de l'aigle, rayonne
D'une impérieuse majesté ; hélas, hélas quelle pitié
Que le malheur vienne ternir tant de beauté !

RICHARD *[À Northumberland]*

Nous sommes stupéfait, et longtemps nous avons attendu
Qu'avec crainte tu plies le genou
Devant nous qui pensions être ton roi légitime.
Si nous le sommes, comment tes jarrets osent-ils oublier
De rendre leur tremblant hommage à notre personne ?
Si nous ne le sommes pas, montre-nous la main de Dieu
Qui nous a démis de notre charge ;
Car nous le savons bien, aucune main de chair et de sang
Ne peut empoigner le manche sacré de notre sceptre
Sans profaner, voler ou usurper.

And though you think that all, as you have done
Have torn their souls by turning them from us,
And we are barren and bereft of friends
85 Yet know: my master, God omnipotent,
Is mustering in his clouds on our behalf
Armies of pestilence, and they shall strike
Your children yet unborn and unbegot
That lift your vassal hands against my head,
90 And threat the glory of my precious crown.
Tell Bolingbroke, for yon methinks he stands,
That every stride he makes upon my land
Is dangerous treason. He is come to ope
The purple testament of bleeding war.
95 But ere the crown he looks for live in peace
Ten thousand bloody crowns of mothers' sons
Shall ill become the flower of England's face,
Change the complexion of her maid-pale peace
To scarlet indignation and bedew
100 Her pastures' grass with faithful English blood.

NORTHUMBERLAND

The King of Heaven forbid our lord the king
Should so with civil and uncivil arms
Be rushed upon! Thy thrice noble cousin,
Harry Bolingbroke, doth humbly kiss thy hand
105 And by the honourable tomb he swears,
That stands upon your royal grandsire's bones,
And by the royalties of both your bloods,
Currents that spring from one most gracious head,
And by the buried hand of warlike Gaunt,
110 And by the worth and honour of himself,
Comprising all that may be sworn or said,

Et bien que vous pensiez que tous ont comme vous
Écartelé leur âme en l'écartant de nous,
Que nous sommes désemparé et dénué d'amis,
Sachez pourtant que mon maître, Dieu tout-puissant,
Dans ses nuages rassemble en mon nom
Des armées de fléaux, et qu'elle frapperont
Vos enfants encore à naître, et même encore à concevoir,
Vous qui levez vos mains vassales contre ma tête,
Et menacez la gloire de ma précieuse couronne.
Dis à Bolingbroke, car c'est lui, je crois, qui est là-bas,
Que chaque pas qu'il fait sur ma terre
Est une dangereuse trahison. Il est venu ouvrir
Le pourpre testament de la guerre sanglante.
Mais avant que vive en paix la couronne qu'il convoite,
Dix mille couronnes sanglantes, crânes d'autant de fils
    arrachés à leurs mères
Viendront disgracier le florissant visage de l'Angleterre,
Changer la vierge pâleur de la paix
En fureur écarlate, et couvrir
L'herbe de ses pâtures d'une rosée de loyal sang anglais.

NORTHUMBERLAND

Au Roi du Ciel ne plaise, que notre seigneur le roi
Subisse un tel assaut d'armes civiles et inciviles !
Ton trois fois noble cousin,
Harry Bolingbroke, baise humblement ta main,
Et jure par la tombe honorée
Qui recouvre les os de votre aïeul royal,
Et par la royauté de vos deux sangs,
Ruisseaux jaillis d'une même et noble source,
Par le bras enseveli du guerrier Jean de Gand,
Et par la valeur et l'honneur de sa personne,
Qui réunit tout ce par quoi on peut jurer,

His coming hither hath no further scope
Than for his lineal royalties, and to beg
Enfranchisement immediate on his knees,
115 Which on thy royal party granted once
His glittering arms he will commend to rust,
His barbed steeds to stables and his heart
To faithful service of your majesty.
This swears he as he is a prince and just,
120 And as I am a gentleman I credit him.

RICHARD

Northumberland, say thus the king returns:
His noble cousin is right welcome hither,
And all the number of his fair demands
Shall be accomplished without contradiction.
125 With all the gracious utterance thou hast
Speak to his gentle hearing kind commends.
[To Aumerle] We do debase ourselves, cousin, do we not,
To look so poorly and to speak so fair?
Shall we call back Northumberland and send
130 Defiance to the traitor and so die?

AUMERLE

No, good my lord. Let's fight with gentle words,
Till time lend friends, and friends their helpful swords.

RICHARD

Oh God, oh God, that e'er this tongue of mine,
That laid the sentence of dread banishment
135 On yon proud man, should take it off again

Sa venue ici n'a pas d'autre visée
Que de recouvrer ses droits héréditaires, et d'implorer
À genoux leur rétablissement immédiat et la révocation
   de son exil[1].
Une fois cela accordé par le roi,
Ses armes étincelantes, il les livrera à la rouille,
Ses coursiers caparaçonnés à l'écurie, et son cœur
Au service fidèle de Votre Majesté.
Voilà ce qu'il jure sur sa foi de prince équitable,
Et sur ma foi de gentilhomme, je le crois.

RICHARD

Northumberland, dis-lui que le roi répond ceci :
Son noble cousin est ici le très bienvenu,
Et toutes ses exigences légitimes
Seront satisfaites sans restriction.
Avec toute la grâce de ton éloquence
Offre à sa tendre oreille nos compliments affectueux.
[À Aumerle.] Nous nous avilissons, cousin, n'est-il pas vrai,
À faire si pauvre figure et à parler si gentiment ?
Faut-il rappeler Northumberland, envoyer
Un défi au traître, et par là mourir ?

AUMERLE

Non, mon bon seigneur. Battons-nous avec des paroles
   aimables,
Jusqu'à ce que le temps nous prête des amis, et ces amis
   leurs épées secourables.

RICHARD

Ô Dieu ! Ô Dieu ! Se peut-il que ma langue
Qui infligea la sentence du redoutable exil
À cet homme orgueilleux là-bas, doive la révoquer

With words of sooth! Oh that I were as great
As is my grief, or lesser than my name!
Or that I could forget what I have been!
Or not remember what I must be now!
140 Swell'st thou, proud heart? I'll give thee scope to beat,
Since foes have scope to beat both thee and me.

AUMERLE

Northumberland comes back from Bolingbroke.

RICHARD

What must the king do now? Must he submit?
The king shall do it. Must he be deposed?
145 The king shall be contented. Must he lose
The name of king? A God's name let it go.
I'll give my jewels for a set of beads;
My gorgeous palace for a hermitage;
My gay apparel for an almsman's gown;
150 My figured goblets for a dish of wood;
My sceptre for a palmer's walking staff;
My subjects for a pair of carved saints,
And my large kingdom for a little grave,
A little, little grave, an obscure grave.
155 Or I'll be buried in the king's highway,
Some way of common trade, where subjects' feet
May hourly trample on their sovereign's head;
For on my heart they tread now whilst I live:
And buried once, why not upon my head?
160 Aumerle, thou weep'st, my tender-hearted cousin.
We'll make foul weather with despised tears;
Our sighs and they shall lodge the summer corn,
And make a dearth in this revolting land,

Avec des paroles d'apaisement ! Ôh que ne suis-je aussi grand
Que mon chagrin, ou moindre que mon nom !
Ou que ne puis-je oublier ce que j'ai été !
Ou ne plus me rappeler ce que je dois être à présent !
Tu te gonfles, cœur orgueilleux ? Je te donne tout pouvoir
    de battre,
Puisque nos ennemis ont pouvoir de nous battre toi et moi[1].

AUMERLE

Northumberland revient d'auprès de Bolingbroke.

RICHARD

Que doit faire le roi à présent ? Doit-il se soumettre ?
Le roi le fera. Doit-il être déposé ?
Le roi s'y résoudra. Doit-il perdre
Le nom de roi ? Par Dieu, qu'il l'abandonne.
Je donnerai mes joyaux pour un chapelet ;
Mon somptueux palais pour un ermitage ;
Mes vêtements luxueux pour une robe de mendiant ;
Mes gobelets décorés pour une écuelle de bois ;
Mon sceptre pour un bâton de pèlerin ;
Mes sujets pour deux statues de saints,
Et mon vaste royaume pour une petite tombe,
Une petite, petite tombe, une tombe obscure.
Ou bien que l'on m'enterre sur la grand-route du roi,
Quelque route fréquentée où les pieds des sujets
À toute heure pourront fouler la tête de leur souverain ;
Car à présent que je vis c'est sur mon cœur qu'ils marchent,
Et une fois enterré, pourquoi pas sur ma tête ?
Aumerle, tu pleures, mon cousin au cœur tendre !
Nous ferons mauvais temps avec nos larmes méprisées ;
Mêlées à nos soupirs, elles abattront le blé de l'été,
Créant une famine sur cette terre révoltée,

Or shall we play the wantons with our woes
165 And make some pretty match with shedding tears!
As thus to drop them still upon one place,
Till they have fretted us a pair of graves
Within the earth, and therein laid? There lies
Two kinsmen digged their graves with weeping eyes.
170 Would not this ill do well? Well, well, I see
I talk but idly and you laugh at me.
Most mighty prince, my Lord Northumberland,
What says King Bolingbroke? Will his majesty
Give Richard leave to live till Richard die?
175 You make a leg and Bolingbroke say 'ay'.

NORTHUMBERLAND

My lord, in the base court he doth attend
To speak with you; may it please you to come down?

RICHARD

Down, down I come, like glistering Phaëton,
Wanting the manage of unruly jades.
180 In the base court? Base court where kings grow base
To come at traitors' calls and do them grace!
In the base court? Come down? Down court, down king,
For night owls shriek where mounting larks should sing.

[They descend.]

BOLINGBROKE

What says his majesty?

Ou bien nous jouerons les coquettes avec nos peines,
Et organiserons quelque joli concours de larmes !
Comme de les verser toujours au même endroit,
Jusqu'à ce qu'elles nous aient creusé deux tombes
Dans la terre où nous serions couchés. Ci-gisent
Deux cousins qui creusèrent leurs tombes avec leurs
    larmes !
Ce malheur n'aurait-il pas heureuse allure ? Bien, bien,
    je vois
Que je bavarde follement, et vous riez de moi.
Prince très puissant, mon seigneur Northumberland,
Que dit le roi Bolingbroke ? Sa Majesté
Laissera-t-elle vivre Richard jusqu'à ce que Richard meure ?
Vous faites une révérence, et Bolingbroke dit « oui ».

NORTHUMBERLAND

Mon seigneur, il vous attend dans la cour basse
Pour parler avec vous ; vous plaît-il de descendre[1] ?

RICHARD

Je descends, je descends, pareil à l'étincelant Phaéton[2]
Qui ne peut maîtriser des carnes indociles.
Dans la cour basse ? La cour basse où les rois s'abaissent
À venir à l'appel de traîtres, et à leur faire honneur !
Dans la cour basse ? Venir en bas ? En bas, la cour ! En
    bas, le roi ! Car c'est la chouette,
Qui crie là-haut où devrait chanter l'alouette.

[En haut, ils quittent les remparts.]

BOLINGBROKE

Que dit Sa Majesté ?

NORTHUMBERLAND

Sorrow and grief of heart
185 Makes him speak fondly like a frantic man.
[Enter Richard below with attendants.]
Yet he is come.

BOLINGBROKE

Stand all apart
And show fair duty to his majesty.
My gracious lord.

He kneels down.

RICHARD

Fair cousin, you debase your princely knee
190 To make the base earth proud with kissing it.
Me rather had my heart might feel your love
Than my unpleased eye see your courtesy.
Up, cousin, up. Your heart is up, I know,
Thus high at least, although your knee be low.

BOLINGBROKE

195 My gracious lord, I come but for mine own.

RICHARD

Your own is yours and I am yours and all.

BOLINGBROKE

So far be mine, my most redoubted lord,
As my true service shall deserve your love.

NORTHUMBERLAND

Douleur et chagrin du cœur
Le font déraisonner comme un dément ;
[Entrent le roi Richard et sa suite en bas.]
Mais il vient.

BOLINGBROKE

Écartez-vous tous
Et rendez un juste hommage à Sa Majesté.
Mon gracieux seigneur.

Il s'agenouille.

RICHARD

Beau cousin, vous abaissez votre genou princier
En rendant l'indigne terre fière de l'embrasser.
J'aimerais mieux que mon cœur puisse sentir votre amour,
Car mes yeux sans plaisir voient votre courtoisie.
Debout, cousin, debout. Votre cœur est debout,
Je le sais, à cette hauteur au moins, si bas que soit votre
    genou.

BOLINGBROKE

Mon gracieux seigneur, je ne viens chercher que ce qui
    m'appartient[1].

RICHARD

Ce qui vous appartient est à vous, et je suis à vous, tout
    est à vous.

BOLINGBROKE

Soyez à moi, très redouté seigneur,
Autant que mes loyaux services mériteront votre amour.

RICHARD

Well you deserve. They well deserve to have
200 That know the strong'st and surest way to get.
Uncle, give me your hands; nay, dry your eyes. —
Tears show their love but want their remedies.
Cousin, I am too young to be your father,
Though you are old enough to be my heir;
205 What you will have I'll give, and willing too,
For do we must what force will have us do.
Set on towards London, cousin, is it so?

BOLINGBROKE

Yea, my good lord.

RICHARD

Then I must not say no.

[Flourish. Exeunt.]

SCENE IV. *[The Duke of York's garden at Langley.]*

Enter the Queen with her attendants.

QUEEN

What sport shall we devise here in this garden
To drive away the heavy thought of care?

LADY

Madam, we'll play at bowls.

RICHARD

Vous méritez bien. Ils méritent bien de posséder
Ceux qui connaissent le plus puissant et le plus sûr
     moyen d'obtenir.
Oncle, donnez-moi vos mains ; allons, séchez vos yeux...
Les larmes prouvent l'amour, mais ne guérissent pas.
Cousin, je suis trop jeune pour être votre père,
Bien que vous soyez assez vieux pour être mon héritier ;
Tout ce que vous voudrez, je vous le donnerai, avec plaisir,
À ce que veut la force, on ne peut qu'obéir.
En route pour Londres, cousin, c'est là que nous allons ?

BOLINGBROKE

Oui, mon bon seigneur.

RICHARD

          Alors, je ne dois pas dire non.

                    [Fanfare. Ils sortent.]

SCÈNE IV. *[Le jardin du duc d'York à Langley[1].]*

Entrent la reine et ses suivantes.

LA REINE

Quel jeu allons-nous inventer ici dans ce jardin,
Pour chasser la lourde pensée du souci ?

LA DAME

Madame, nous jouerons aux boules.

QUEEN

'Twill make me think the world is full of rubs
5 And that my fortune runs against the bias.

LADY

Madam, we'll dance.

QUEEN

My legs can keep no measure in delight
When my poor heart no measure keeps in grief.
Therefore no dancing, girl. Some other sport.

LADY

10 Madam, we'll tell tales.

QUEEN

Of sorrow or of joy?

LADY

Of either, madam.

QUEEN

Of neither, girl.
For if of joy, being altogether wanting
It doth remember me the more of sorrow;
15 Or if of grief, being altogether had
It adds more sorrow to my want of joy;
For what I have I need not to repeat
And what I want it boots not to complain.

LA REINE

Cela me fera penser que le monde est plein d'aspérités
Et que ma fortune court dans une mauvaise direction.

LA DAME

Madame, nous danserons.

LA REINE

Mes jambes ne peuvent pas suivre la mesure dans le plaisir
Quand mon pauvre cœur connaît un chagrin sans mesure.
Donc pas de danse, ma fille. Un autre jeu.

LA DAME

Madame, nous raconterons des histoires.

LA REINE

De douleur ou de joie ?

LA DAME

L'une ou l'autre, Madame.

LA REINE

Ni l'une ni l'autre, ma fille.
Car, si elle disent la joie, qui manque tout à fait,
Elle me rappelleront d'autant plus ma douleur ;
Ou si elles disent le chagrin, que j'éprouve tout à fait,
Elles ajouteront encore plus de douleur à mon manque
    de joie ;
Car ce que j'ai, je n'ai pas besoin de le redoubler,
Et ce qui me manque, inutile de m'en plaindre.

LADY

Madam, I'll sing.

QUEEN

'Tis well that thou hast cause,
20 But thou shouldst please me better wouldst thou weep.

LADY

I could weep, Madam, would it do you good.

QUEEN

And I could sing would weeping do me good,
And never borrow any tear of thee.
                    Enter [a Gardener and his servant].
But stay, here come the gardeners.
25 Let's step into the shadow of these trees.
My wretchedness unto a row of pins
They'll talk of state, for everyone doth so
Against a change: woe is forerun with woe.

GARDENER

Go bind thou up young dangling apricocks,
30 Which, like unruly children, make their sire
Stoop with oppression of their prodigal weight,
Give some supportance to the bending twigs.
Go thou, and like an executioner
Cut off the heads of too-fast-growing sprays
35 That look too lofty in our commonwealth.
All must be even in our government.
You thus employed, I will go root away
The noisome weeds which without profit suck
The soil's fertility from wholesome flowers.

LA DAME

Madame, je chanterai.

LA REINE

      Fort bien si tu as quelque raison pour cela,
Mais tu me plairais davantage si tu pleurais.

LA DAME

Je pleurerais, Madame, si cela vous faisait du bien.

LA REINE

Et moi je chanterais, si pleurer me faisait du bien,
Et n'aurais pas alors à t'emprunter des larmes.
               Entrent [un jardinier et son apprenti].
Mais attends, voici venir les jardiniers.
Mettons-nous à l'ombre de ces arbres.
Mon infortune contre une boîte d'épingles,
Ils vont parler de politique, car tout le monde le fait
À l'approche d'un changement : le malheur est présage
   de malheur.

LE JARDINIER

Toi, va attacher ces jeunes abricots qui pendent,
Qui, comme des enfants indisciplinés, font ployer leur père
Sous le poids accablant de leur prodigalité,
Étaie les rameaux qui fléchissent.
Et toi, comme un bourreau
Va couper la tête de ces surgeons qui poussent trop vite,
Et qui nous regardent de trop haut dans notre république :
Tout doit être au même niveau sous notre gouvernement.
Pendant que vous vous emploierez à cela, moi j'irai arracher
Les mauvaises herbes qui, sans aucun profit, aspirent
La fertilité du sol aux dépens des fleurs saines.

SERVANT

40 Why should we, in the compass of a pale,
Keep law and form and due proportion,
Showing as in a model our firm estate,
When our sea-walled garden, the whole land,
Is full of weeds, her fairest flowers choked up,
45 Her fruit trees all unpruned, her hedges ruined,
Her knots disordered and her wholesome herbs
Swarming with caterpillars?

GARDENER

Hold thy peace.
He that hath suffered this disordered spring
Hath now himself met with the fall of leaf.
50 The weeds which his broad spreading leaves did shelter,
That seemed in eating him to hold him up,
Are plucked up root and all by Bolingbroke.
I mean the Earl of Wiltshire, Bushy, Greene.

SERVANT

What, are they dead?

GARDENER

They are, and Bolingbroke
55 Hath seized the wasteful king. Oh what pity is it
That he had not so trimmed and dressed his land
As we this garden! We at time of year
Do wound the bark, the skin of our fruit trees,
Lest being overproud in sap and blood
60 With too much riches it confound itself;
Had he done so to great and growing men

L'APPRENTI

Pourquoi devrions-nous, dans le petit espace d'un enclos,
Maintenir l'ordre et la loi et la juste harmonie,
Montrant en réduction un domaine bien tenu[1],
Quand le pays tout entier, ce jardin enclos par la mer,
Est plein de mauvaises herbes, ses plus belles fleurs
    étouffées,
Ses arbres fruitiers mal taillés, ses haies détruites,
Ses parterres de fleurs en désordre, et ses plantes saines
Grouillantes de chenilles[2]?

LE JARDINIER

                    Tais-toi.
Celui qui toléra ce printemps de désordre
Connaît lui-même à présent la chute des feuilles.
Les mauvaises herbes qu'abritaient ses larges frondaisons
Et qui le dévoraient semblant le soutenir,
Ont été arrachées, déracinées par Bolingbroke.
Je veux dire le comte de Wiltshire, Bushy, Greene.

L'APPRENTI

Quoi, ils sont morts?

LE JARDINIER

                    Oui, et Bolingbroke
S'est emparé du roi dépensier. Oh, quel dommage
Qu'il n'ait pas su tailler et cultiver sa terre
Comme nous ce jardin! Nous, la saison venue,
Nous incisons l'écorce, la peau de nos arbres fruitiers,
De peur que, trop gorgée de sève et de sang,
D'un excès de richesses elle n'en vienne à se nuire;
Eût-il agi de même avec les grands, les ambitieux,

They might have lived to bear and he to taste
Their fruits of duty. Superfluous branches
We lop away, that bearing boughs may live.
65 Had he done so, himself had borne the crown
Which waste of idle hours hath quite thrown down.

SERVANT

What, think you then the king shall be deposed?

GARDENER

Depressed he is already, and deposed
'Tis doubt he will be. Letters came last night
70 To a dear friend of the good Duke of York's
That tell black tidings.

QUEEN

Oh, I am pressed to death through want of speaking!
Thou, old Adam's likeness set to dress this garden,
How dares thy harsh rude tongue sound this unpleasing news?
75 What Eve, what serpent hath suggested thee
To make a second fall of cursed man?
Why dost thou say King Richard is deposed?
Darest thou, thou little better thing than earth,
Divine his downfall? Say where, when and how
80 Camest thou by this ill tidings? Speak, thou wretch!

GARDENER

Pardon me, madam. Little joy have I
To breathe this news, yet what I say is true.

Ils auraient vécu pour porter, et lui pour savourer,
Les fruits de leur dévouement. Les branches superflues
Nous les élaguons, pour que vivent les rameaux féconds.
Eût-il agi de même, il porterait encore la couronne
Que tant d'heures gaspillées dans l'oisiveté ont jetée bas.

L'APPRENTI

Quoi, vous pensez que le roi sera déposé ?

LE JARDINIER

Déchu, il l'est déjà, et déposé,
On peut craindre qu'il le sera. Des lettres sont parvenues
    hier soir
À un ami intime du bon duc d'York
Porteuses de noires nouvelles.

LA REINE

Oh, je suis au supplice, je défaille du besoin de parler !
Toi, image du vieil Adam, toi qui es ici pour cultiver ce
    jardin,
Comment ta grossière langue revêche ose-t-elle annoncer
    cette lugubre nouvelle ?
Quelle Ève, quel serpent t'a incité
À répéter la chute de l'homme maudit ?
Pourquoi dis-tu que le roi Richard est déposé ?
Tu oses, toi qui ne vaux guère mieux qu'une motte de
    terre,
Prophétiser sa chute ? Dis-moi : où, quand, et comment
As-tu appris ces mauvaises nouvelles ? Parle, misérable !

LE JARDINIER

Pardonnez-moi, madame. J'ai peu de joie
À murmurer cette nouvelle, mais ce que je dis est vrai.

King Richard he is in the mighty hold
Of Bolingbroke. Their fortunes both are weighed.
85 In your lord's scale is nothing but himself
And some few vanities that make him light,
But in the balance of great Bolingbroke
Besides himself are all the English peers,
And with that odds he weighs King Richard down.
90 Post you to London and you'll find it so;
I speak no more than everyone doth know.

QUEEN

Nimble mischance, that art so light of foot,
Doth not thy embassage belong to me,
And am I last that knows it? Oh, thou thinkest
95 To serve me last that I may longest keep
Thy sorrow in my breast. Come ladies, go
To meet at London London's king in woe.
What, was I born to this, that my sad look
Should grace the triumph of great Bolingbroke?
100 Gardener, for telling me these news of woe
Pray God the plants thou graft'st may never grow.

Exit.

GARDENER

Poor queen, so that thy state might be no worse
I would my skill were subject to thy curse.
Here did she fall a tear. Here in this place
105 I'll set a bank of rue, sour herb of grace.
Rue even for ruth here shortly shall be seen
In the remembrance of a weeping queen.

Exeunt.

Le roi Richard est dans la puissante main
De Bolingbroke. Leurs deux fortunes sont en balance.
Dans le plateau de votre seigneur il n'y a que lui-même,
Et quelques vanités qui le font bien léger.
Mais du côté du grand Bolingbroke,
Outre lui-même, il y a tous les pairs d'Angleterre,
Et avec cet avantage il pèse plus lourd que le roi Richard.
Courez à Londres, vous verrez qu'il en est ainsi ;
Je ne dis rien de plus que ce que chacun sait.

LA REINE

Malheur agile, dont la course est si rapide,
N'est-ce pas moi que vise ta mission,
Et suis-je la dernière à la connaître ? Oh, tu veux
M'avertir en dernier pour que je garde plus longtemps
Ta douleur en mon sein. Venez, mesdames, allons
Trouver à Londres le roi de Londres dans l'affliction.
Quoi, suis-je née pour cela, pour aller tristement
Rehausser le triomphe du grand Bolingbroke ?
Pour m'avoir dit ces nouvelles de malheur, jardinier,
Dieu fasse que les plantes que tu greffes ne poussent jamais.

Elle sort.

LE JARDINIER

Pauvre reine, si cela pouvait adoucir ta condition,
Je voudrais que mon art subisse ta malédiction.
Ici, elle a versé une larme. Ici à cette place
Je planterai un massif de rue, cette plante amère, herbe
    de grâce[1].
Bientôt on la verra, symbole de pitié
Fleurir en souvenir d'une reine éplorée.

Ils sortent.

ACT IV

SCENE I. [Westminster Hall.]

Enter Bolingbroke with the Lords to Parliament
[Aumerle, Northumberland, Percy, Fitzwater,
Surrey, Carlisle, the Abbot of Westminster,
another Lord, Herald, Officers.]

BOLINGBROKE

Call forth Bagot.

Enter Bagot.

Now, Bagot, freely speak thy mind:
What thou dost know of noble Gloucester's death,
Who wrought it with the king, and who performed
5 The bloody office of his timeless end.

BAGOT

Then set before my face the Lord Aumerle.

BOLINGBROKE

Cousin, stand forth, and look upon that man.

ACTE IV

SCÈNE I. [Hall du Palais de Westminster[1].]

*Entrent en séance du Parlement Bolingbroke et les lords,
[Aumerle, Northumberland, Percy, Fitzwater, Surrey,
l'évêque de Carlisle, l'abbé de Westminster,
un autre seigneur, un héraut, des officiers].*

BOLINGBROKE

Faites avancer Bagot.

Entre Bagot.

Maintenant, Bagot, parle librement...
Que sais-tu de la mort du noble Gloucester,
Qui l'a tramée avec le roi, et qui a accompli
Le sanglant office de sa fin prématurée.

BAGOT

Alors qu'on mette en face de moi le seigneur Aumerle.

BOLINGBROKE

Cousin, avancez, et regardez cet homme[2].

BAGOT

My Lord Aumerle, I know your daring tongue
Scorns to unsay what once it hath delivered.
10 In that dead time when Gloucester's death was plotted,
I heard you say 'Is not my arm of length,
That reacheth from the restful English court
As far as Calais to mine uncle's head?'
Amongst much other talk that very time
15 I heard you say that you had rather refuse
The offer of a hundred thousand crowns
Than Bolingbroke's return to England, adding withal,
How blessed this land would be
In this your cousin's death.

AUMERLE

               Princes and noble lords,
20 What answer shall I make to this base man?
Shall I so much dishonour my fair stars
On equal terms to give him chastisement?
Either I must, or have mine honour soiled
With the attainder of his slanderous lips.
25 There is my gage, the manual seal of death
That marks thee out for hell. I say thou liest,
And will maintain what thou hast said is false
In thy heart blood, though being all too base
To stain the temper of my knightly sword.

BOLINGBROKE

30 Bagot, forbear, thou shalt not take it up.

AUMERLE

Excepting one, I would he were the best
In all this presence that hath moved me so.

BAGOT

Mon seigneur Aumerle, je sais que votre langue téméraire
Dédaigne de renier ce qu'elle a naguère affirmé.
En ce temps fatal où la mort de Gloucester fut complotée,
Je vous ai entendu dire : « Mon bras n'est-il pas bien long,
Lui qui de la paisible cour d'Angleterre
Peut aller jusqu'à Calais atteindre la tête de mon oncle ? »
Entre autres paroles à ce moment-là
Je vous ai entendu dire que vous aimeriez mieux refuser
L'offre de cent mille couronnes
Que de voir Bolingbroke rentrer en Angleterre,
Ajoutant même que la mort de votre cousin
Serait une bénédiction pour l'Angleterre.

AUMERLE

                      Princes et nobles seigneurs,
Quelle réponse ferai-je à cet homme indigne ?
Vais-je déshonorer ma glorieuse naissance
En descendant à son niveau pour le châtier ?
Ou je m'y vois contraint, ou je laisse souiller mon honneur
Par l'accusation de ses lèvres calomnieuses.
Voici mon gage, ce sceau de la mort[1],
Qui te marque pour l'enfer. Je dis que tu mens,
Et je soutiendrai que ce que tu as dit est faux
Dans le sang de ton cœur, tout indigne qu'il soit
De salir la trempe de mon épée de chevalier.

BOLINGBROKE

Bagot, arrête, ne le relève pas.

AUMERLE

À l'exception d'un seul, que n'est-ce le meilleur
De toute cette assemblée qui m'a provoqué de la sorte !

FITZWATER

If that thy valour stand on sympathy,
There is my gage, Aumerle, in gage to thine.
35 By that fair sun which shows me where thou standest,
I heard thee say, and vauntingly thou spak'st it,
That thou wert cause of noble Gloucester's death.
If thou deniest it twenty times, thou liest,
And I will turn thy falsehood to thy heart
40 Where it was forged, with my rapier's point.

AUMERLE

Thou dar' st not, coward, live to see that day.

FITZWATER

Now by my soul I would it were this hour.

AUMERLE

Fitzwater, thou art damned to hell for this.

PERCY

Aumerle, thou liest, his honour is as true
45 In this appeal as thou art all unjust;
And that thou art so, there I throw my gage,
To prove it on thee to the extremest point
Of mortal breathing. Seize it if thou dar'st.

AUMERLE

And if I do not, may my hands rot off
50 And never brandish more revengeful steel
Over the glittering helmet of my foe!

FITZWATER

Si ta valeur exige la symétrie,
Voici mon gage, Aumerle, en échange du tien.
Par ce beau soleil qui me montre où tu es,
Je t'ai entendu dire, et tu t'en vantais,
Que tu étais cause de la mort du noble Gloucester.
Même si tu le nies vingt fois, tu mens,
Et je te rentrerai ton mensonge dans le cœur,
Où il fut forgé, avec la pointe de mon épée.

AUMERLE

Tu n'oseras pas, couard, vivre pour voir ce jour.

FITZWATER

Ah, sur mon âme, je voudrais que l'heure en fût venue.

AUMERLE

Fitzwater, ceci te condamne à l'enfer.

PERCY

Aumerle, tu mens, son honneur est aussi pur
Dans cette accusation que tu es totalement déloyal ;
Et que tu es bien tel, je jette ici mon gage
Pour le prouver jusqu'à l'extrême limite
Du souffle vital. Relève-le, si tu l'oses.

AUMERLE

Si je ne le fais pas, que mes mains pourrissent
Et ne brandissent plus jamais un acier vengeur
Au-dessus du casque étincelant de mon ennemi !

ANOTHER LORD

I task the earth to the like, forsworn Aumerle.
And spur thee on with full as many lies
As may be hollowed in thy treacherous ear
55 From sun to sun. There is my honour's pawn;
Engage it to the trial if thou darest.

AUMERLE

Who sets me else? By heaven, I'll throw at all!
I have a thousand spirits in one breast
To answer twenty thousand such as you.

SURREY

60 My Lord Fitzwater, I do remember well
The very time Aumerle and you did talk.

FITZWATER

'Tis very true, you were in presence then
And you can witness with me this is true.

SURREY

As false, by heaven, as heaven itself is true.

FITZWATER

Surrey, thou liest.

SURREY

65   Dishonourable boy,
That lie shall lie so heavy on my sword
That it shall render vengeance and revenge
Till thou the lie-giver and that lie do lie

UN AUTRE SEIGNEUR

Que la terre reçoive aussi mon gage, parjure Aumerle.
Je te cinglerai d'autant de démentis
Qu'on peut en hurler à ton oreille de traître
D'un soleil à l'autre. Voici le gage de mon honneur ;
Engage-le dans l'épreuve si tu l'oses.

AUMERLE

Qui d'autre me défie ? Par le ciel, je suis votre homme à tous !
J'ai mille cœurs dans une seule poitrine
Pour répondre à vingt mille comme vous.

SURREY[1]

Mon seigneur Fitzwater, je me souviens fort bien
Du moment précis où Aumerle et vous avez parlé ensemble.

FITZWATER

C'est tout à fait vrai ; vous étiez alors présent,
Et vous pouvez témoigner avec moi que tout ceci est vrai.

SURREY

Aussi faux par le ciel que le ciel lui-même est vrai.

FITZWATER

Surrey, tu mens.

SURREY

                    Petit homme sans honneur,
Ce mensonge pèsera si lourd sur mon épée
Qu'elle t'assénera et vengeance et revanche
Jusqu'à ce que toi, le donneur de démentis, et ce démenti,
    vous gisiez

In earth as quiet as thy father's skull.
70 In proof whereof there is my honour's pawn.
Engage it to the trial if thou darest.

FITZWATER

How fondly dost thou spur a forward horse!
If I dare eat or drink or breathe or live
I dare meet Surrey in a wilderness
75 And spit upon him whilst I say he lies
And lies, and lies. There is my bond of faith
To tie thee to my strong correction.
As I intend to thrive in this new world
Aumerle is guilty of my true appeal.
80 Besides, I heard the banished Norfolk say
That thou, Aumerle, didst send two of thy men
To execute the noble duke at Calais.

AUMERLE

Some honest Christian trust me with a gage.
That Norfolk lies, here do I throw down this,
85 If he may be repealed to try his honour.

BOLINGBROKE

These differences shall all rest under gage
Till Norfolk be repealed. Repealed he shall be
And, though mine enemy, restored again
To all his lands and signories. When he's returned,
90 Against Aumerle, we will enforce his trial.

CARLISLE

That honourable day shall ne'er be seen.
Many a time hath banished Norfolk fought
For Jesu Christ in glorious Christian field,

Dans la terre aussi muets que le crâne de ton père.
En foi de quoi voici le gage de mon honneur.
Engage-le dans l'épreuve si tu l'oses.

FITZWATER

Que tu es stupide d'éperonner un cheval fougueux !
Si j'ose manger, ou boire, ou respirer, ou vivre,
J'oserai affronter Surrey dans un désert,
Et lui cracher dessus tout en disant qu'il ment,
Et qu'il ment, et qu'il ment. Voici le gage de ma foi
Qui te promet une terrible correction.
Aussi vrai que j'entends prospérer dans ce monde nouveau,
Aumerle est coupable de ce dont je l'accuse à bon droit.
De plus, j'ai entendu Norfolk le banni dire
Que toi, Aumerle, tu avais envoyé deux de tes hommes
Exécuter le noble duc à Calais.

AUMERLE

Qu'un honnête chrétien me prête ici son gage.
Ce Norfolk ment... Voilà, je lui jette celui-ci.
S'il peut être rappelé d'exil pour défendre son honneur.

BOLINGBROKE

Ces différends resteront tous en suspens
Jusqu'à ce que Norfolk soit rappelé. Rappelé, il le sera,
Et bien que mon ennemi, rétabli
Dans toutes ses terres et seigneuries. À son retour,
Contre Aumerle, nous le mettrons à l'épreuve.

CARLISLE

Ce jour d'honneur, nous ne le verrons jamais.
Maintes fois Norfolk le banni a combattu
Pour Jésus-Christ en glorieuse terre chrétienne,

Streaming the ensign of the Christian cross
95 Against black pagans, Turks and Saracens;
And, toiled with works of war, retired himself
To Italy, and there at Venice gave
His body to that pleasant country's earth
And his pure soul unto his captain, Christ,
100 Under whose colours he had fought so long.

BOLINGBROKE

Why, bishop, is Norfolk dead?

CARLISLE

As surely as I live, my lord.

BOLINGBROKE

Sweet peace conduct his sweet soul to the bosom
Of good old Abraham! Lords appellants,
105 Your differences shall all rest under gage
Till we assign you to your days of trial.

Enter York.

YORK

Great Duke of Lancaster, I come to thee
From plume-plucked Richard, who with willing soul
Adopts thee heir, and his high sceptre yields
110 To the possession of thy royal hand.
Ascend his throne, descending now from him,
And long live Henry, fourth of that name!

BOLINGBROKE

In God's name I'll ascend the regal throne.

Déployant l'étendard de la croix chrétienne
Contre les noirs Païens, les Turcs, les Sarrasins ;
Et fatigué par ses travaux guerriers, il s'est retiré
En Italie ; et là à Venise il a donné
Son corps à la terre de ce beau pays,
Et son âme pure au Christ, son capitaine,
Sous la bannière duquel il avait si longtemps combattu[1].

BOLINGBROKE

Comment, Evêque, Norfolk est mort ?

CARLISLE

Aussi sûr que je vis, mon seigneur.

BOLINGBROKE

Qu'une tendre paix conduise son âme tendre jusque
    dans le sein
Du bon vieil Abraham ! Seigneurs accusateurs[2],
Vos différends resteront en suspens
Jusqu'à ce que nous vous ayons assigné vos jours d'épreuve.

Entre York.

YORK

Grand duc de Lancastre, je viens à toi
De la part de Richard déplumé, qui d'une âme consentante
T'adopte comme héritier, et remet son sceptre souverain
En la possession de ta royale main.
Monte sur le trône, toi qui maintenant descends de lui,
Et longue vie à Henry, quatrième du nom !

BOLINGBROKE

Au nom de Dieu, je monterai sur le trône royal[3].

CARLISLE

Marry, God forbid!
115 Worst in this royal presence may I speak,
Yet best beseeming me to speak the truth.
Would God that any in this noble presence
Were enough noble to be upright judge
Of noble Richard. Then true noblesse would
120 Learn him forbearance from so foul a wrong.
What subject can give sentence on his king,
And who sits here that is not Richard's subject?
Thieves are not judged but they are by to hear
Although apparent guilt be seen in them,
125 And shall the figure of God's majesty,
His captain, steward, deputy, elect,
Anointed, crowned, planted many years,
Be judged by subject and inferior breath
And he himself not present? Oh, forfend it, God,
130 That in a Christian climate souls refined
Should show so heinous, black, obscene a deed!
I speak to subjects and a subject speaks,
Stirred up by God thus boldly for his king.
My Lord of Hereford here, whom you call king,
135 Is a foul traitor to proud Hereford's king,
And if you crown him let me prophesy:
The blood of English shall manure the ground
And future ages groan for this foul act.
Peace shall go sleep with Turks and infidels,
140 And, in this seat of peace tumultuous wars
Shall kin with kin, and kind with kind, confound.

CARLISLE

Ah, Dieu vous en garde[1] !
Si dans cette royale assemblée, je suis le moins digne de
    parler,
C'est cependant à moi qu'il sied le mieux de dire la vérité.
Plût à Dieu que quelqu'un dans cette noble assemblée
Fût assez noble pour être le juge équitable
Du noble Richard ! Alors la vraie noblesse
Lui apprendrait à s'abstenir d'un aussi noir forfait.
Quel sujet sur son roi peut prononcer sentence ?
Et qui donc siège ici qui n'est pas le sujet de Richard ?
Les voleurs, on ne les juge pas sans qu'ils soient à l'audience,
Si évidente que paraisse leur culpabilité,
Et lui, l'image même de la majesté de Dieu,
Son capitaine, son intendant, le représentant par lui élu,
Sacré, couronné, planté depuis tant d'années[2],
Serait jugé par une voix sujette et inférieure
Sans que lui-même soit présent ? Ô Dieu, ne permets pas
Que sous un ciel chrétien des âmes civilisées
Donnent en spectacle un crime aussi odieux, aussi noir,
    aussi obscène !
Je parle à des sujets, c'est un sujet qui parle,
Enhardi par Dieu même à défendre son roi.
Mon seigneur de Hereford, là, que vous appelez roi,
Est un infâme traître envers le roi de l'orgueilleux
    Hereford,
Et si vous le couronnez, laissez-moi vous prédire ceci :
Le sang anglais engraissera notre sol,
Et les âges futurs gémiront de cette action infâme,
La paix ira dormir avec les Turcs, les infidèles,
Et ici, dans ce havre de paix, des guerres tumultueuses
Feront périr le frère par le frère, le parent par le parent.

Disorder, horror, fear and mutiny
Shall here inhabit, and this land be called
The field of Golgotha and dead men's skulls.
145 Oh, if you raise this house against this house
It will the woefullest division prove
That ever fell upon this cursed earth.
Prevent it, resist it, let it not be so,
Lest child, child's children, cry against you woe.

NORTHUMBERLAND

150 Well have you argued, sir, and for your pains
Of capital treason we arrest you here.
My Lord of Westminster, be it your charge
To keep him safely till his day of trial.
May it please you, lords, to grant the commons' suit?

BOLINGBROKE

155 Fetch hither Richard, that in common view
He may surrender. So we shall proceed
Without suspicion.

YORK

I will be his conduct.

[Exit.]

BOLINGBROKE

Lords, you that here are under our arrest,
Procure your sureties for your days of answer.

Désordre, horreur, terreur, insurrection,
Ici habiteront, et on nommera cette terre
Le champ du Golgotha et des crânes des morts.
Oh, si vous dressez cette maison contre cette maison[1],
Cela provoquera la plus cruelle division
Qui ait jamais frappé cette terre maudite.
Résistez, empêchez que cela s'accomplisse
De peur qu'un jour vos enfants, et les enfants de vos
    enfants ne vous maudissent.

NORTHUMBERLAND

Vous avez bien plaidé, monsieur, et pour vos peines,
Nous vous arrêtons ici pour haute trahison.
Mon seigneur de Westminster, vous avez la charge
De le tenir sous bonne garde jusqu'au jour de son pro-
    cès.
Vous plaît-il mes seigneurs d'accéder à la requête des
    communes[2]?

BOLINGBROKE

Faites venir Richard afin qu'aux yeux de tous[3]
Il puisse abdiquer. Ainsi nous procéderons
Sans être soupçonné.

YORK

Je m'en vais le chercher.

[Il sort.]

BOLINGBROKE

Seigneurs, vous qui êtes ici arrêtés sur notre ordre,
Indiquez-nous qui se porte garant de votre comparution
    le jour fixé.

160 Little are we beholding to your love,
And little looked for at your helping hands.

[Enter Richard and York bringing in the regalia.]

RICHARD

Alack, why am I sent for to a king
Before I have shook off the regal thoughts
Wherewith I reigned? I hardly yet have learned
165 To insinuate, flatter, bow and bend my knee.
Give sorrow leave awhile to tutor me
To this submission. Yet I well remember
The favours of these men. Were they not mine?
Did they not sometimes cry 'All hail' to me?
170 So Judas did to Christ. But he, in twelve,
Found truth in all but one, I in twelve thousand none.
God save the king! Will no man say Amen?
Am I both priest and clerk? Well then, Amen.
God save the king, although I be not he,
175 And yet Amen if heaven do think him me.
To do what service am I sent for hither?

YORK

To do that office of thine own good will
Which tired majesty did make thee offer,
The resignation of thy state and crown
180 To Henry Bolingbroke.

RICHARD

Give me the crown.

Nous ne sommes guère redevable à votre amour,
Et nous ne comptions guère sur votre aide.

> *[Entre York, avec Richard, et des officiers portant*
> *les insignes royaux.]*

RICHARD

Hélas, pourquoi suis-je mandé devant un roi
Avant d'avoir chassé les royales pensées
Dans lesquelles je régnais ? Je n'ai guère appris encore
À insinuer, flatter, m'incliner, et plier le genou.
Laissez à la douleur le temps de m'initier
À cette soumission. Mais je me souviens bien
Du visage de ces hommes que j'ai comblés. N'étaient-ils
     pas à moi ?
Ne me criaient-ils pas naguère : « Salut à toi ! » ?
Comme Judas au Christ. Mais lui, sur douze[1],
Les trouva tous fidèles sauf un ; moi, sur douze mille, aucun.
Dieu sauve le roi ! N'y a-t-il personne pour dire amen ?
Suis-je à la fois le prêtre et l'enfant de chœur ? Eh bien
     alors, amen[2].
Dieu garde le roi, bien que ce ne soit pas moi.
Encore amen si le ciel veut que je le sois.
Pour quel office m'a-t-on fait venir ici ?

YORK

Pour accomplir de ton plein gré cet office
Qu'une majesté fatiguée t'a fait toi-même offrir :
L'abandon de ta dignité et de ta couronne
À Henry Bolingbroke.

RICHARD

Donnez-moi la couronne.

Here, cousin, seize the crown. Here, cousin,
On this side, my hand, and on that side thine.
Now is this golden crown like a deep well
That owes two buckets, filling one another,
185 The emptier ever dancing in the air,
The other down, unseen and full of water.
That bucket, down and full of tears, am I,
Drinking my griefs whilst you mount up on high.

BOLINGBROKE

I thought you had been willing to resign.

RICHARD

190 My crown I am, but still my griefs are mine.
You may my glories and my state depose,
But not my griefs. Still am I king of those.

BOLINGBROKE

Part of your cares you give me with your crown.

RICHARD

Your cares set up do not pluck my cares down.
195 My care is loss of care, by old care done;
Your care is gain of care, by new care won.
The cares I give I have, though given away.
They 'tend the crown, yet still with me they stay.

Ici, cousin, prends la couronne. Ici, cousin,
De ce côté, ma main, de ce côté la tienne.
À présent cette couronne d'or est comme un puits profond
Qui possède deux seaux, se remplissant l'un l'autre,
Le plus vide dansant toujours en l'air,
Quand l'autre est en bas invisible et plein d'eau.
Le seau d'en bas plein de larmes, c'est moi,
Qui bois mes chagrins, et celui qui monte, c'est toi.

BOLINGBROKE

Je pensais que vous étiez d'accord pour abdiquer.

RICHARD

Ma couronne oui, mais mes chagrins me restent[1].
Vous pouvez déposer ma gloire et ma dignité,
Pas mes chagrins. Ceux-là, j'en suis toujours le roi.

BOLINGBROKE

Avec votre couronne, vous me donnez une partie de vos
   soucis.

RICHARD

Vos soucis accrus ne m'arrachent pas mes soucis.
Mon souci vient des soucis que je perds pour d'anciens
   soucis négligés ;
Votre souci vient des soucis gagnés par les soins récents
   déployés.
Les soucis que je donne me restent, bien que je les
   abandonne.
Ils demeurent toujours avec moi, bien qu'ils soient liés
   à la couronne.

BOLINGBROKE

Are you contented to resign the crown?

RICHARD

200 Aye, no; no, aye, for I must nothing be,
Therefore no 'no', for I resign to thee.
Now, mark me how I will undo myself.
I give this heavy weight from off my head,
And this unwieldy sceptre from my hand,
205 The pride of kingly sway from out my heart.
With mine own tears I wash away my balm,
With mine own hands I give away my crown,
With mine own tongue deny my sacred state,
With mine own breath release all duteous oaths;
210 All pomp and majesty I do forswear:
My manors, rents, revenues I forgo;
My acts, decrees, and statutes I deny.
God pardon all oaths that are broke to me,
God keep all vows unbroke are made to thee.
215 Make me, that nothing have, with nothing grieved,
And thou with all pleased that hast all achieved.
Long mayst thou live in Richard's seat to sit,
And soon lie Richard in an earthy pit.
God save King Henry, unkinged Richard says,
220 And send him many years of sunshine days!
What more remains?

NORTHUMBERLAND

　　　　　No more, but that you read
These accusations, and these grievous crimes
Committed by your person and your followers,

BOLINGBROKE

Consentez-vous à abdiquer la couronne[1] ?

RICHARD

Oui, non ; ni oui, car je dois n'être rien,
Ni non, car j'abdique entre tes mains.
Vois maintenant comment je me dépouille moi-même.
Je donne ce fardeau qui pesait sur ma tête,
Et ce sceptre encombrant qui était là dans ma main,
L'orgueil du sang royal qui emplissait mon cœur.
De mes propres pleurs je lave l'onction du sacre,
De mes propres mains j'abandonne ma couronne,
De ma propre langue abjure ma dignité sacrée,
De mon propre souffle annule tous les serments de
    loyauté ;
J'abdique toute pompe et toute majesté :
Mes manoirs, rentes, revenus, je les cède ;
Mes actes, décrets, et statuts, je les annule.
Dieu pardonne tous les serments envers moi violés,
Dieu maintienne inviolés tous les serments que l'on te fait !
Moi qui n'ai rien, qu'il ne m'inflige aucun souci,
Qu'il te comble de tout, toi qui as tout acquis.
Sur le trône de Richard que tu vives longtemps,
Qu'en terre dans un trou Richard soit promptement.
Que Dieu garde le roi Henry, dit Richard détrôné,
Et lui envoie maintes années de jours ensoleillés !
Que reste-t-il d'autre ?

NORTHUMBERLAND

                    Rien d'autre que de lire
Ces accusations, et ces crimes graves
Commis par votre personne et par vos partisans

Against the state and profit of this land:
225 That by confessing them the souls of men
May deem that you are worthily deposed.

RICHARD

Must I do so? And must I ravel out
My weaved-up follies? Gentle Northumberland,
If thy offences were upon record,
230 Would it not shame thee, in so fair a troop,
To read a lecture of them? If thou wouldst,
There shouldst thou find one heinous Article
Containing the deposing of a King
And cracking the strong warrant of an oath,
235 Marked with a blot, damned in the Book of Heaven.
Nay, all of you that stand and look upon me
Whilst that my wretchedness doth bait my self,
Though some of you with Pilate wash your hands,
Showing an outward pity, yet you Pilates
240 Have here delivered me to my sour cross
And water cannot wash away your sin.

NORTHUMBERLAND

My lord, dispatch. Read o'er these Articles.

RICHARD

Mine eyes are full of tears, I cannot see.
And yet salt water blinds them not so much
245 But they can see a sort of traitors here.
Nay, if I turn mine eyes upon my self
I find myself a traitor with the rest,
For I have given here my soul's consent
T'undeck the pompous body of a king,

Contre l'État et l'intérêt de ce pays[1] :
Afin que par cette confession les hommes puissent en
   conscience
Estimer que votre déposition est légitime.

RICHARD

Le faut-il ? Et me faut-il dévider
L'écheveau de mes folies ? Noble Northumberland,
Si tes fautes étaient consignées,
Ne te sentirais-tu pas humilié d'en donner lecture
Devant une si belle assemblée ? Si tu le faisais,
Tu y trouverais un article haïssable
Concernant la déposition d'un roi
Et la violation d'un serment solennel,
Marqué d'une tache, damné dans le Livre du Ciel.
Oui, vous tous, qui êtes là à me regarder
Tandis que ma détresse me torture,
Même si certains, comme Pilate, s'en lavent les mains[2],
En montrant un semblant de pitié. C'est vous, Pilates,
Qui m'avez ici livré à ma croix amère,
Et l'eau ne vous lavera pas de votre péché.

NORTHUMBERLAND

Mon seigneur, dépêchez-vous. Lisez ces articles.

RICHARD

Mes yeux sont pleins de larmes, je ne vois rien.
Et pourtant l'eau salée ne les aveugle pas au point
Qu'ils ne puissent voir ici une meute de traîtres.
Que dis-je, si je tourne mes regards sur moi-même,
En moi je vois un traître comme les autres,
Car ici j'ai donné le consentement de mon âme
À dépouiller le fastueux corps d'un roi ;

250 Made glory base, a sovereignty, a slave;
Proud majesty, a subject, state, a peasant.

NORTHUMBERLAND

My lord...

RICHARD

No lord of thine, thou haught insulting man;
Nor no man's lord. I have no name, no title;
255 No, not that name was given me at the font,
But 'tis usurped. Alack the heavy day
That I have worn so many winters out
And know not now what name to call myself.
Oh that I were a mockery king of snow
260 Standing before the sun of Bolingbroke,
To melt myself away in water drops.
Good king, great king, and yet not greatly good,
And if my word be sterling yet in England,
Let it command a mirror hither straight,
265 That it may show me what a face I have
Since it is bankrupt of his majesty.

BOLINGBROKE

Go some of you, and fetch a looking glass.

[Exit an attendant.]

NORTHUMBERLAND

Read o'er this paper while the glass doth come.

RICHARD

Fiend, thou torments me ere I come to hell.

J'ai avili la gloire, j'ai fait de la souveraineté une esclave ;
De la fière majesté un sujet, du pouvoir, un manant.

NORTHUMBERLAND

Mon seigneur...

RICHARD

Pas ton seigneur, homme hautain, insolent ;
Ni le seigneur de personne. Je n'ai pas de nom, pas de
    titre[1] ;
Non, même pas le nom dont on me baptisa,
Qui ne soit usurpé. Hélas, jour d'affliction,
Moi qui ai consumé tant d'hivers,
Aujourd'hui je ne sais de quel nom m'appeler !
Oh, que ne suis-je un roi de neige dérisoire,
Exposé au soleil de Bolingbroke,
Pour fondre et m'évanouir en gouttes d'eau !
Bon roi, grand roi, mais qui n'es pas grandement bon,
Si ma parole a encore cours en Angleterre,
Qu'elle commande qu'on m'apporte ici un miroir[2],
Qui puisse me montrer quel visage est le mien
Depuis qu'il est failli, déchu de sa majesté.

BOLINGBROKE

Que l'un d'entre vous aille lui chercher un miroir.

[Sort un serviteur.]

NORTHUMBERLAND

Lisez ce papier en attendant que vienne le miroir.

RICHARD

Démon, tu me tortures avant que j'arrive en enfer.

BOLINGBROKE

270 Urge it no more, my Lord Northumberland.

NORTHUMBERLAND

The commons will not then be satisfied.

RICHARD

They shall be satisfied. I'll read enough
When I do see the very book indeed
Where all my sins are writ, and that's my self.

[Enter one with a glass.]

275 Give me that glass, and therein will I read.
No deeper wrinkles yet? Hath sorrow struck
So many blows upon this face of mine
And made no deeper wounds? Oh flattering glass,
Like to my followers in prosperity
280 Thou dost beguile me. Was this face, the face
That every day under his household roof
Did keep ten thousand men? Was this the face
That like the sun did make beholders wink?
Is this the face which faced so many follies,
285 That was at last outfaced by Bolingbroke?
A brittle glory shineth in this face,
As brittle as the glory is the face,

[Smashes the glass.]

For there it is, cracked in a hundred shivers.
Mark, silent king, the moral of this sport,
290 How soon my sorrow hath destroyed my face.

BOLINGBROKE

The shadow of your sorrow hath destroyed
The shadow of your face.

BOLINGBROKE

N'insistez pas davantage, mon seigneur Northumberland.

NORTHUMBERLAND

Les communes ne seront donc pas satisfaites.

RICHARD

Elles seront satisfaites. J'en lirai bien assez
Quand j'aurai sous les yeux le livre même
Où sont écrits tous mes péchés, c'est-à-dire moi-même.
                    [Quelqu'un entre avec un miroir.]
Donnez-moi ce miroir, c'est là que je veux lire[1].
Pas de rides plus profondes ? La douleur a frappé
Tant de coups sur mon visage
Et n'y a pas fait de blessures plus profondes ? Ô miroir flatteur,
Comme les courtisans de ma prospérité,
Tu me trompes. Ce visage, est-ce le visage
Qui chaque jour sous le toit de sa maison
Entretenait dix mille hommes ? Est-ce là le visage
Qui comme le soleil faisait baisser les yeux ?
Est-ce là le visage qui fit bon visage à tant de folies,
Pour à la fin perdre la face devant Bolingbroke ?
Une fragile gloire brille sur ce visage,
Aussi fragile que la gloire est le visage,
                    [Il brise le miroir.]
Car le voilà, brisé en mille éclats.
Roi silencieux, observe la morale de ce jeu,
Vois comme la douleur a vite détruit mon visage.

BOLINGBROKE

L'ombre de votre douleur a détruit
L'ombre de votre visage.

RICHARD

                    Say that again.
The shadow of my sorrow. Ha, let's see.
'Tis very true, my grief lies all within
295 And these external manners of laments
Are merely shadows to the unseen grief
That swells with silence in the tortured soul.
There lies the substance; and I thank thee, king,
For thy great bounty, that not only givest
300 Me cause to wail, but teachest me the way
How to lament the cause. I'll beg one boon
And then be gone and trouble you no more.
Shall I obtain it?

BOLINGBROKE

             Name it, fair cousin.

RICHARD

Fair cousin? I am greater than a king,
305 For when I was a king, my flatterers
Were then but subjects. Being now a subject
I have a king here to my flatterer.
Being so great I have no need to beg.

BOLINGBROKE

Yet ask.

RICHARD

310 And shall I have?

BOLINGBROKE

You shall.

RICHARD

Redis cela.

L'ombre de ma douleur ? Ah ! Voyons...
C'est très vrai, mon chagrin est tout entier à l'intérieur,
Et ces formes extérieures de lamentation
Ne sont que les ombres du chagrin invisible
Qui enfle en silence dans l'âme torturée.
C'est là qu'est sa réalité, et je te remercie, roi,
De ta grande générosité, toi qui ne me donnes pas seulement
Sujet de gémir, mais qui m'apprends aussi
Comment je dois me plaindre. Je veux mendier une seule
   faveur,
Et puis je partirai, et ne t'importunerai plus.
L'obtiendrai-je ?

BOLINGBROKE

Nommez-la, beau cousin.

RICHARD

Beau cousin ? Je suis plus grand qu'un roi,
Car lorsque j'étais roi, mes flatteurs
N'étaient que mes sujets. Maintenant que je suis un sujet,
Voici que j'ai un roi pour flatteur.
Étant si grand, je n'ai nul besoin de mendier.

BOLINGBROKE

Demandez cependant.

RICHARD

Et serai-je exaucé ?

BOLINGBROKE

Vous le serez.

RICHARD

Then give me leave to go.

BOLINGBROKE

Whither?

RICHARD

Whither you will, so I were from your sights.

BOLINGBROKE

315 Go some of you, convey him to the Tower.

RICHARD

Oh good: 'convey'. Conveyers are you all
That rise thus nimbly by a true king's fall.

BOLINGBROKE

On Wednesday next we solemnly set down
Our coronation. Lords, prepare yourselves.

> *Exeunt [Bolingbroke, Richard, Lords and guards].*
> *Manent [the Abbot of] Westminster, Carlisle,*
> *Aumerle.*

ABBOT

320 A woeful pageant have we here beheld.

CARLISLE

The woe's to come. The children yet unborn
Shall feel this day as sharp to them as thorn.

RICHARD

Alors permettez-moi de m'en aller.

BOLINGBROKE

Où cela ?

RICHARD

Où vous voudrez, pourvu que ce soit hors de vos regards.

BOLINGBROKE

Allez, qu'on l'escorte jusqu'à la Tour.

RICHARD

Oh, parfait ! Une escorte d'escrocs ! Escrocs vous l'êtes tous,
Vous êtes si agiles pour vous élever par la chute d'un roi
    légitime[1].

BOLINGBROKE

À mercredi prochain nous fixons solennellement
Notre couronnement. Seigneurs, préparez-vous[2].

> *Sortent [Bolingbroke, Richard, des seigneurs et des*
> *gardes]. Restent [l'abbé de] Westminster, Carlisle*
> *et Aumerle.*

L'ABBÉ

Quel malheureux spectacle nous avons contemplé.

CARLISLE

Le malheur est à venir. Pour les enfants encore à naître
Ce jour sera aussi cuisant qu'une épine.

AUMERLE

You holy clergymen, is there no plot
To rid the realm of this pernicious blot?

ABBOT

325 My lord,
   Before I freely speak my mind herein
   You shall not only take the sacrament
   To bury mine intents but also to effect
   Whatever I shall happen to devise.
330 I see your brows are full of discontent,
   Your hearts of sorrow and your eyes of tears.
   Come home with me to supper. I will lay
   A plot shall show us all a merry day.

Exeunt.

AUMERLE

Saints hommes d'Église, n'y a-t-il pas un plan
Pour débarrasser le royaume de ce stigmate infamant ?

L'ABBÉ

Mon seigneur,
Avant que sur ce point je parle librement,
Sur la foi du sacrement vous vous engagerez
Non seulement à enfouir mes projets, mais aussi à exécuter
Tout ce qu'il m'arrivera d'imaginer.
Sur votre front je vois le mécontentement,
Dans vos cœurs la douleur, des larmes dans vos yeux.
Venez souper chez moi. Je vous exposerai
Un plan qui quelque jour vous rendra la gaieté.

Ils sortent.

ACT V

SCENE I. *[London. A street leading to the Tower.]*

Enter the Queen with her attendants.

QUEEN

This way the king will come. This is the way
To Julius Caesar's ill-erected tower
To whose flint bosom my condemned lord
Is doomed a prisoner by proud Bolingbroke
5 Here let us rest, if this rebellious earth
Have any resting for her true king's queen.

Enter Richard and guards.

But soft, but see, or rather do not see
My fair rose wither. Yet look up, behold,
That you in pity may dissolve to dew
10 And wash him fresh again with true love tears.
Ah thou! the model where old Troy did stand!
Thou map of honour, thou King Richard's tomb,
And not King Richard! Thou most beauteous inn,
Why should hard-favoured grief be lodged in thee,
15 When triumph is become an alehouse guest?

ACTE V

SCÈNE I.   [Londres. Une rue conduisant à la Tour.]

Entrent la reine et ses suivantes.

LA REINE

Le roi viendra par là. Par là est le chemin
De la sinistre tour bâtie par Jules César[1]
Dont l'enceinte de pierre gardera prisonnier
Mon seigneur condamné par le fier Bolingbroke.
Ici reposons-nous, si cette terre rebelle
Peut offrir du repos à la reine de son roi légitime.

Entrent Richard et des gardes.

Mais doucement, voyez, ou plutôt ne voyez pas
Ma belle rose se flétrir. Si pourtant, levez les yeux, regardez
Afin que la pitié vous fasse fondre en rosée,
Et que ces larmes d'amour sincère lui rendent sa fraîcheur.
Ô toi ! site en ruine où se dressait l'antique Troie[2] !
Image même de l'honneur, tombe du roi Richard
Et non plus roi Richard ! Ô toi, somptueuse auberge,
Pourquoi le chagrin au visage austère doit-il loger chez toi
Quand la victoire habite dans une taverne ?

RICHARD

Join not with grief, fair woman, do not so,
To make my end too sudden. Learn, good soul,
To think our former state a happy dream,
From which awaked, the truth of what we are
20 Shows us but this. I am sworn brother, sweet,
To grim Necessity, and he and I
Will keep a league till death. Hie thee to France
And cloister thee in some religious house.
Our holy lives must win a new world's crown
25 Which our profane hours here have thrown down.

QUEEN

What, is my Richard both in shape and mind
Transformed and weakened? Hath Bolingbroke
Deposed thine intellect? Hath he been in thy heart?
The lion dying thrusteth forth his paw
30 And wounds the earth, if nothing else, with rage
To be o'erpowered, and wilt thou, pupil-like,
Take the correction mildly, kiss the rod,
And fawn on rage with base humility,
Which art a lion and the king of beasts?

RICHARD

35 A king of beasts indeed... If aught but beasts,
I had been still a happy king of men.
Good sometime queen, prepare thee hence for France.

RICHARD

Ne te ligue pas avec le chagrin, belle femme, ne fais pas cela,
Tu rendrais ma fin trop soudaine. Apprends, chère âme,
À penser que notre grandeur d'autrefois n'était qu'un
     rêve heureux,
Et qu'en nous réveillant, la vérité de ce que nous sommes
Ne nous montre que ceci. Je suis le frère juré, ma douce,
De la lugubre Nécessité, elle et moi
Resterons liés jusqu'à la mort. Cours en France,
Va te cloîtrer dans un couvent.
Nos saintes vies doivent d'un autre monde nous gagner
     la couronne
Que nos heures profanes ont ici jetée bas.

LA REINE

Quoi, mon Richard est-il à la fois de corps et d'esprit
Transformé et affaibli ? Bolingbroke a-t-il déposé
Ton intelligence ? A-t-il été jusqu'à ton cœur[1] ?
Le lion qui meurt jette en avant sa patte
Et meurtrit du moins la terre dans sa rage
D'être vaincu et toi, comme un écolier,
Tu acceptes de subir docilement la correction, d'embrasser
     le fouet,
Et de ramper devant l'outrage avec une lâche humilité,
Toi, un lion, le roi des animaux ?

RICHARD

Le roi des animaux, c'est juste... Si je n'avais pas eu
     affaire à des animaux,
J'aurais encore le bonheur d'être le roi des hommes.
Chère femme qui fus reine, prépare-toi à partir pour la
     France.

Think I am dead, and that even here thou takest
As from my deathbed thy last living leave.
40 In winter's tedious nights sit by the fire
With good old folks, and let them tell thee tales
Of woeful ages long ago betid;
And ere thou bid good night, to 'quite their griefs
Tell thou the lamentable tale of me
45 And send the hearers weeping to their beds.
For why! the senseless brands will sympathise
The heavy accent of thy moving tongue,
And in compassion weep the fire out,
And some will mourn in ashes, some coal black,
50 For the deposing of a rightful king.

Enter Northumberland.

NORTHUMBERLAND

My lord, the mind of Bolingbroke is changed.
You must to Pomfret, not unto the Tower.
And, madam, there is order ta'en for you:
With all swift speed you must away to France.

RICHARD

55 Northumberland, thou ladder wherewithal
The mounting Bolingbroke ascends my throne,
The time shall not be many hours of age
More than it is ere foul sin gathering head
Shall break into corruption. Thou shalt think,
60 Though he divide the realm and give thee half

Pense que je suis mort, et qu'ici-même, comme si j'étais
    sur mon lit de mort,
Tu me dis adieu pour la dernière fois de ta vie.
Au cours des longues soirées d'hiver assieds-toi près du
    feu
Avec de vieilles gens, et dis-leur de te raconter des histoires
D'époques malheureuses dès longtemps révolues ;
Et avant de leur dire bonne nuit, en retour de leurs
    graves récits,
Raconte-leur ma pitoyable histoire,
Et envoie tes auditeurs se coucher en pleurant.
Car même les tisons insensibles, communiant
Avec les tristes accents de ta langue déchirante,
Noieront le feu de leurs larmes de compassion,
Certains prenant le deuil en gris cendre, d'autres en
    noir charbon,
Pour pleurer la déposition d'un roi légitime.

Entre Northumberland.

NORTHUMBERLAND

Mon seigneur, Bolingbroke a changé d'avis.
Vous irez à Pomfret[1] et non plus à la Tour.
Pour vous madame, des dispositions ont été prises :
Vous devez en toute hâte partir pour la France.

RICHARD

Northumberland, toi qui es l'échelle par laquelle
L'ambitieux Bolingbroke monte jusqu'à mon trône,
Le temps n'aura guère vieilli de beaucoup d'heures
Avant que ton péché abject, mûrissant,
Ne crève et n'épanche sa purulence. Tu penseras,
Même s'il divise le royaume et t'en donne la moitié,

It is too little, helping him to all.
He shall think that thou which knowest the way
To plant unrightful kings wilt know again,
Being ne'er so little urged, another way
65 To pluck him headlong from the usurped throne.
The love of wicked men converts to fear,
That fear to hate, and hate turns one or both
To worthy danger and deserved death.

NORTHUMBERLAND

My guilt be on my head, and there an end.
70 Take leave, and part, for you must part forthwith.

RICHARD

Doubly divorced! Bad men, you violate
A twofold marriage twixt my crown and me
And then betwixt me and my married wife.
Let me unkiss the oath twixt thee and me;
75 And yet not so, for with a kiss 'twas made.
Part us, Northumberland: I towards the north
Where shivering cold and sickness pines the clime,
My wife to France, from whence set forth in pomp,
She came adorned hither like sweet May,
80 Sent back like Hollowmas or short'st of day.

QUEEN

And must we be divided? Must we part?

RICHARD

Ay, hand from hand, my love, and heart from heart.

Que c'est trop peu pour qui l'aidas à obtenir tout.
Il pensera que toi, qui sais le moyen
De planter des rois illégitimes, tu saurais également,
À la moindre incitation, trouver le moyen
De le faire tomber la tête la première de son trône usurpé.
L'amour de deux êtres mauvais se change vite en crainte,
La crainte en haine, et la haine conduit l'un ou l'autre,
    ou les deux
À un juste péril et à une mort méritée.

NORTHUMBERLAND

Que ma faute retombe sur ma tête et voilà tout.
Dites-vous adieu, séparez-vous, car vous devez vous quitter
    sur-le-champ.

RICHARD

Doublement divorcé[1] ! Cruels, vous violez
Un double mariage — entre ma couronne et moi,
Et puis entre moi et mon épouse.
Laisse-moi d'un baiser rompre le serment qui nous unit ;
Et pourtant non, puisque par un baiser il fut consacré.
Sépare-nous, Northumberland : moi j'irai vers le nord,
Où le froid frissonnant et la maladie affligent le climat,
Ma femme vers la France, d'où elle vint jadis
Fastueuse et parée tel le doux mois de mai,
Pour y être aujourd'hui sans atours renvoyée comme un
    jour de Toussaint ou le jour le plus court.

LA REINE

Faut-il qu'on nous sépare ? Nous faut-il nous quitter ?

RICHARD

Oui, mon amour, la main quitte la main, le cœur quitte
    le cœur.

QUEEN

Banish us both, and send the king with me.

NORTHUMBERLAND

That were some love, but little policy.

QUEEN

85 Then whither he goes, thither let me go.

RICHARD

So two together weeping, make one woe.
Weep thou for me in France, I for thee here;
Better far off than, near, be ne'er the near.
Go, count thy way with sighs, I mine with groans.

QUEEN

90 So longest way shall have the longest moans.

RICHARD

Twice for one step I'll groan, the way being short,
And piece the way out with a heavy heart.
Come, come, in wooing sorrow let's be brief
Since, wedding it, there is such length in grief.
95 One kiss shall stop our mouths, and dumbly part.
Thus give I mine, and thus take I thy heart.

QUEEN

Give me mine own again. 'Twere no good part
To take on me to keep and kill thy heart.

LA REINE

Bannissez-nous ensemble, et laissez le roi partir avec moi.

NORTHUMBERLAND

Ce serait amitié, mais piètre politique.

LA REINE

Alors, où qu'il aille, laissez-moi le suivre.

RICHARD

Deux êtres qui pleurent ensemble ne font qu'une seule
    détresse.
Toi pleure-moi en France, je te pleurerai ici ;
Mieux vaut être éloignés que proches sans être ensemble.
Va mesurer ta route avec tes soupirs, je mesurerai la
    mienne avec mes gémissements.

LA REINE

Ainsi la route la plus longue aura les plaintes les plus
    longues.

RICHARD

Ma route étant courte, je gémirai deux fois à chaque pas,
Et mon cœur lourd allongera la route.
Allons, courtisons la douleur plus vivement
Dès lors qu'en l'épousant, nous souffrirons longtemps.
Qu'un baiser nous ferme la bouche, et quittons-nous
    en silence.
Ainsi je te donne mon cœur, et ainsi je prends le tien.

LA REINE

Rends-moi le mien. Ce serait mal de ma part
Si je devais garder ton cœur et le tuer.

So, now I have mine own again be gone,
100 That I may strive to kill it with a groan.

RICHARD

We make woe wanton with this fond delay.
Once more adieu, the rest let sorrow say.

Exeunt.

SCENE II.   *[The Duke of York's house, Langley.]*

Enter the Duke of York and the Duchess.

DUCHESS

My lord, you told me you would tell the rest,
When weeping made you break the story off,
Of our two cousins coming into London.

YORK

Where did I leave?

DUCHESS

        At that sad stop, my lord,
5 Where rude misgoverned hands from windows' tops
Threw dust and rubbish on King Richard's head.

YORK

Then, as I said, the duke, great Bolingbroke,
Mounted upon a hot and fiery steed

Voilà, j'ai le mien de nouveau, pars maintenant,
Que je puisse le tuer dans un gémissement.

RICHARD

Ce tendre et vain délai augmente le malheur.
Encore une fois, adieu, le reste sera dit par la douleur.

Ils sortent.

SCÈNE II[1]. *[La maison du duc d'York à Langley.]*

Entrent le duc d'York et la duchesse.

LA DUCHESSE

Mon seigneur, vous m'aviez dit que vous me raconteriez
    la suite,
Lorsque les pleurs vous ont fait interrompre votre récit,
De l'arrivée à Londres de nos deux cousins.

YORK

Où en étais-je resté ?

LA DUCHESSE

                    À ce triste moment, mon seigneur,
Où du haut des fenêtres, des mains grossières et malapprises
Jetaient de la poussière et des ordures sur la tête du roi
    Richard.

YORK

Alors, disais-je, le duc, le grand Bolingbroke,
Monté sur un coursier ardent et fougueux

Which his aspiring rider seemed to know,
10 With slow but stately pace kept on his course,
Whilst all tongues cried 'God save thee, Bolingbroke!'
You would have thought the very windows spake,
So many greedy looks of young and old
Through casements darted their desiring eyes
15 Upon his visage; and that all the walls
With painted imagery had said at once
'Jesu preserve thee! Welcome, Bolingbroke!'
Whilst he from one side to the other turning,
Bare headed, lower than his proud steed's neck,
20 Bespake them thus: 'I thank you, countrymen',
And thus still doing, thus he passed along.

DUCHESS

Alack, poor Richard. Where rode he the whilst?

YORK

As in a theatre the eyes of men
After a well-graced actor leaves the stage
25 Are idly bent on him that enters next,
Thinking his prattle to be tedious;
Even so or with much more contempt men's eyes
Did scowl on Richard. No man cried 'God save him',
No joyful tongue gave him his welcome home,
30 But dust was thrown upon his sacred head;
Which with such gentle sorrow he shook off,
His face still combating with tears and smiles,
The badges of his grief and patience,

Qui paraissait connaître l'ambition de son cavalier,
D'un pas lent mais majestueux poursuivait sa route,
Tandis que toutes les bouches criaient : « Que Dieu te
    garde, Bolingbroke ! »
On aurait dit que les fenêtres elles-mêmes parlaient,
Tant il y avait aux croisées de regards gloutons
De jeunes et de vieux qui dardaient leurs yeux avides
Sur son visage ; on aurait dit que les murs
Comme sur les tentures peintes disaient tous ensemble :
« Que Jésus te protège ! Bienvenue, Bolingbroke ! »
Cependant que lui, se tournant d'un côté et de l'autre,
Tête nue, s'inclinant et saluant plus bas que le col de son
    fier coursier,
Leur répondait : « Je vous remercie, compatriotes. »
Ainsi faisant toujours, ainsi il cheminait.

LA DUCHESSE

Hélas, pauvre Richard ! Où chevauchait-il pendant ce
    temps ?

YORK

De même qu'au théâtre, les yeux des spectateurs,
Quand l'acteur préféré quitte la scène,
Suivent distraitement celui qui vient après,
Trouvant son bavardage fastidieux,
De même, mais avec bien plus de morgue, les yeux des
    spectateurs
Toisaient Richard. Nul ne criait : « Que Dieu le garde ! »,
Nulle bouche joyeuse ne saluait son retour,
Mais sur sa tête sacrée on jetait de la poussière ;
Qu'il secouait avec une tristesse si noble,
Le visage luttant entre larmes et sourires,
Signes de son chagrin et de sa patience,

That had not God for some strong purpose steeled
35 The hearts of men, they must perforce have melted,
And barbarism itself have pitied him.
But heaven hath a hand in these events,
To whose high will we bound our calm contents.
To Bolingbroke are we sworn subjects now,
40 Whose state and honour I for aye allow.

[Enter Aumerle.]

DUCHESS

Here comes my son Aumerle.

YORK

                    Aumerle that was,
But that is lost for being Richard's friend,
And, madam, you must call him Rutland now.
I am in Parliament pledge for his truth
45 And lasting fealty to the new-made king.

DUCHESS

Welcome, my son. Who are the violets now
That strew the green lap of the new-come spring?

AUMERLE

Madam, I know not, nor I greatly care not.
God knows I had as lief be none as one.

YORK

50 Well, bear you well in this new spring of time
Lest you be cropped before you come to prime.
What news from Oxford? Do these jousts and triumphs hold?

Que si Dieu n'avait pas, pour quelque grand dessein, acéré
Le cœur des hommes, il n'aurait pu que fondre,
Et la barbarie même l'aurait pris en pitié.
Mais le ciel a sa part dans ces événements,
À ses hautes volontés, nous devons nous plier sereinement.
Nous sommes par serment sujets de Bolingbroke désor-
   mais,
Je reconnais sa gloire et sa souveraineté à jamais.

[Entre Aumerle.]

LA DUCHESSE

Voici venir mon fils Aumerle.

YORK

                    Aumerle, il l'était,
Mais ce titre, il l'a perdu pour avoir été l'ami de Richard,
Et, madame, vous devez désormais l'appeler Rutland.
Devant le parlement je me suis porté garant de sa loyauté
Et de son allégeance indéfectible envers le nouveau roi.

LA DUCHESSE

Bienvenue, mon fils. Qui sont à présent les violettes
Qui parsèment le vert giron de ce printemps nouveau ?

AUMERLE

Madame, je ne sais pas, et ne m'en soucie guère.
Dieu sait qu'il m'est égal d'en être ou de ne pas en être.

YORK

Eh bien, conduis-toi bien dans cette nouvelle saison
De peur d'être fauché avant ta floraison.
Quelles nouvelles d'Oxford ? Ces joutes et ces fêtes
   auront-elles lieu ?

AUMERLE

For aught I know, my lord, they do.

YORK

You will be there, I know.

AUMERLE

55 If God prevent it not, I purpose so.

YORK

What seal is that that hangs without thy bosom?
Yea, lookst thou pale? Let me see the writing.

AUMERLE

My lord, tis nothing.

YORK

                    No matter, then, who see it.
I will be satisfied. Let me see the writing.

AUMERLE

60 I do beseech your grace to pardon me;
It is a matter of small consequence,
Which for some reasons I would not have seen.

YORK

Which for some reasons, sir, I mean to see.
I fear, I fear —

DUCHESS

                    What should you fear?
65 'Tis nothing but some band that he is entered into
For gay apparel 'gainst the triumph day.

AUMERLE

Pour autant que je sache, mon seigneur, elles auront lieu.

YORK

Vous y serez, je sais.

AUMERLE

Si Dieu ne s'y oppose pas, telle est mon intention.

YORK

Quel est ce sceau qui dépasse, là, sur ta poitrine ?
Ah, tu as l'air pâle ? Laisse-moi voir cet écrit.

AUMERLE

Mon seigneur, ce n'est rien.

YORK

Alors peu importe qui le voit.
J'aurai satisfaction. Laisse-moi voir cet écrit.

AUMERLE

Je supplie Votre Grâce de me pardonner ;
C'est une chose sans grande conséquence,
Que pour certaines raisons je préfère qu'on ne voie pas.

YORK

Et que pour certaines raisons, monsieur, je veux voir.
Je crains, je crains...

LA DUCHESSE

Qu'avez-vous à craindre ?
Ce n'est rien qu'un billet à ordre qu'il a souscrit
Pour se vêtir somptueusement le jour des fêtes.

YORK

Bound to himself? What doth he with a bond
That he is bound to? Wife, thou art a fool.
Boy, let me see the writing.

AUMERLE

70 I do beseech you pardon me. I may not show it.

YORK

I will be satisfied. Let me see it, I say.
                    He plucks it out of his bosom and reads it.
Treason, foul treason! Villain! Traitor! Slave!

DUCHESS

What's the matter, my lord?

YORK

Ho, who's within there? Saddle my horse!
75 God for His mercy, what treachery is here!

DUCHESS

Why, what is't, my lord?

YORK

Give me my boots, I say! Saddle my horse!
Now by mine honour, by my life, my troth,
I will appeach the villain.

DUCHESS

What is the matter?

YORK

YORK

Souscrit à lui-même ? Qu'a-t-il à faire d'un billet
Souscrit à lui-même ? Ma femme, tu es une idiote.
Mon garçon, laisse-moi voir cet écrit.

AUMERLE

Je vous en supplie, pardonnez-moi. Je ne peux pas le
   montrer.

YORK

J'aurai satisfaction, laisse-moi le voir, te dis-je.
                    Il l'arrache de la poitrine d'Aumerle et le lit.
Trahison ! Abjecte trahison ! Scélérat ! Traître ! Esclave !

LA DUCHESSE

Que se passe-t-il, mon seigneur ?

YORK

Holà, y a-t-il quelqu'un ici ? Qu'on selle mon cheval !
Mon Dieu, miséricorde ! Quelle traîtrise est-ce là !

LA DUCHESSE

Eh bien, qu'y a-t-il, mon seigneur ?

YORK

Donnez-moi mes bottes, vous dis-je ! Qu'on selle mon
   cheval !
Ah, sur mon honneur, sur ma vie, sur ma foi,
Je dénoncerai le scélérat.

LA DUCHESSE

                    Que se passe-t-il ?

80 Peace, foolish woman!

DUCHESS

I will not peace. What is the matter, Aumerle?

AUMERLE

Good mother, be content. — It is no more
Than my poor life must answer.

DUCHESS

      Thy life answer?

YORK

Bring me my boots! I will unto the king.

     His man enters with his boots.

DUCHESS

85 Strike him, Aumerle! Poor boy, thou art amazed.
Hence, villain! Never more come in my sight.

YORK

Give me my boots, I say.

DUCHESS

      Why York, what wilt thou do?
Wilt thou not hide the trespass of thine own?
Have we more sons, or are we like to have?
90 Is not my teeming date drunk up with time?
And wilt thou pluck my fair son from mine age
And rob me of a happy mother's name?
Is he not like thee? Is he not thine own?

YORK

Tais-toi, idiote de femme !

LA DUCHESSE

Je ne me tairai pas. Que se passe-t-il, Aumerle ?

AUMERLE

Ma bonne mère, calmez-vous. — Il n'y va
Que de ma pauvre vie.

LA DUCHESSE
De ta vie !

YORK

Qu'on m'apporte mes bottes : je m'en vais chez le roi.

Son serviteur entre avec ses bottes.

LA DUCHESSE

Frappe-le, Aumerle ! Mon pauvre garçon, tu es stupéfait.
Va-t'en, traître ! Que je ne te voie plus jamais.

YORK

Qu'on me donne mes bottes, j'ai dit.

LA DUCHESSE

Ô York, que vas-tu faire ?
Tu ne veux pas cacher la faute de ton propre enfant ?
Avons-nous d'autres fils ? Sommes-nous susceptibles
    d'en avoir d'autres ?
Le temps n'a-t-il pas tari ma fécondité ?
Et tu veux arracher mon cher fils à ma vieillesse
Et me voler le nom d'heureuse mère[1] ?
N'est-il pas comme toi ? N'est-il pas ton propre enfant ?

YORK

Thou fond mad woman,
95 Wilt thou conceal this dark conspiracy?
A dozen of them here have ta'en the sacrament,
And interchangeably set down their hands
To kill the king at Oxford.

DUCHESS

He shall be none.
We'll keep him here, then what is that to him?

YORK

100 Away, fond woman! Were he twenty times my son
I would appeach him.

DUCHESS

Hadst thou groaned for him
As I have done thou wouldst be more pitiful.
But now I know thy mind: thou dost suspect
That I have been disloyal to thy bed
105 And that he is a bastard, not thy son.
Sweet York, sweet husband, be not of that mind.
He is as like thee as a man may be,
Not like to me or any of my kin,
And yet I love him.

YORK

Make way, unruly woman!

Exit.

DUCHESS

110 After, Aumerle! Mount thee upon his horse,

YORK

Folle femme stupide,
Tu veux dissimuler cette noire conspiration ?
Une douzaine d'entre eux ont juré sur le sacrement,
Et se sont promis en signant de leur main
De tuer le roi à Oxford[1].

LA DUCHESSE

Lui n'en sera pas.
Nous le garderons ici, alors en quoi est-il concerné ?

YORK

Va-t'en, femme stupide ! Fût-il vingt fois mon fils,
Je le dénoncerais.

LA DUCHESSE

Si tu avais souffert pour lui
Comme moi, tu aurais plus de pitié.
Mais maintenant je connais ta pensée : tu me soupçonnes
D'avoir été déloyale à ton lit,
Tu penses que c'est un bâtard, et non ton fils.
Cher York, cher mari, n'aie pas cette pensée.
Il te ressemble à toi autant qu'il est possible,
Pas à moi, ni à personne de ma famille,
Et pourtant je l'aime.

YORK

Laisse-moi passer, femme insoumise !

Il sort.

LA DUCHESSE

Poursuis-le, Aumerle ! Monte sur son cheval,

Spur post, and get before him to the king
And beg thy pardon ere he do accuse thee.
I'll not be long behind. Though I be old
I doubt not but to ride as fast as York,
115 And never will I rise up from the ground
Till Bolingbroke have pardoned thee. Away, be gone.

Exeunt.

SCENE III. *[Windsor Castle.]*

Enter the King [Bolingbroke], [Percy], [and other] lords.

BOLINGBROKE

Can no man tell of my unthrifty son?
'Tis full three months since I did see him last.
If any plague hang over us 'tis he.
I would to God, my lords, he might be found.
5 Enquire at London 'mongst the taverns there,
For there they say he daily doth frequent
With unrestrained loose companions,
Even such, they say, as stand in narrow lanes
And beat our watch and rob our passengers,
10 Whilst he, young, wanton and effeminate boy,
Takes on the point of honour to support
So dissolute a crew.

PERCY

My lord, some two days since I saw the prince
And told him of those triumphs held at Oxford.

Éperonne-le, et arrive avant lui devant le roi,
Implore ton pardon avant qu'il ne t'accuse.
Je ne serai pas longue à te rejoindre. J'ai beau être vieille,
Je ne doute pas de galoper aussi vite que York,
Et je ne me relèverai pas de terre
Avant que Bolingbroke t'ait pardonné. Va-t'en, pars !

Ils sortent.

SCÈNE III. *[Le château de Windsor.]*

Entrent le roi [Bolingbroke], [Percy],
[et d'autres] seigneurs.

BOLINGBROKE

Personne ne peut-il me dire où est mon fils prodigue[1] ?
Voilà trois bons mois que je ne l'ai pas vu.
S'il est quelque fléau qui nous menace, c'est bien lui.
Par Dieu, mes seigneurs, je voudrais qu'on le trouve.
Cherchez à Londres, dans les tavernes,
Car on dit qu'il s'y rend tous les jours,
Avec des acolytes dépravés et crapuleux,
De ces gens qui s'embusquent dans les ruelles
Pour bastonner notre garde et détrousser nos voyageurs,
Tandis que lui, ce jeune libertin efféminé
Se fait un point d'honneur d'entretenir
Cette clique de dissolus.

PERCY

Mon seigneur, il y a deux jours j'ai vu le prince
Et je lui ai parlé des joutes d'Oxford.

BOLINGBROKE

15 And what said the gallant?

PERCY

His answer was he would unto the stews
And from the commonest creature pluck a glove
And wear it as a favour; and with that
He would unhorse the lustiest challenger.

BOLINGBROKE

20 As dissolute as desperate! And yet
Through both I see some sparks of better hope,
Which elder years may happily bring forth.
But who comes here?

Enter Aumerle amazed.

AUMERLE

Where is the king?

BOLINGBROKE

What means
Our cousin, that he stares and looks so wildly?

AUMERLE

25 God save your grace. I do beseech your majesty
To have some conference with your grace alone.

BOLINGBROKE

Withdraw yourselves, and leave us here alone.
[Exeunt Percy and lords.]
What is the matter with our cousin now?

BOLINGBROKE

Et qu'a dit le galant ?

PERCY

Sa réponse a été qu'il irait au bordel
Prendre un gant à la créature la plus vulgaire
Pour l'arborer comme un gage, avec lequel
Il désarçonnerait le plus vaillant jouteur.

BOLINGBROKE

Aussi dissolu qu'effronté ! Et pourtant
À travers tout cela je vois quelques étincelles d'espoir
Dont un âge plus mûr accouchera peut-être avec bonheur.
Qui vient là ?

Entre Aumerle atterré.

AUMERLE

Où est le roi ?

BOLINGBROKE

Qu'a donc
Notre cousin avec ce regard fixe et cet air effaré ?

AUMERLE

Dieu protège Votre Grâce ! J'implore Votre Majesté
D'avoir un entretien seul avec Votre Grâce.

BOLINGBROKE

Retirez-vous et laissez-nous seul à seul.
[Sortent Percy et les seigneurs.]
Eh bien, cousin, qu'y a-t-il ?

AUMERLE

For ever may my knees grow to the earth,
30 My tongue cleave to the roof within my mouth,
Unless a pardon ere I rise or speak.

BOLINGBROKE

Intended or committed was this fault?
If on the first, how heinous e'er it be
To win thy after love I pardon thee.

AUMERLE

35 Then give me leave that I may turn the key
That no man enter till my tale be done.

BOLINGBROKE

Have thy desire.

The Duke of York knocks at the door and cries.

YORK *[within]*

My liege, beware, look to thyself.
Thou hast a traitor in thy presence there.

BOLINGBROKE

40 I'll make thee safe.

[Draws his sword.]

AUMERLE

Stay thy revengeful hand,
Thou hast no cause to fear.

AUMERLE

Que mes genoux s'enracinent à jamais dans la terre,
Que dans ma bouche ma langue se colle à mon palais
Si je me lève ou parle avant votre pardon.

BOLINGBROKE

Projetée, ou commise, cette faute ?
Si elle n'est qu'en projet, pour odieuse qu'elle soit,
Je te pardonne pour gagner ton amour après.

AUMERLE

Alors permettez-moi de tourner la clé,
Que personne n'entre avant la fin de mon récit.

BOLINGBROKE

Fais selon ton désir.

Le duc d'York frappe à la porte et crie.

YORK *[Des coulisses]*

Mon suzerain, méfie-toi, prends garde à toi ;
Tu as là un traître en ta présence.

BOLINGBROKE

Je vais te rendre inoffensif.

[Il tire son épée.]

AUMERLE

                    Arrête ta main vengeresse,
Tu n'as aucune raison de craindre.

YORK

Open the door,
Secure, foolhardy king. Shall I for love,
Speak treason to thy face? Open the door,
Or I will break it open.

Enter York.

BOLINGBROKE

Uncle, speak.
45 Recover breath. Tell us how near is danger,
That we may arm us to encounter it.

YORK

Peruse this writing here and thou shalt know
The treason that my haste forbids me show.

AUMERLE

Remember, as thou read'st, thy promise passed.
50 I do repend me. Read not my name there.
My heart is not confederate with my hand.

YORK

It was, villain, ere thy hand did set it down.
I tore it from the traitor's bosom, king.
Fear and not love begets his penitence.
55 Forget to pity him, lest thy pity prove
A serpent that will sting thee to the heart.

BOLINGBROKE

Oh heinous, strong and bold conspiracy!
Oh loyal father of a treacherous son!
Thou sheer, immaculate and silver fountain,

YORK

Ouvre la porte,
Roi trop crédule, follement téméraire. Faut-il que par amour
Je te parle en rebelle ? Ouvre la porte,
Sinon je la défonce[1].

Entre York.

BOLINGBROKE

Oncle, parlez.
Reprenez souffle, dites-nous si le danger est proche,
Que nous puissions nous armer pour l'affronter.

YORK

Lis cet écrit et tu sauras la trahison
Que m'empêche de révéler ma précipitation.

AUMERLE

Souviens-toi, en lisant, de ta promesse passée.
Je me repens. Ne lis pas mon nom inscrit là.
Mon cœur n'est pas complice de ma main.

YORK

Il l'était, scélérat, quand ta main a signé.
Roi, j'ai arraché cela de la poitrine du traître.
C'est la peur non l'amour qui engendre son repentir.
Oublie toute pitié, de crainte que la pitié s'avère être
Un serpent qui te mordra le cœur.

BOLINGBROKE

Ô haïssable, violente et impudente conspiration !
Ô loyal père d'un fils plein de traîtrise !
Toi, source pure, argentine, immaculée

60 From whence this stream through muddy passages
   Hath held his current and defiled himself,
   Thy overflow of good converts to bad;
   And thy abundant goodness shall excuse
   This deadly blot in thy digressing son.

YORK

65 So shall my virtue be his vice's bawd,
   And he shall spend mine honour with his shame,
   As thriftless sons their scraping fathers' gold.
   Mine honour lives when his dishonour dies,
   Or my shamed life in his dishonour lies.
70 Thou kill'st me in his life... giving him breath,
   The traitor lives, the true man's put to death.

DUCHESS *[within]*

What ho, my liege! For God's sake let me in!

BOLINGBROKE

What shrill-voiced suppliant makes this eager cry?

DUCHESS *[within]*

A woman and thy aunt, great king. 'Tis I.
75 Speak with me, pity me, open the door!
   A beggar begs that never begged before.

BOLINGBROKE

Our scene is altered from a serious thing,
And now changed to 'The Beggar and the King'.
My dangerous cousin, let your mother in.
80 I know she's come to pray for your foul sin.

D'où coule ce ruisseau qui s'est souillé
En traversant des méandres boueux,
Le trop-plein de ton bien s'est transformé en mal ;
Mais ta prodigue bonté effacera
Cette tache mortelle de ton fils fourvoyé.

YORK

Ma vertu sera donc la maquerelle de son vice,
Et il gaspillera mon honneur dans sa honte,
Comme les fils dépensiers l'or que leur père a mis de côté.
Mon honneur est vivant si son opprobre meurt,
Ou ma honteuse vie ploie sous son déshonneur ;
Par sa vie tu me tues... en lui donnant le souffle,
Tu fais vivre le traître et mourir l'homme honnête.

LA DUCHESSE *[Des coulisses]*

Holà, mon suzerain, pour l'amour de Dieu, laissez-moi
   entrer[1] !

BOLINGBROKE

Quelle voix stridente crie cette supplication véhémente ?

LA DUCHESSE *[Des coulisses]*

Une femme, ta tante, grand roi. C'est moi.
Parle-moi, aie pitié de moi, ouvre la porte,
Une mendiante mendie qui n'a jamais mendié.

BOLINGBROKE

Notre scène change, d'une affaire sérieuse
Nous passons à : « La Mendiante et le Roi. »
Mon dangereux cousin, faites entrer votre mère,
Je sais qu'elle vient prier pour votre noir péché.

YORK

If thou do pardon whosoever pray,
More sins for this forgiveness prosper may.
This festered joint cut off, the rest rest sound.
This let alone will all the rest confound.

Enter Duchess.

DUCHESS

85 Oh king, believe not this hard-hearted man!
Love loving not itself none other can.

YORK

Thou frantic woman, what dost thou make here?
Shall thy old dugs once more a traitor rear?

DUCHESS

Sweet York, be patient. Hear me, gentle liege.

[Kneels.]

BOLINGBROKE

Rise up, good aunt.

DUCHESS

90   Not yet, I thee beseech:
For ever will I walk upon my knees
And never see day that the happy sees
Till thou give joy — until thou bid me joy,
By pardoning Rutland, my transgressing boy.

YORK

Si tu pardonnes, peu importe qui prie,
Ce pardon fera peut-être prospérer d'autres péchés.
Si tu coupes le membre gangrené, le reste reste sain.
Si tu le laisses sans y toucher, tout le reste est atteint.

Entre la duchesse.

LA DUCHESSE

Ô roi, ne crois pas cet homme au cœur dur !
Qui ne s'aime pas soi-même ne peut aimer personne.

YORK

Femme démente, que fais-tu ici ?
Tes vieilles mamelles veulent-elles encore une fois nourrir
   un traître ?

LA DUCHESSE

Cher York, sois patient. Écoutez-moi, tendre suzerain.

[Elle s'agenouille.]

BOLINGBROKE

Relevez-vous, ma bonne tante.

LA DUCHESSE

                    Pas encore, je t'en supplie :
Car à jamais je veux marcher sur les genoux,
Et ne plus voir le jour que voient les gens heureux
Jusqu'à ce que tu me donnes la joie — m'ordonnes la joie
En pardonnant à Rutland, mon garçon égaré.

AUMERLE

95 Unto my mother's prayers I bend my knee.

[Kneels.]

YORK

Against them both my true joints bended be.

[Kneels.]

Ill mayst thou thrive if thou grant any grace.

DUCHESS

Pleads he in earnest? Look upon his face.
His eyes do drop no tears, his prayers are in jest,
100 His words come from his mouth, ours from our breast.
He prays but faintly, and would be denied.
We pray with heart and soul and all beside.
His weary joints would gladly rise, I know.
Our knees still kneel till to the ground they grow.
105 His prayers are full of false hypocrisy,
Ours of true zeal and deep integrity.
Our prayers do outpray his — then let them have
That mercy which true prayer ought to have.

BOLINGBROKE

Good aunt, stand up.

DUCHESS

                              Nay, do not say 'stand up'.
110 Say: 'pardon' first, and afterwards 'stand up'.
And if I were thy nurse thy tongue to teach

AUMERLE

À genoux je me joins aux prières de ma mère.

[Il s'agenouille.]

YORK

Et moi contre tous deux je plie mon corps loyal.

[Il s'agenouille.]

Malheur à toi si tu accordes une grâce !

LA DUCHESSE

Plaide-t-il sincèrement ? Regarde son visage.
Ses yeux ne versent aucune larme, ses prières sont de la
   comédie,
Ses mots viennent de sa bouche, les nôtres du cœur.
Il ne prie que faiblement et veut qu'on le repousse,
Nous prions cœur et âme, de tout notre être.
Ses membres fatigués voudraient se relever, je le sais.
Nos genoux resteront prosternés jusqu'à prendre racine
   en terre.
Ses prières sont pleines d'hypocrisie, de fausseté,
Les nôtres de vrai zèle et de profonde intégrité.
Nos prières prient mieux que les siennes, permets-leur
   d'obtenir
Cette miséricorde qu'une prière sincère doit obtenir.

BOLINGBROKE

Ma bonne tante, debout.

LA DUCHESSE

                    Non, ne dis pas : « debout ».
Dis d'abord : « je pardonne », et ensuite : « debout ».
Si j'étais ta nourrice, si je devais t'apprendre à parler[1],

'Pardon' should be the first word of thy speech.
I never longed to hear a word till now.
Say 'pardon', king. Let pity teach thee how.
115 The word is short, but not so short as sweet.
No word like 'pardon' for kings' mouths so meet.

YORK

Speak it in French, king. Say 'pardonne moy'.

DUCHESS

Dost thou teach pardon pardon to destroy?
Ah, my sour husband, my hard-hearted lord,
120 That sets the word itself against the word!
Speak 'pardon' as 'tis current in our land.
The chopping French we do not understand.
Thine eye begins to speak, set thy tongue there,
Or in thy piteous heart plant thou thine ear
125 That, hearing how our plaints and prayers do pierce,
Pity may move thee 'pardon' to rehearse.

BOLINGBROKE

Good aunt, stand up.

DUCHESS

           I do not sue to stand.
Pardon is all the suit I have in hand.

BOLINGBROKE

I pardon him, as God shall pardon me.

DUCHESS

130 Oh happy vantage of a kneeling knee!

« Pardon » serait le premier mot de ton vocabulaire.
Jamais je n'ai tant désiré entendre un mot.
Dis « pardon », roi, que la pitié t'apprenne à le dire.
Le mot est bref, mais plus encore que bref, délicieux.
Dans la bouche d'un roi, aucun mot ne sied mieux.

YORK

Dis-le en français, roi. Dis : « pardonnez-moi[1]. »

LA DUCHESSE

Apprends-tu au pardon à ruiner le pardon ?
Ah, mon aigre mari, mon seigneur au cœur dur,
Qui dresses le mot contre le mot !
Dis pardon dans l'idiome de notre pays,
Le français louvoyant de nous est incompris.
Ton œil commence à parler, prête-lui ta langue,
Ou plante ton oreille contre ton cœur compatissant,
Afin qu'à entendre combien nos plaintes et nos prières
    sont perçantes,
La pitié t'incite à dire : « je pardonne ».

BOLINGBROKE

Ma bonne tante, debout.

LA DUCHESSE

                    Je n'implore pas d'être debout.
Ton pardon est le seul objet de ma requête.

BOLINGBROKE

Je lui pardonne, comme Dieu me pardonnera.

LA DUCHESSE

Ô bienheureuse victoire d'un genou prosterné !

Yet am I sick for fear. — Speak it again.
Twice saying 'pardon' doth not pardon twain,
But makes one pardon strong.

BOLINGBROKE

                    With all my heart
I pardon him.

DUCHESS

        A god on earth thou art.

BOLINGBROKE

135 But for our trusty brother-in-law, and the abbot,
With all the rest of that consorted crew,
Destruction straight shall dog them at the heels.
Good uncle, help to order several powers
To Oxford or where'er these traitors are.
140 They shall not live within this world, I swear,
But I will have them if I once know where.
Uncle, farewell, and cousin too, adieu.
Your mother well hath prayed, and prove you true.

DUCHESS

145 Come, my old son. I pray God make thee new.

Exeunt.

Pourtant, je suis malade de peur. Redis-le.
Dire deux fois « pardon » n'est pas pardonner doublement,
Mais affermir le premier pardon[1].

BOLINGBROKE

                                        De tout mon cœur
Je lui pardonne.

LA DUCHESSE

          Tu es un dieu sur terre[2].

BOLINGBROKE

Quant à notre loyal beau-frère[3], à l'abbé,
Et à tout le reste de cette bande de factieux,
La destruction lancée à leurs trousses va les traquer.
Cher oncle, veillez à dépêcher plusieurs détachements
À Oxford et partout où se trouvent ces traîtres.
Ils ne vivront pas dans ce monde, je le jure,
Que je ne m'empare d'eux quand je saurai où ils sont.
Oncle, au revoir, et vous aussi cousin, adieu.
Votre mère a bien prié, montrez-vous loyal.

LA DUCHESSE

Viens, mon vieil enfant. Que Dieu fasse de toi un homme
    nouveau.

                                        Ils sortent.

SCENE IV. [*Windsor Castle.*]

[*Enter Exton and servant.*]

EXTON

Didst thou not mark the king, what words he spake?
'Have I no friend will rid me of this living fear?'
Was it not so?

SERVANT

These were his very words.

EXTON

'Have I no friend?' quoth he. He spake it twice,
5 And urged it twice together, did he not?

SERVANT

He did.

EXTON

And speaking it, he wishtly looked on me
As who should say 'I would thou wert the man
That would divorce this terror from my heart',
10 Meaning the king at Pomfret. Come, let's go.
I am the king's friend, and will rid his foe.

Exeunt.

SCÈNE IV[1]. *[Le château de Windsor.]*

[Entrent Exton et un serviteur.]

EXTON

As-tu bien écouté le roi, les mots qu'il a prononcés ?
« N'ai-je pas un ami pour me débarrasser de cette vivante
    peur[2] ? »
N'est-ce pas cela ?

LE SERVITEUR

C'étaient ses propres mots.

EXTON

« N'ai-je pas un ami ? » a-t-il repris. Il l'a dit deux fois,
Il l'a demandé deux fois de suite avec force, n'est-ce pas ?

LE SERVITEUR

Oui.

EXTON

Et en disant cela, il m'a regardé avec insistance,
Comme pour dire : « Je voudrais que tu sois l'homme
Qui divorcera cette terreur d'avec mon cœur »,
Désignant par là le roi à Pomfret. Venez, allons-y.
Je suis l'ami du roi, et le débarrasserai de son ennemi.

Ils sortent.

SCENE V. *[Pomfret, a prison.]*

Enter Richard alone.

RICHARD

I have been studying how I may compare
This prison where I live unto the world;
And for because the world is populous
And here is not a creature but myself
5 I cannot do it. Yet I'll hammer it out.
My brain I'll prove the female to my soul,
My soul the father, and these two beget
A generation of still breeding thoughts,
And these same thoughts people this little world
10 In humours like the people of this world,
For no thought is contented. The better sort,
As thoughts of things divine, are intermixed
With scruples, and do set the word itself
Against the word
15 As thus: 'Come little ones'; and then again,
'It is as hard to come as for a camel
To thread the postern of a small needle's eye.'
Thoughts tending to ambition, they do plot
Unlikely wonders: how these vain weak nails
20 May tear a passage through the flinty ribs
Of this hard world my ragged prison walls,
And, for they cannot, die in their own pride.

SCÈNE V. *[La prison du château de Pomfret.]*

Entre Richard seul[1].

RICHARD

J'ai bien étudié comment je pourrais comparer[2]
Avec le monde cette prison où je vis ;
Mais comme le monde est populeux
Et qu'ici il n'y a pas d'autre créature que moi-même,
Je ne le puis. Pourtant, je trouverai.
De ma cervelle je ferai la femelle de mon esprit,
Mon esprit sera le père et ces deux-là engendreront
Une génération de pensées se reproduisant sans cesse,
Et ces mêmes pensées peupleront ce petit monde,
Semblables en leurs humeurs au peuple de ce monde[3] ;
Car aucune pensée ne trouve en soi sa plénitude. Les
    meilleures,
Disons celles qui ont trait aux choses divines, sont pétries
De doutes, et dressent le Verbe
Contre le Verbe[4],
Ainsi : « Laissez venir à moi les petits enfants », s'oppose à :
« Il est aussi difficile d'entrer dans le royaume des cieux
    qu'à un chameau
De passer par le chas d'une aiguille[5] ».
Quant aux pensées qui tendent vers l'ambition, elles trament
D'impossibles prodiges : comment ces pauvres ongles
    sans force
Peuvent creuser un passage à travers les flancs de pierre
De cet âpre monde, les murs rugueux de ma prison,
Et n'y parvenant pas, meurent dans la fleur de leur
    orgueil.

Thoughts tending to content flatter themselves
That they are not the first of Fortune's slaves,
25 Nor shall not be the last like silly beggars —
Who, sitting in the stocks, refuge their shame
That many have and others must set there,
And in this thought they find a kind of ease,
Bearing their own misfortunes on the back
30 Of such as have before endured the like.
Thus play I in one person many people,
And none contented. Sometimes am I King,
Then treasons make me wish myself a beggar,
And so I am. Then crushing penury
35 Persuades me I was better when a king;
Then am I kinged again, and by and by
Think that I am unkinged by Bolingbroke,
And straight am nothing. But whate'er I be
Nor I nor any man that but man is
40 With nothing shall be pleased till he be eased
With being nothing.

The music plays.

Music do I hear?
Ha, ha, keep time! How sour sweet music is
When time is broke and no proportion kept!
So is it in the music of men's lives.
45 And here have I the daintiness of ear
To check time broke in a disordered string,
But for the concord of my state and time
Had not an ear to hear my true time broke.

Les pensées qui tendent vers la sérénité se flattent
De ce que nous ne sommes pas les premiers esclaves de
    la fortune,
Et ne serons pas les derniers — tels ces mendiants simples
    d'esprit
Qui, mis au pilori, s'abritent de leur disgrâce
En songeant que bien d'autres y furent mis et que d'autres
    y viendront ;
Et dans cette pensée trouvent une forme de soulagement,
Portant leur propre infortune sur le dos
De ceux qui avant eux ont enduré la même.
Ainsi à moi tout seul je joue maints personnages[1],
Dont aucun n'est content. Parfois je suis roi,
Alors les trahisons me font souhaiter d'être un mendiant[2],
Et c'est ce que je suis. Alors la misère oppressante
Me persuade que j'étais mieux quand j'étais roi ;
Alors je suis roi de nouveau, et bientôt
Je pense que je suis détrôné par Bolingbroke,
Et aussitôt je ne suis plus rien. Mais quoi que je puisse être,
Ni moi ni aucun homme qui n'est qu'un homme,
Ne sera satisfait de rien jusqu'à ce qu'il soit soulagé
De n'être rien.

                   On entend de la musique[3].
        De la musique ?
Oh ! Gardez la mesure ! Comme la douce musique est aigre
Quand on fausse la mesure et qu'on rompt l'harmonie !
Ainsi de la musique des vies humaines.
Mais moi qui ai l'oreille assez fine
Pour reprocher à ces cordes désaccordées de fausser la
    mesure,
Dans le concert de mon gouvernement et de mon temps,
Je n'ai pas eu d'oreille pour entendre que ma mesure
    était faussée :

I wasted time and now doth time waste me,
50 For now hath time made me his numbering clock;
My thoughts are minutes, and with sighs they jar
Their watches on unto mine eyes, the outward watch,
Whereto my finger like a dial's point
Is pointing still, in cleansing them from tears.
55 Now sir, the sound that tells what hour it is
Are clamorous groans that strike upon my heart,
Which is the bell... So sighs and tears and groans
Show minutes, times and hours. But my time
Runs posting on in Bolingbroke's proud joy
60 While I stand fooling here, his Jack of the clock.
This music mads me. Let it sound no more,
For though it have holp madmen to their wits
In me it seems it will make wise men mad.
Yet blessing on his heart that gives it me,
65 For 'tis a sign of love, and love to Richard
Is a strange brooch in this all-hating world.

Enter a groom of the stable.

GROOM

Hail, royal prince!

RICHARD

Thanks, noble peer.
The cheapest of us is ten groats too dear.

Oui, j'ai déréglé le temps et maintenant le temps me
    dérègle.
Car maintenant le temps a fait de moi l'horloge qui le
    mesure ;
Mes pensées sont des minutes, et par des soupirs scandent
Fébrilement leurs périodes dans mes yeux, ce visible cadran
Que mon doigt comme une aiguille
Pointe toujours, du fait qu'il en essuie les larmes[1],
Or monsieur, le son qui indique l'heure
C'est la clameur des gémissements qui cognent contre
    mon cœur,
Lequel est le timbre... Ainsi soupirs, larmes et gémissements
Marquent les minutes, les heures et les périodes. Mais
    mon temps
Court la poste, chevauchant l'orgueilleuse joie de
    Bolingbroke,
Tandis que je bouffonne ici, et suis son jaquemart d'horloge.
Cette musique me rend fou. Qu'elle s'arrête,
Car bien qu'elle ait aidé des fous à retrouver l'esprit,
En moi il semblerait qu'elle rendra fou le sage.
Mais béni soit le cœur qui me la donne,
Car c'est une marque d'amour, et l'amour envers Richard
Est un joyau rare dans ce monde haineux.

Entre un palefrenier[2].

LE PALEFRENIER

Salut, royal prince !

RICHARD

        Merci, noble pair.
De nous deux celui qui vaut le moins est de dix sous trop
    cher.

What art thou? And how comest thou hither
70 Where no man never comes but that sad dog
That brings me food to make misfortune live?

GROOM

I was a poor groom of thy stable, king,
When thou wert king, who, travelling towards York,
With much ado at length have gotten leave
75 To look upon my sometimes royal master's face.
Oh, how it erned my heart when I beheld
In London streets that coronation day
When Bolingbroke rode on roan Barbary,
That horse that thou so often hast bestrid,
80 That horse that I so carefully have dressed.

RICHARD

Rode he on Barbary? Tell me, gentle friend,
How went he under him?

GROOM

So proudly as if he disdained the ground.

RICHARD

So proud that Bolingbroke was on his back.
85 That jade hath ate bread from my royal hand,
This hand hath made him proud with clapping him.
Would he not stumble, would he not fall down,
Since pride must have a fall, and break the neck
Of that proud man that did usurp his back?
90 Forgiveness! Horse, why do I rail on thee,
Since thou, created to be awed by man,
Wast born to bear? I was not made a horse,

Qui es-tu ? Et comment es-tu venu ici
Où nul ne vient jamais, hormis ce triste chien
Qui m'apporte à manger pour nourrir le malheur ?

LE PALEFRENIER

J'étais un pauvre valet de tes écuries, roi,
Lorsque tu étais roi ; faisant route vers York,
Non sans mal j'ai obtenu enfin la permission
De revoir le visage de celui qui fut mon royal maître.
Oh, comme mon cœur a souffert de voir
Dans les rues de Londres le jour du couronnement
Bolingbroke chevaucher le rouan Barbarie[1]...
Ce cheval que tu as si souvent monté,
Ce cheval que j'ai mis tant de soin à dresser !

RICHARD

Il montait Barbarie ? Dis-moi, tendre ami,
Comment se comportait celui-ci sous ce cavalier ?

LE PALEFRENIER

Aussi fièrement que s'il méprisait le sol.

RICHARD

Si fier que Bolingbroke soit sur son dos !
Cette carne a mangé du pain dans ma royale main,
Cette main l'a rendu fier par ses caresses.
Et il n'a pas bronché ? et il ne s'est pas effondré,
Car il faut bien que l'orgueil s'effondre, pour rompre
     le cou
De cet homme orgueilleux qui usurpait sa croupe ?
Pardon, cheval ! Pourquoi t'invectiver
Puisque, créé pour être dominé par l'homme,
Tu es né pour porter ? Je ne suis pas cheval

And yet I bear a burthen like an ass,
Spurred, galled and tired by jauncing Bolingbroke.

Enter one to Richard with meat.

KEEPER

95 Fellow, give place. Here is no longer stay.

RICHARD

If thou love me 'tis time thou wert away.

GROOM

What my tongue dares not, that my heart shall say.

Exit groom.

KEEPER

My lord, wilt please you to fall to?

RICHARD

Taste of it first as thou art wont to do.

KEEPER

100 My lord, I dare not. Sir Pierce of Exton,
Who lately came from the king, commands the contrary.

RICHARD

The devil take Henry of Lancaster, and thee!
Patience is stale, and I am weary of it!

Et pourtant je porte un fardeau comme un âne,
Éperonné, meurtri, fourbu par le caracolant Bolingbroke.

> *Entre un homme qui apporte de la nourriture à Richard.*

LE GEÔLIER

Eh là, toi, déguerpis. Ne reste pas plus longtemps.

RICHARD

Si tu m'aimes, il est temps que tu partes.

LE PALEFRENIER

Ce que ma langue n'ose pas, mon cœur saura le dire.

> *Sort le palefrenier.*

LE GEÔLIER

Mon seigneur, vous plaît-il de manger ?

RICHARD

Goûte d'abord, comme tu fais d'habitude.

LE GEÔLIER

Mon seigneur, je n'ose pas. Sir Pierce d'Exton,
Qui vient d'arriver de chez le roi, m'ordonne le
   contraire.

RICHARD

Le diable vous emporte, Henry de Lancastre, et toi !
Ma patience est rassise, et je suis fatigué de tout cela.

KEEPER

Help, help, help!

The murderers rush in.

RICHARD

105 How now! What means death in this rude assault?
Villain, thy own hand yields thy death's instrument.
Go thou and fill another room in hell.

Here Exton strikes him down.

That hand shall burn in never-quenching fire
That staggers thus my person. Exton, thy fierce hand
110 Hath with the king's blood stained the king's own land.
Mount, mount my soul. Thy seat is up on high
Whilst my gross flesh sinks downward, here to die.

EXTON

As full of valour as of royal blood.
Both have I spilled. Oh, would the deed were good!
115 For now the devil that told me I did well
Says that this deed is chronicled in hell.
This dead king to the living king I'll bear.
Take hence the rest and give them burial here.

Exeunt.

LE GEÔLIER

Au secours, au secours, au secours !

> *Les assassins entrent précipitamment.*

RICHARD

Qu'est-ce que c'est ? Que prétend la mort par cet assaut
    brutal ?
Scélérat, ta propre main me livre l'instrument de ta mort.
Et toi va-t'en remplir une autre place en enfer.

> *Ici Exton l'abat.*

Elle brûlera dans le feu éternel, cette main
Qui terrasse ainsi ma personne. Exton, du sang du roi
Ta main cruelle a souillé la propre terre du roi.
Monte, monte, mon âme. Là-haut est ta demeure
Tandis qu'ici ma fruste chair s'écroule et meurt.

EXTON

Aussi plein de bravoure que de sang royal.
J'ai répandu les deux. N'ai-je pas fait le mal !
Car maintenant le diable qui m'assurait que c'était bien
    faire
Me dit que cet acte est inscrit dans les annales de l'enfer.
Ce roi mort, je vais le porter au roi qui vit.
Enlevez les autres, et qu'on les enterre ici.

> *Ils sortent.*

SCENE VI. *[Windsor Castle.]*

Enter Bolingbroke with the Duke of York
[with other Lords and attendants].

BOLINGBROKE

Kind uncle York, the latest news we hear
Is that the rebels have consumed with fire
Our town of Ciceter in Gloucestershire,
But whether they be ta'en or slain we hear not.

Enter Northumberland.

5 Welcome, my lord. What is the news?

NORTHUMBERLAND

First, to thy sacred state wish I all happiness.
The next news is I have to London sent
The heads of Salisbury, Spencer, Blunt and Kent.
The manner of their taking may appear
10 At large discoursed in this paper here.

BOLINGBROKE

We thank thee, gentle Percy, for thy pains,
And to thy worth will add right worthy gains.

Enter Lord Fitzwater.

FITZWATER

My lord, I have from Oxford sent to London
The heads of Broccas and Sir Bennet Seely,
15 Two of the dangerous consorted traitors
That sought at Oxford thy dire overthrow.

SCÈNE VI. *[Le château de Windsor.]*

Entrent Bolingbroke et York
[avec d'autres seigneurs et leur suite.]

BOLINGBROKE

Cher oncle York, la dernière nouvelle que nous apprenons
C'est que les rebelles ont détruit par le feu
Notre ville de Ciceter dans le Gloucestershire[1],
Mais ont-ils été pris ou tués, nous ne le savons pas.
Entre Northumberland.
Bienvenue, mon seigneur. Quelles nouvelles ?

NORTHUMBERLAND

D'abord, à ton pouvoir sacré je souhaite le bonheur.
Ensuite les nouvelles : j'ai à Londres envoyé
Les têtes de Salisbury, Spencer, Blunt et Kent :
Comment ils furent pris, cela t'apparaîtra
Amplement détaillé dans l'écrit que voilà.

BOLINGBROKE

Nous te remercions pour tes peines, noble Percy,
À ton prix s'ajouteront des récompenses de prix.

Entre Lord Fitzwater.

FITZWATER

Mon seigneur, j'ai d'Oxford envoyé à Londres
Les têtes de Broccas et de Sir Bennet Seely[2],
Deux des dangereux traîtres factieux
Qui tramaient à Oxford ta chute épouvantable.

BOLINGBROKE

Thy pains, Fitzwater, shall not be forgot.
Right noble is thy merit, well I wot.

Enter Harry Percy [and Carlisle].

PERCY

The grand conspirator, Abbot of Westminster,
20 With clog of conscience and sour melancholy
Hath yielded up his body to the grave.
But here is Carlisle living, to abide
Thy kingly doom and sentence of his pride.

BOLINGBROKE

Carlisle, this is your doom:
25 Choose out some secret place, some reverend room,
More than thou hast, and with it joy thy life.
So, as thou livest in peace die free from strife.
For though mine enemy thou hast ever been
High sparks of honour in thee have I seen.

Enter Exton with the coffin.

EXTON

30 Great king, within this coffin I present
Thy buried fear. Herein all breathless lies
The mightiest of thy greatest enemies,
Richard of Bordeaux, by me hither brought.

BOLINGBROKE

Exton, I thank thee not, for thou hast wrought
35 A deed of slander with thy fatal hand
Upon my head and all this famous land.

BOLINGBROKE

Tes peines, Fitzwater, ne seront pas oubliées.
Très noble est ton mérite, je le sais tout à fait.

Entrent Harry Percy [et l'évêque de Carlisle].

PERCY

Ce grand conspirateur, l'abbé de Westminster[1],
Sous le poids du remords et d'une mélancolie amère
A livré son corps à la tombe.
Mais Carlisle est vivant, et ici se soumet
À ton royal verdict, au châtiment de sa fierté.

BOLINGBROKE

Carlisle, voici notre sentence :
Trouve un lieu retiré, une pieuse résidence,
Plus digne de respect que celle d'à présent et là, jouis
    de la vie.
Si tu y vis en paix, tu mourras sans ennui.
Bien que mon ennemi, tu l'as toujours été,
En toi j'ai toujours vu l'honneur étinceler.

Entre Exton avec le cercueil.

EXTON

Grand roi, dans ce cercueil je t'offre
Ta peur ensevelie. Ci-gît inanimé[2]
Le plus puissant de tes plus grands ennemis,
Richard de Bordeaux, qu'ici je t'ai amené[3].

BOLINGBROKE

Exton, je ne te remercie pas, car tu as précipité
De ta funeste main un acte d'infamie
Sur ma tête et sur tout cet illustre pays.

EXTON

From your own mouth, my lord, did I this deed.

BOLINGBROKE

They love not poison that do poison need.
Nor do I thee. Though I did wish him dead,
40 I hate the murderer, love him murdered.
The guilt of conscience take thou for thy labour,
But neither my good word nor princely favour.
With Cain go wander through shades of night
And never show thy head by day nor light.
45 Lords, I protest, my soul is full of woe
That blood should sprinkle me to make me grow.
Come mourn with me for what I do lament,
And put on sullen black incontinent.
I'll make a voyage to the Holy Land
50 To wash this blood off from my guilty hand.
March sadly after. Grace my mournings here
In weeping after this untimely bier.

[Exeunt.]

EXTON

Votre propre bouche, mon seigneur, m'a dicté cette action.

BOLINGBROKE

Ils n'aiment pas le poison ceux qui ont besoin de poison.
Et je ne t'aime pas. Si j'ai souhaité sa fin,
Je l'aime assassiné, je hais son assassin.
Pour ta peine tu auras ta conscience coupable,
Mais ni faveur princière ni parole aimable.
Avec Caïn, va-t-en errer parmi les ombres de la nuit,
Et ne montre plus ta tête quand le soleil luit[1].
Seigneurs, je le jure, mon âme est pleine de tourment
Que pour croître il me faille être aspergé de sang.
Pleurez ce que déplorent mes gémissements
Et revêtez-vous de noir funèbre à l'instant.
J'irai faire un voyage en Terre Sainte[2],
Pour laver tout ce sang de ma coupable main.
Suivez-moi tristement. Et honorez mon deuil,
Escortez en pleurant ce précoce cercueil[3].

[Ils sortent.]

DOSSIER

CHRONOLOGIE

Les dates des pièces de théâtre sont approximatives.

1558. Accession d'Élisabeth Iʳᵉ au trône d'Angleterre. Elle succède à sa demi-sœur, Marie Tudor, qui était catholique.

1564. 23 avril : naissance à Stratford-upon-Avon de William, le troisième des huit enfants de John Shakespeare et de Mary Arden. Le père de Shakespeare était gantier, commerçant en laines et en peaux. William fut baptisé dans l'Église anglicane, alors que sa sœur aînée Joan avait été baptisée dans la foi catholique. Marlowe, Galilée, naissent la même année.

1565. John Shakespeare élu échevin de la ville.

1567. Traduction des *Métamorphoses* d'Ovide par Arthur Golding.

1568. John Shakespeare élu bailli (maire) de Stratford. Il est probable que Shakespeare a été admis vers l'âge de quatre ans dans la « petty school » de Stratford où il dut apprendre à lire dans le livre de prière anglican.

1572. Massacre de la Saint-Barthélemy à Paris.

1573. Vers sept ans Shakespeare fut sans doute admis dans la classe supérieure où il se mit à la grammaire et aux rudiments du latin.

1575. Il entre à l'âge de onze ans à la « grammar school » où il s'initie au *trivium* : grammaire, logique, rhétorique. Il étudie les poètes latins et quelques auteurs grecs.

1576. Construction du Théâtre, au nord de Londres, où seront jouées de nombreuses pièces avant la construction du Globe.

1577. Construction de la Courtine. Première édition des *Chroniques* de Holinshed, non utilisée par Shakespeare pour *Richard II*.

1578. Début des revers de fortune de John Shakespeare. Le père de Shakespeare n'ose plus venir à l'église de peur de se faire arrêter pour dettes.

1578. John Lyly : *Euphues, the Anatomy of wit.* La publication de ce texte est d'une importance capitale pour le développement de la langue shakespearienne.

1580. Naissance d'Edmund Shakespeare, l'un des frères de Shakespeare qui devint aussi acteur et suivit Shakespeare à Londres. Ire édition des *Essais* de Montaigne. Première édition des *Chroniques* de John Stow.

1581. Sénèque traduit en anglais.

1582. Mariage de William et d'Anne Hathaway qui était de huit ans son aînée.

1583. Naissance de Susanna, première fille de Shakespeare.

1585. Naissance des jumeaux Judith et Hamnet.

1585-1592. Les « années perdues ». On ne peut avancer que des conjectures sur cette période. Shakespeare est-il allé dans le Lancashire comme précepteur où il aurait rencontré les comédiens de Lord Strange, qui plus tard appartiendront à la troupe du Lord Chambellan ? A-t-il vécu à Londres et gardait-il les chevaux des gentilshommes à la porte des théâtres ? À cette période il commençait à écrire histoires et comédies.

1587. Construction de la Rose où se jouera la première partie d'*Henry VI* en 1592. Deuxième édition, censurée, des *Chroniques* de Holinshed. Certains détails de la scène de déposition sont omis. Shakespeare utilisera cette édition.

1588. Défaite de l'Invincible Armada. Cet événement lança la mode des *Histoires* supposées chanter la gloire de l'Angleterre, qui avait vaincu l'Espagne de Philippe II.

1589. Henri IV devient roi de France.

1591. Savile traduit les *Histoires* de Tacite. Marlowe compose *Édouard II*. Composition probable de *Woodstock*, pièce anonyme.

1592. Représentation de la première partie d'*Henry VI*, à la Rose, juste avant l'épidémie de peste qui fit fermer les théâtres pendant deux ans. De cette période obscure datent sans doute les trois parties d'*Henry VI*, *Richard III*, *La Comédie des erreurs*, *Titus Andronicus*, *La Mégère apprivoisée*, *Le Roi Jean*.

1592-1594. Fermeture des théâtres. Shakespeare rencontre Henry Wriothesley, le comte de Southampton, ami du comte d'Essex. C'est une période déterminante où il fera des rencontres importantes. Shakespeare profite de la fermeture des théâtres pour composer ses grands poèmes lyriques, *Le Phoenix et la Tourterelle, Vénus et Adonis*, poème érotique, *Le Viol de Lucrèce* et sans doute les *Sonnets* qui ne seront publiés qu'en 1609.

1593. Traduction de la *Consolation de la Philosophie* de Boèce par la reine Élisabeth Iʳᵉ.

1594. La troupe du Lord Chambellan se constitue. Shakespeare, enrichi par la publication de ses poèmes dédiés au comte de Southampton, devient actionnaire de la troupe. Les théâtres rouvrent.

1594-1595. De grandes pièces influencées par la période lyrique voient le jour : *Peines d'amour perdues, Les Deux Gentilshommes de Vérone* qui reprennent la problématique des *Sonnets, Roméo et Juliette, Richard II* et *Le Songe d'une nuit d'été*. Richard Hooker publie *The Laws of Ecclesiastical Polity*, qui remet en cause le principe de séparation de la morale et de la politique prônée par Machiavel. L'ouvrage séditieux du jésuite Robert Parsons est publié et dédié à Essex : *A conference about the next succession to the crown of England*. Samuel Daniel inscrit *The First Fowre Bookes of the civile warres* sur le Registre des Libraires en 1594.

1596. Mort du fils de Shakespeare, Hamnet. Shakespeare reçoit les armoiries que convoitait son père ainsi que le titre de gentilhomme à cause d'obscurs services rendus par un ancêtre de la famille au premier roi Tudor, Henry VII. Il acquiert la grande maison de New Place à Stratford.

1596-1597. Les deux parties d'*Henry IV, Les Joyeuses Commères de Windsor, Le Marchand de Venise* confirment la popularité du dramaturge. Premier *in-quarto* de *Richard II* (1597).

1598. Dans *Palladis Tamia : Wits Treasury*, Francis Meres reconnaît Shakespeare comme l'égal d'Ovide, de Plaute et de Sénèque. Deux réimpressions du premier *in-quarto* de *Richard II* avec le nom de Shakespeare sur la couverture témoignent du succès de la pièce. C'est l'époque de *Beaucoup de bruit pour rien*. C'est aussi la fin d'une période : Philippe II meurt et en France l'Édit de Nantes met un terme aux guerres de religion.

1599. Le Globe est construit au sud de la Tamise avec les matériaux du Théâtre rapportés du nord de Londres. Il devient le théâtre de la troupe du Lord Chambellan. *Henry V* clôt la deuxième tétralogie et il y est fait mention du Globe, ce petit « O en bois », nouveau symbole du monde. *Jules César* y est joué tandis que *Comme il vous plaira* avait été écrit dans le but d'attirer au Globe le public plus raffiné qui fréquentait les théâtres privés. John Hayward publie *The First Part of the Reign of Henry IIII*.

1600. Shakespeare inaugure le nouveau siècle avec *Hamlet* qui fait allusion à un événement ayant son importance pour les historiens du théâtre : la guerre qui opposa les théâtres populaires, comme le Globe, et les théâtres privés. John Hayward est emprisonné, suspect pour avoir dédié son ouvrage au comte d'Essex.

1601. Le 7 février, *Richard II* (il s'agit très vraisemblablement du *Richard II* de Shakespeare) est joué au Globe à la demande des partisans d'Essex, qui sera exécuté le 25 février. Après enquête, Shakespeare et la troupe ne sont pas inquiétés. Le comte de Southampton, le premier mécène de Shakespeare, est emprisonné ainsi que Sir Henry Savile, le traducteur de Tacite, dont s'était inspiré Hayward. Le 24 février on demande à Shakespeare de jouer une pièce devant la cour, signe évident de réhabilitation, en cette veille de l'exécution du traître. Le père de Shakespeare meurt. C'est l'année de *La Nuit des rois*.

1602. De 1598 à 1616 George Chapman traduit l'*Iliade* d'Homère. Cette traduction explique sans doute l'influence de l'*Iliade* dans *Troilus et Cressida*, où Shakespeare se livre à une lecture cynique d'Homère.

1603. Mort d'Élisabeth Ire. Arrivée sur le trône de Jacques VI d'Écosse, qui devient Jacques Ier d'Angleterre. C'est le premier roi Stuart. La troupe du Lord Chambellan devient la troupe des comédiens du Roi sous la protection directe de celui-ci. Les prisonniers du temps de la conspiration d'Essex, John Hayward et le comte de Southampton, sont libérés. Le roi est favorable aux nouvelles conceptions de l'historiographie : en témoigne le *Séjan* de Ben Jonson, d'inspiration tacitienne. Sir Henry Savile est également libéré.

1603-1604. Les comédies de Shakespeare s'assombrissent en entrant dans l'ère jacobéenne, marquée par le scepticisme : c'est *Mesure pour mesure*, *Tout est bien qui finit bien*, comédie assez grinçante sur le thème de la jalousie, qui a sa contrepartie tragique avec *Othello*.

1605-1606. Le 5 novembre 1605, c'est la conspiration des Poudres mettant en cause la communauté catholique. *Le Roi Lear* est représenté, pièce sur le scepticisme et la Providence, tandis que peu après, *Macbeth*, tragédie écossaise manifestement écrite pour Jacques Ier, reprend le thème de la superstition déjà présent dans *Le Roi Lear*. Le roi, ouvertement superstitieux (il avait publié un traité de *Démonologie* en 1597, republié en 1603), était amené à s'identifier avec Banquo, l'ancêtre des Stuarts. En 1605, Cervantès publie la première partie de *Don Quichotte*.

1607. *Antoine et Cléopâtre* inaugure une nouvelle série de pièces gréco-romaines, pessimistes et cyniques. L'année est marquée par la fondation de Jamestown en Virginie. Ben Jonson fait jouer *Volpone*. En France, Honoré d'Urfé publie l'*Astrée*, qui influencera aussi la littérature anglaise à venir. *Périclès* peut avoir été composé à cette période, mais des dates plus tardives sont également proposées. Mariage de la fille de Shakespeare Susanna avec John Hall qui était médecin.

1608. Mort de la mère de Shakespeare. *Coriolan*, pièce sur l'influence maternelle, paraît à cette époque, ainsi que *Timon d'Athènes*. Le quatrième in-quarto de *Richard II* est publié sous sa forme non censurée. Naissance de John Milton.

La troupe des comédiens du Roi acquiert Blackfriars, théâtre privé couvert. Désormais les acteurs se produiront dans deux types de théâtre différents et ce ne sera pas sans conséquence sur l'écriture de Shakespeare, qui intégrera dans ses pièces des masques et des effets de scène impossibles à réaliser au Globe.

1609. Les *Sonnets* sont publiés. *Cymbeline* comme *Périclès* sont les premiers drames romanesques ; où le théâtre rejoint le mythe. L'amour y est à l'épreuve comme dans les comédies et les préoccupations des grandes tragédies trouvent leur dénouement. L'artifice théâtral dénonce les stratagèmes de la magie. Ben Jonson réalise *The Masque of Queenes*.

1610. Shakespeare se retire à Stratford, à New Place. *Le Conte d'hiver* paraît la même année que *L'Alchimiste* de Ben Jonson.

1611. L'année de la publication de la *Version autorisée de la Bible* (*The King James' Bible*), Shakespeare écrit *La Tempête* où se dénouent toutes les grandes tragédies, de *Richard II* au *Roi Lear*, et le personnage de Prospero, ce magicien qui renonce à la magie, est l'emblème de nombreuses figures shakespeariennes.

1613. Un événement politique important, le mariage de la fille de
      Jacques Iᵉʳ, Élisabeth, avec Frédéric, électeur palatin, concré-
      tise l'espoir d'une paix européenne qui sera vite démentie
      en 1618 par le début de la Guerre de Trente Ans. Mais l'op-
      timisme de cette période explique le renouveau de la
      Renaissance dans les pièces de la dernière période. Shakes-
      peare revient à l'histoire avec *Henry VIII.* La même année il
      écrit en collaboration avec Fletcher *Les Deux Nobles Cousins.*
      Le Globe est détruit par le feu et devra être reconstruit.

1616. Mariage de Judith, fille cadette de Shakespeare.
      23 avril : mort de Shakespeare, qui sera enterré dans le
      chœur de Trinity Church à Stratford.

1623. Parution de l'édition complète des œuvres de Shakespeare
      dans l'*in-folio* publié par ses amis Heminges et Condell.
      Mort d'Anne Shakespeare.

NOTICE

DATE

La première édition de *Richard II* est de 1597, inscrite au Registre des Libraires le 29 août. Des parallèles évidents entre le poème de Samuel Daniel, *The First Fowre Bookes of the civile warres between the two houses of Lancaster and Yorke*, de 1595 (inscrit au Registre des Libraires le 11 octobre 1594) et la pièce de Shakespeare laissent supposer que la composition de *Richard II* daterait de 1595. Mais il n'est pas tout à fait exclu que ce soit Samuel Daniel qui se serait en 1594 inspiré de représentations antérieures à 1595.

Une lettre de Sir Edward Hoby adressée à Sir Robert Cecil et datant du 7 décembre 1595 semble suggérer une représentation de la pièce mettant en scène le roi Richard. Cela ne constitue pas une preuve puisqu'il pouvait s'agir d'une pièce comme *Woodstock* où Richard apparaît également (voir ci-dessous, p. 332).

Les autres pièces de Shakespeare composées à la même période (1594-1595) sont *Peines d'amour perdues*, *Les Deux Gentilshommes de Vérone*, *Roméo et Juliette* et *Le Songe d'une nuit d'été*.

LE TEXTE

Le 29 août 1597, l'éditeur A. Wise à qui la troupe du Lord Chambellan venait de vendre le manuscrit de la pièce, l'inscrivait au Registre des Libraires et devenait propriétaire exclusif des droits. Le nom de l'auteur ne figurait pas, à cette période, sur la

page de titre du premier texte imprimé en format in-quarto (Q1),
l'in-quarto de 1597 qui porte le titre de *The Tragedie of King Richard
the Second / As it hath been publikely acted by the right Honourable the
Lorde Chamberlaine his servants / London / 1597*. Depuis 1595, la
pièce avait été si populaire que deux réimpressions suivirent en
1598 et que sur la page de titre de Q2 figure le nom de Shakespeare. C'était l'une des premières fois qu'une pièce imprimée de
Shakespeare portait son nom : véritable incitation à la vente qui
révèle la célébrité grandissante de l'auteur. Un troisième in-quarto
suivit la même année (Q3).

Ces trois quartos étaient fortement censurés puisque la scène
de la déposition de l'acte IV disparaissait presque complètement :
vers 154-318.

Après la mort d'Élisabeth Iʳᵉ (1603), une nouvelle édition inté-
grant la scène censurée fit son apparition (1608). Les droits
avaient été cédés à Matthew Law. Il y eut plusieurs versions de la
page de titre de Q4, l'une d'entre elles ne tenant pas compte du
changement du nom de la troupe qui, à l'arrivée de Jacques Iᵉʳ sur
le trône d'Angleterre, devenait the King's Men. La troupe était
donc désormais directement sous la protection du roi. La version
la plus complète porte le titre de *The Tragedie of King Richard the
Second : with new additions of the Parliament sceane, and the deposing of
King Richard / As it hath been lately acted by the Kings Maiesties ser-
vantes / at the Globe / By William Shake-speare / At London /* 1608. On
remarque l'addition de la scène censurée, la correction concernant le nom de la troupe et le nom du théâtre où se jouait la
pièce : le Globe, construit en 1599.

Un cinquième in-quarto (Q5), réimpression du quatrième mais
de moins bonne qualité, est publié en 1615. Shakespeare meurt
l'année suivante.

Ses amis et associés John Heminges et Henry Condell rassemblent
trente-six de ses pièces pour les publier en un volume unique, de
grand format in-folio (F) en 1623. Le titre de la pièce change de
manière signifiante. Groupée après les comédies avec toutes les
« Histoires » elle perd son qualificatif de tragédie et devient *The Life
and Death of King Richard the Second*. L'exégèse shakespearienne a
découvert que c'est le Q3 qui a servi à l'élaboration du texte du
Folio, c'est-à-dire l'une des trois éditions censurées. Il fallut donc
utiliser aussi Q4 et Q5 pour la scène de déposition, Mais curieuse-
ment la version de cette scène dans l'in-folio est très supérieure à

celle de Q4 et de Q5. On a suggéré qu'un autre texte, un texte de scène (promptbook : livre du souffleur), aurait pu être utilisé. Ceci est d'autant plus probable que, par rapport aux quartos, le Folio semble bénéficier de l'expérience théâtrale au point que le texte du Folio nous donne des indications sur le texte tel qu'il pouvait être représenté sur la scène de l'époque. On note en particulier des coupures du texte (I, III, 129-133 ; 238-241 ; 267-292. II, II, 77. III, II, 29-32 ; 49 ; 182. IV, I, 52-59. V, III, 98), des didascalies beaucoup plus circonstanciées que dans les in-quartos bien qu'il ne soit pas fait ici mention, pas plus que dans les quartos, des indications de lieu qui ont été rajoutées ultérieurement. Certaines corrections révèlent des aspects particuliers : Andrew Gurr (p. 176) fait, par exemple, remarquer que le nom de « Dieu » est remplacé dans l'in-folio par le mot « heaven » en application d'une loi de 1606, « Acte... to restraine Abuses of Players », contre les excès langagiers des acteurs.

Dans la présente édition, le texte anglais modernisé a été établi en conformité maximale avec le texte du premier in-quarto Q1 (1597). Quelques modifications ont été entraînées par le respect de la scansion. Le texte du Folio a été utilisé pour le passage censuré dans l'in-quarto (IV, I, 154-318). Les indications de lieux qui n'apparaissent ni dans Q, ni dans F, sont entre crochets. Elles proviennent des sources ou de la tradition théâtrale. Les indications scéniques proviennent de l'in-quarto (Q1). Les rajouts sont entre crochets. La liste des personnages n'apparaît ni dans l'in-quarto ni dans le Folio. Elle comporte ici quelques mentions susceptibles d'éclairer la fonction des personnages.

SOURCES

La quinzaine de chroniqueurs médiévaux de la fin du XIVe siècle qui relatent l'histoire de Richard II se regroupent en partisans de Bolingbroke, les lancastriens, et les loyalistes, fidèles au roi. Les chroniqueurs de l'époque Tudor s'en inspirèrent, mais c'était une période qu'ils ne pouvaient explorer que de manière circonspecte. L'usurpation d'Henry IV était un sujet brûlant, et même si les Tudors descendaient des Lancastres par la lignée galloise, la censure était à l'affût de trop grandes sympathies lancastriennes prises parfois pour une incitation à la sédition.

• Les chroniques françaises, favorables au roi, étaient bien connues de Shakespeare. La *Chronique* de Jean Froissart[1] (1337-1400), familier de la cour d'Angleterre depuis Édouard III, avait été traduite par Lord Berners sous le titre *The Chronycle of Syr John Froissart* (1523-1525), Les chroniqueurs de la Renaissance s'appuyaient également sur *La Chronicque de la Traïson et Mort de Richart Deux*, texte anonyme français d'un contemporain du roi dont on retrouve d'assez nombreuses traces dans la pièce de Shakespeare. *Le Poëme sur la déposition de Richard II* de Jean Créton[2] a retenu l'attention puisque ce dernier, qui accompagna Richard en Irlande, fut un témoin oculaire des événements qui précipitèrent la chute du roi. Des exemplaires de ce poème circulaient à la Renaissance. Le philosophe ésotérique John Dee en possédait un. Froissart ne relate pas la mort de Richard. Un manuscrit anonyme rajouté à sa chronique se réfère au témoignage de Créton qui décrit la mort violente de Richard aux mains de Sir Pierce Exton. Mais, dans son poème, Créton dit que le roi se serait laissé mourir de faim, tout en exprimant son scepticisme sur cette hypothèse. Ces contradictions soulignent la difficulté de reconstituer la vérité historique.

• L'histoire de Polydore Vergil, *Anglicae Historiae Libri* (1534-1555), commandée par le premier Tudor Henry VII, analyse les prétentions à la légitimité des Lancastres et des Yorks en tentant de les réconcilier. C'était un ouvrage de référence dont s'inspirèrent les chroniqueurs suivants, en particulier Hall.

• Edward Hall, *The Union of the two Noble and Illustre Famelies of Lancastre and Yorke*, 1548. Les critiques qui, dans le passé, ont mis en valeur la conception providentialiste de l'histoire dans l'œuvre de Shakespeare ont lourdement insisté sur la dette de Shakespeare envers Hall. Cette chronique dont Holinshed se servit, décrit en effet comment la chute de Richard est à l'origine de la malédiction divine qui s'abattit sur l'Angleterre pendant la Guerre des Deux-Roses et comment les Tudors ont restauré l'harmonie perdue. Que la chronique et la pièce commencent toutes deux par le défi que se lancent Bolingbroke et Mowbray est un argument qui a servi à étayer cette thèse.

• *The Mirror for Magistrates* (1555-1587) écrit en collaboration, inspiré d'Edward Hall mais surtout du *De casibus virorum illustrium*

---

1. Voir J.A. Buchon, *Collections des chroniques nationales françaises écrites en langue vulgaire du XIIIe au XVIe siècle*, vol. XIII, Paris, 1826.
2. *Ibid.*, vol. XIV.

(1355-1374) de Boccace (traduit par John Lydgate, *The Fall of Princes*, 1430-1438). Il s'agit de portraits moralisants écrits en vers présentant des hommes d'État voués à une chute tragique. Le portrait de Richard est celui d'un homme souffrant des excès d'une vie dissolue.

• Raphael Holinshed, *Chronicles of England, Scotland and Irelande* (1577). C'est la source essentielle de la pièce. Shakespeare s'est référé à la deuxième édition posthume (1587) et censurée. C'est un projet encyclopédique, historique et géographique qui se caractérise par un souci d'objectivité (Holinshed propose plusieurs hypothèses sur la mort de Richard avant de choisir celle que Shakespeare retiendra). Lorsque Shakespeare s'écarte de Holinshed c'est pour grandir le personnage de Gand, donner une autonomie à Richard (il n'en fait pas le jouet de la ruse de Northumberland au château de Conway), Shakespeare transfère la scène d'abdication de la Tour de Londres au Parlement. Ceci est d'autant plus surprenant qu'il était notoire que Bolingbroke n'avait pas accepté de laisser Richard parler pour sa défense pendant son procès. On a d'ailleurs contesté la valeur d'un Parlement où le roi serait absent. Shakespeare cherchait-il ainsi à donner plus de légitimité à l'accession au trône de Bolingbroke ? On ne trouve pas en effet chez Shakespeare la sévérité directe de Holinshed à l'encontre de Bolingbroke, comparé dans la *Chronique* à un tigre ou à un loup et rendu clairement responsable de la mort du roi. Mais la présence du roi au Parlement a surtout pour effet de souligner sa solitude tragique.

• John Stow, *Chronicles of England from Brute unto this present yeare of Christ*, 1580. L'édition de 1592, où figure en page de titre l'arbre généalogique d'Édouard III à Élisabeth Ire, est intitulée *The Annales of England*. Stow s'inspira beaucoup du poème de Jean Créton dont il possédait un exemplaire (voir une reproduction de l'arbre généalogique dans l'édition de *Richard II* d'A. Gurr, p. 29).

• Samuel Daniel, *The First Fowre Bookes of the civile warres between the two houses of Lancaster and Yorke*, 1595. Cette longue complainte en strophes de huit vers qui s'inspira beaucoup des sources françaises met surtout l'accent sur la souffrance psychologique de Richard et le rôle de la reine Isabelle qui est représentée chez Shakespeare comme chez Daniel comme une adulte alors qu'elle n'était qu'une enfant. On s'est demandé si cette œuvre, qui figure sur le Registre des Libraires dès 1594, n'aurait pas plutôt subi l'influence de la pièce de Shakespeare. On la considère cependant le plus souvent comme une source.

• John Hayward, *The First Part of the Life and Reign of King Henry IIII*, 1599. Il a été suggéré que Shakespeare aurait utilisé le manuscrit de John Hayward. Mais ceci est très improbable. L'auteur fut emprisonné en 1600, suspect d'être un complice du comte d'Essex à qui il avait dédié cet ouvrage.

AUTRES SOURCES

• Nicolas Machiavel, *Le Prince*, 1513. La pensée de Machiavel fortement contestée à l'époque élisabéthaine est omniprésente dans l'œuvre de Shakespeare. *Le Prince* ne fut pourtant traduit en anglais qu'en 1640 mais circulait en manuscrits auparavant et était surtout connu par ses détracteurs. Certaines tendances de la critique contemporaine cherchent à démontrer que les *Histoires* de Shakespeare laissent entrevoir une fascination de l'auteur pour une conception matérialiste de l'histoire.

• Sir Thomas Elyot, *The Boke named the Governour*, 1531. Cet ouvrage du célèbre prosateur qui préféra l'anglais au latin était dédié à Henry VIII. C'était un traité sur l'éducation des fils de gentilshommes voués à une carrière politique, d'où l'importance de son influence sur une pièce où l'éducation des princes est un thème central. Voir p. 307, n. 1.

• Ovide, *Les Métamorphoses*, traduites par Arthur Golding en 1567. Ce livre de chevet de Shakespeare a influencé toute sa poétique. L'allusion si centrale au mythe de Phaéton (III, III, 177-180) en est un exemple célèbre.

• *John Lyly, Euphues, the Anatomy of wit*, 1578. On trouve quelques traces de l'influence de cette célèbre œuvre en prose dont Shakespeare épinglait le plus souvent les excès et la préciosité dans ses comédies. *Richard II* condamne l'utilisation du langage sophiste, arme redoutable des flatteurs qui corrompent le roi. Voir p. 81, n. 1.

• *The First Part of the reign of King Richard II or Thomas of Woodstock*, 1591-1594. Anonyme. Le titre n'est pas original. Source très importante. D'après J. D. Wilson, Shakespeare aurait joué dans cette pièce. Elle décrit le meurtre de l'oncle de Richard, le duc de Gloucester, Thomas de Woodstock, sans complaisance pour Richard qui l'avait commandité. Le Woodstock de cette pièce, comme celui de Shakespeare, est très idéalisé par rapport au personnage historique qui était sans scrupules. Richard est représenté sous des traits peu favorables. Ernst Kantorowicz a fait remarquer (p. 25) que la dernière phrase de la pièce, « For I have plodded in Plowden and can find no law », aurait donné à Shakespeare l'idée de se référer au texte juridique de l'élisabéthain Edmund Plowden, dont les *Reports* reprenaient la célèbre théorie médiévale des « deux corps du roi » si présente dans *Richard II*.

• Christopher Marlowe, *Edward II*, 1592. Il y a de nombreux parallèles à faire avec la pièce de Marlowe puisqu'il y est question de la déposition et du meurtre du roi affaibli par ses conseillers. Mais le thème de l'homosexualité omniprésent dans *Edward II* a souvent été abusivement étendu à *Richard II* sans que l'on puisse trouver des preuves textuelles vraiment convaincantes. On cite le passage où Bolingbroke accuse Bushy et Greene d'avoir « divorcé » le roi « d'avec la reine » (III, i, 12), que l'on rapproche d'un passage dans *Edward II* (I, iv, 150). Mais cet argument dans la bouche de Bolingbroke au moment où il cherche à trouver des raisons de condamner à mort Bushy et Greene peut s'interpréter plus comme l'une de ces calomnies dont la propagande lancastrienne était friande (voir la bâtardise de Richard II) que comme une indication fiable sur les mœurs du roi. Par ailleurs, la pièce de Shakespeare qui pourrait s'intituler « la deuxième partie du règne de Richard II » doit aussi beaucoup à *Woodstock* où le roi est présenté comme le mari passionné de sa première femme Anne de Bohème lorsque à la mort de celle-ci, il éprouve une douleur si vive qu'il ordonne que l'on détruise le château de Sheen où elle mourut et cherche, par respect pour elle, à empêcher le meurtre de Woodstock qu'il avait pris tant de soins à commanditer (IV, iii). Par de nombreux aspects, le personnage de sa deuxième femme, Isabelle de Valois, transformée en femme adulte, alors que dans l'histoire c'était une enfant, rappelle Anne, et la scène de séparation (V, i) a des accents passionnés incontestables.

• Boèce, *Consolation de la Philosophie* (VIe siècle), traduction par Chaucer vers 1380 et par la reine Élisabeth Ire en 1593[1]. Texte capital dans *Richard II* où le thème de la consolation apparaît aussi bien au début lorsque Bolingbroke conteste la validité de la consolation que lui apporte son père, qu'à la fin, dans la prison de Pomfret. Voir également la préface à propos de Dame Philosophie, p. 29.

1. Voir Éditions Rivages, 1989.

HISTORIQUE ET POÉTIQUE
DE LA MISE EN SCÈNE

Antonin Artaud parlait du théâtre comme d'un poison qui désagrège le corps social, à la façon d'une peste, cette « crise qui se dénoue par la mort ou la guérison ». L'histoire scénique de *Richard II* exprime bien ces temps de latence et d'éruption soudaine qui nous amène jusqu'au XXᵉ siècle où la popularité actuelle de la pièce renoue avec celle qui avait été la sienne, à ses débuts en 1595, il y a exactement quatre cents ans.

« DE LA SCÈNE DU THÉÂTRE À LA SCÈNE DE L'ÉTAT »

Richard II bénéficia du renouveau théâtral qui se produisit à la réouverture des théâtres londoniens fermés pendant les deux ans de l'épidémie de peste qui sévit de 1592 à 1594. En 1594, la troupe d'acteurs à laquelle appartenait Shakespeare se constituait sous la tutelle du Lord Chambellan. Nouvellement enrichi par la publication de ses poèmes, Shakespeare devenait actionnaire de cette troupe qui, l'été, se produisait *extra-muros* au nord de Londres, au Théâtre construit en 1576, tandis que l'hiver l'auberge de Cross Keys accueillait les acteurs. C'est là que se joua *Richard II* jusqu'en 1597, mais aussi à la cour, dans les collèges de juristes, les Inns of Court, dans les maisons privées et dans la rue. La reine Élisabeth qui craignait l'influence subversive de cette pièce regrettait qu'elle ait été jouée aussi souvent, quarante fois d'après son estimation. On ne sait pas qui tint le rôle de Richard. Les grands acteurs tragiques étaient Edward Alleyn, qui plus tard épousera la fille du poète John Donne, ou Richard Burbage dont l'interprétation passionnée d'Hamlet restera dans les mémoires. Shakespeare lui-même avait sans doute joué dans *Woodstock*, l'une des sources de *Richard II*. Il avait la réputation d'aimer jouer les rôles de roi. Mais ce ne sont que conjectures. Une lettre du fils du traducteur du *Courtisan* de Castiglione, Sir Edward Hoby adressée à Sir Robert Cecil, fils du secrétaire d'État Lord Burghley, datée de décembre 1595 laisse entendre qu'une représentation de *Richard II* était prévue dans la demeure londonienne de Sir Hoby. Il est vraisemblable que c'est la version non expurgée qui se jouait alors à partir de manuscrits utilisés par le souffleur, les « promptbooks ». Si c'est bien de la pièce de Shakespeare qu'il s'agit dans cette lettre de Sir Hoby, cette indication montre que *Richard II* n'avait pas la réputation sulfureuse qu'elle aura bientôt et qu'elle faisait partie du répertoire habituel.

À partir de 1597, elle était assez connue pour que les acteurs ne cherchent plus à préserver son exclusivité. Ils cédèrent donc leurs droits aux éditeurs. La pièce fut publiée. En février 1601, les amis d'Essex demandèrent à la troupe de jouer la pièce[1] la veille du jour prévu pour le complot qui devait renverser Élisabeth, pensant que les foules seraient galvanisées par l'image populaire de Boling-broke en face d'un roi affaibli, double troublant d'une reine que l'âge a rendue vulnérable. Ils durent payer les acteurs très cher pour que ceux-ci acceptent de rejouer une pièce populaire certes, mais trop ancienne et qui selon eux risquait de n'attirer personne. Au procès qui suivit l'arrestation d'Essex, exécuté peu après, il fut beaucoup question de *Richard II*. Le procureur de la reine, Sir Francis Bacon, accusa Essex de vouloir porter cette tragédie « de la scène du théâtre jusqu'à la scène de l'État ». Protégée par le Lord Chambellan, cousin de la reine, la troupe sortit indemne de cette épreuve et fut même conviée à jouer une pièce à la cour la veille de l'exécution d'Essex. *Richard II* continua d'être jouée après la mort de la reine au Globe construit en 1599 au sud de la Tamise avec les matériaux du vieux Théâtre qui y avaient été transportés et réutilisés. On raconte qu'en 1607, elle fut jouée en mer sur un bateau de la Compagnie des Indes Orientales, le « Dragon ».

Mais *Richard II* était devenue une pièce politique. En 1642, les Puritains ferment les théâtres au moment de la guerre civile. En

---

1. Peu de doute subsiste sur le fait que la pièce jouée à cette occasion soit bien celle de Shakespeare.

1649, le roi Charles Iᵉʳ est déposé et exécuté. *Richard II* était désormais une pièce dangereuse. À la Restauration, en 1660, sous Charles II, elle fut interdite.

DÉGUISEMENT SICILIEN ET PATRIOTISME

Il fallait réinterpréter la pièce, la réadapter, la rendre acceptable. La Restauration correspondait à une renaissance du théâtre de Shakespeare grâce aux efforts de Sir William Davenant, qu'on dit être le fils illégitime de Shakespeare. Les théâtres avaient bien changé. Ils étaient couverts désormais, accessibles uniquement aux classes aisées. En 1679, le poète John Dryden montra le pathos du personnage de Richard. Ce n'était plus un roi faible mais une image tragique aux accents poétiques sublimes. Deux ans plus tard, Nahum Tate, connu pour ses adaptations fantaisistes des pièces de Shakespeare, transforme complètement la pièce dans ce sens. Mais la censure reste implacable. Alors Tate utilise les grands moyens, transpose la scène en Sicile, réintitulant la pièce *L'Usurpateur sicilien*. Mais le troisième jour des représentations au Théâtre Royal, cette version fut à nouveau interdite.

Au début du XVIIIᵉ siècle, il y eut un regain d'intérêt pour les *Histoires* (*Le Roi Jean*, les deux tétralogies et *Henry VIII*) de Shakespeare. Coleridge dira que tout ce que savait Marlborough, le grand vainqueur de la guerre de succession d'Espagne, provenait des *Histoires* de Shakespeare. Mais *Richard II* n'était toujours pas populaire, malgré une mise en scène de Lewis Theobald, en 1719, à Lincoln's Inn Fields, qui cherchait à gommer toute allusion politique. En 1738, à Covent Garden, John Rich intéressa les spectateurs par la reconstitution historique des costumes et du décor et échappa ainsi à la censure. Mais le docteur Johnson critiqua cruellement la pièce dans son *Shakespeare* de 1765 en disant qu'il ne s'agissait que d'une transposition de Holinshed ne pouvant avoir d'impact ni sur les passions ni sur l'intelligence. Il félicita chaleureusement David Garrick lorsque celui-ci renonça à monter la pièce. *Richard II* était une pièce en quête d'acteurs.

C'est un poète, S. T. Coleridge, qui, au début du XIXᵉ siècle, le premier ouvrira une brèche dans le discours sans appel des critiques du XVIIIᵉ siècle. Il rêve d'un acteur capable de faire revivre un personnage qu'il rend l'égal du roi Lear. Il ne se laisse pas effrayer par la faiblesse de Richard qui le condamnait au mépris des critiques moralistes. Il parle de l'aspect féminin des relations que Richard noue autour de lui pour expliquer ce que d'autres plus tard n'hésiteront pas à qualifier d'efféminé. Mais, plus que la finesse d'un Coleridge, c'est le patriotisme réveillé par les guerres napoléoniennes qui redonna aux Anglais le goût des *Histoires* de Shakespeare que l'on enrichissait de tirades patriotiques. Enfin en 1815, Richard trouva son interprète en Edmund Kean, le plus grand acteur de l'époque. Mais le texte de Shakespeare avait été trahi par son adaptateur qui ajouta une scène où la reine use si bien de son pouvoir de persuasion que Bolingbroke pris de remords rend sa couronne à Richard. W. C. Hazlitt regrettait la trop grande violence du jeu de Kean : le miroir, pensait-il, aurait dû glisser des mains de Richard au lieu d'être brutalement jeté à terre. C'est à cette période que la première mise en scène de la pièce eut lieu aux États-Unis à partir de cette désastreuse adaptation.

UN « ROI ÉPICÈNE » SAUVÉ PAR LES PRÉRAPHAÉLITES

Sous le règne de Victoria, la critique abonde à nouveau en jugements sévères à l'encontre de Richard II : « fils dégénéré du Prince Noir », Richard est un faible et un méchant. Un ami d'Henry Irving le traite sans ménagement de « roi épicène », c'est-à-dire à la fois homme et femme. Jamais Irving, le grand acteur romantique, n'interprétera ce rôle. Au Sadler's Wells, Samuel Phelps joue toutes les pièces historiques sauf *Richard II*. Mais en 1848 un nouveau courant réagit contre le victorianisme et l'industrialisme agressif du siècle. C'est la « Confrérie préraphaélite » qui redonne à une société effrayée par un progrès à peine maîtrisé les images et l'architecture rassurantes inspirées d'un Moyen Âge coloré et aseptisé. Dès 1823, J.-R. Planché avait lancé avec son *Roi Jean* la mode de l'archéologisme. En 1857, au Princess Theatre, sept ans après l'interprétation de William Macready au Haymarket Theatre, Charles Kean, le fils du grand Kean, fait une mise en scène mémorable de *Richard II*. La pièce devient le prétexte d'une visite guidée dans les monuments du siècle de Chaucer. On peut voir au Musée Victoria and Albert une rose-souvenir de la représentation déployant huit pétales sur lesquels des vignettes reproduisent avec réalisme les hauts lieux et les grands moments de la pièce. Un

tableau vivant inspiré de l'architecte Pugin, avec cinq cents figu-
rants, mettait sur la scène l'épisode pathétique que Shakespeare se
borne à faire raconter par York à l'acte V : Richard entrant à
Londres comme le captif de Bolingbroke. Le pathos allait sauver la
pièce. Charles Kean était loin de l'interprétation de son père qui
mettait l'accent sur un roi violent et sarcastique. En 1875, à New
York, au Daly's Theatre, avec Edwin Booth, c'est un roi martyr qui
entrait sur scène. A. C. Swinburne, qui se détachera de ce courant
nostalgique, rejettera du même coup le jugement de Coleridge sur
Richard. Il n'hésitera pas à proposer l'image brutalement provoca-
trice du roi en « pauvre bougre » efféminé, dans une intention
désacralisante qui n'a rien à voir avec le mépris moralisateur des
victoriens.

VERS UNE RÉHABILITATION : LE ROI POÈTE

En 1889, le critique esthète Walter Pater publie *Appreciation* et
se souvient que la tristesse de Richard sur la scène de Charles Kean
s'accompagne de la complainte exquise d'un violon. En 1896, à
Stratford, Frank Benson donne à Richard la consécration lyrique
qui inspirera au critique C. E. Montague une analyse du jeu poétique de l'acteur, véritable réhabilitation de ce roi peu aimé. En
1899, la mise en scène de William Poel à l'Athenaeum, avec Harley
Granville-Barker dans le rôle de Richard, marquait définitivement
la fin de la disgrâce. Si Beerbohm Tree en 1901, l'année de la mort
de Victoria, fut tenté par une reconstitution historique, et encom-
brait la scène de vrais chevaux, son Richard n'avait pas la faiblesse
qui l'avait rendu si suspect.

Mais l'événement de 1901 fut la « Week of Kings », les *Histoires* (*Le
Roi Jean, Richard II*, les deux parties d'*Henry IV, Henry V*, les trois parties
d'*Henry VI* et *Richard III*) montées par F. Benson pour être jouées
chaque jour de la semaine. *Richard II* était à l'honneur et un spectateur notoire, W. B. Yeats, fut soulagé que soit enfin mis un terme à la
persécution dont avait été victime ce grand personnage. Les poètes
reconnaissaient la poésie de la pièce. Le texte gagnait son autonomie.

On remarque une nouvelle éclipse au moment de la Grande
Guerre. La pièce n'offrait pas de scènes de bataille et la figure
ambiguë du roi n'était pas apte à inspirer les passions guerrières.
L'historien de la mise en scène A. C. Sprague cite le cas du bio-

graphe de Bloomsbury, le pacifiste Lytton Strachey, qui dénie à la pièce son caractère historique et réduit le roi à un poète mineur qui n'avait rien d'un héros.

Un grand acteur, John Gielgud, sous la direction de Harcourt Williams à l'Old Vic fit revivre en 1929 le personnage dont il dira l'extrême difficulté d'interprétation : ce roi dédoublé oblige sans cesse l'acteur à jouer sur deux registres différents, comme un chanteur à l'opéra. En 1934, Maurice Evans prend sa suite et part en tournée à New York, où Margaret Webster montait la pièce au St. James Theatre en 1937. La même année Gielgud reprend la pièce au Queen's Theatre. *Richard II* faisait désormais partie du répertoire. La pièce de Gordon Daviot jouée à Londres en 1932, intitulée *Richard of Bordeaux*, témoignait de l'intérêt grandissant pour ce roi si souvent délaissé.

RICHARD II ET LA NAISSANCE DU THÉÂTRE CONTEMPORAIN

Une partie de l'Old Vic fut détruit en 1941 pendant un raid aérien. *Richard II* figure dans le répertoire des pièces jouées dans l'après-guerre pour fêter la renaissance de ce théâtre. Alec Guinness interprète Richard en 1947 dirigé par Ralph Richardson. La même année 1947 marque en France l'ouverture du premier Festival d'Avignon. Jean Vilar monte *Richard II* et interprète le rôle du roi. C'est un événement à plusieurs titres. Jean Jacquot dans son *Shakespeare en France* explique comment « le choix d'une pièce historique parut répondre à ce souci de rendre aux hommes de notre temps la foi en leur avenir » (p. 103). Les Français connaissaient *Richard III* souvent joué à l'époque romantique. *Richard II* allait exprimer la modernité. Le TNP était associé à l'œuvre de décentralisation et de culture populaire que Vilar représentait. Gémier, le premier directeur du TNP, était le fondateur de la Société Shakespeare. Le personnage shakespearien, ambivalent, dédoublé, qu'est Richard allait parfaitement convenir au « théâtre de la conscience » de Vilar. De cette conscience Barthes disait qu'elle n'était pas aussi radicale que la distanciation de Brecht. « Vilar », dit-il dans *L'Engagement politique et le théâtre de la conscience* cité par G. Leclerc dans *Le TNP de Jean Vilar*, « ne recrée pas ici le "gestus social" de l'époque ; il en esquisse tout de même le "gestus

moral ", le conflit historique de l'ordre et du désordre, de la légitimité et de l'usurpation » (p. 213). Des *Histoires* de Shakespeare,
Brecht choisit toujours comme référence *Richard III*. Vilar met en
scène *Richard II* qui correspond à ses rôles de prédilection, de Becket à Don Juan, rôles « de celui qui sait et de celui qui est brisé (et
parfois c'est le même qui sait et qui meurt) » (G. Leclerc, p. 140).
Coleridge qui pensait que *Richard II* était la plus admirable des *Histoires* de Shakespeare l'imaginait mal adaptée aux grandes scènes
du début du XIXᵉ siècle. Vilar n'hésite pas à la porter sur la grande
scène d'Avignon. Faisant une confiance absolue au texte lui-même
— « le vrai comédien, dit-il, doit servir le texte. Tout ce qui est créé
hors de ces indications est "mise en scène" et doit de ce fait être
méprisé » (J. Jacquot, p. 104) —, Vilar propose à des milliers de
spectateurs d'entrer dans la conscience de Richard. Jean Jacquot
souligne la permanence de la dignité du personnage même aux
moments de sa plus extrême faiblesse et oppose au jeu de Jean
Vilar celui de Gérard Philipe qui prit sa suite en 1954 au théâtre de
Chaillot et qui réduisait Richard « aux proportions d'un mignon
couronné... que l'adversité faisait sombrer dans l'hystérie » (p. 111).

En Italie, Giorgio Strehler vient de fonder le Piccolo Teatro en
1947, avec l'intention de faire un théâtre d'art pour tous. C'est là
que *Richard II* est présenté en Italie pour la première fois en 1948.
Strehler constate que Shakespeare « accompagna toute la naissance du théâtre contemporain et de la mise en scène contemporaine ». Dans le petit théâtre où le balcon élisabéthain du vieux
théâtre du Globe a été reproduit, une boule de cristal éclairée de
l'intérieur qu'un serviteur fait disparaître ou surgir silencieuse-
ment figure le temps, comme la lune dans sa course dans les
nuages. Cet hommage à la poésie du texte que l'on cherche à
transcrire sur la scène consacre une recherche théâtrale qui ne
cessera d'explorer l'imaginaire shakespearien en ce qu'il exprime
celui du XXᵉ siècle.

À Stratford en 1951, Anthony Quayle, directeur du Shakespeare
Memorial Theatre, choisit de monter la deuxième tétralogie[1] avec
Michael Redgrave dans le rôle de Richard II. Il justifie son choix
en expliquant que devant le spectre d'une troisième guerre mon-
diale il fallait redonner aux Anglais le sens de leur passé. En hiver
1952, Paul Scofield reprend le rôle sous la direction de John Giel-

---

1. Rappelons qu'il s'agit de *Richard II*, *Henry IV* 1 et 2 et *Henry V*.

gud à Stratford puis au Lyric de Hammersmith en 1953. Dans une toute autre direction, au Theatre Workshop, Joan Littlewood dépoétise la pièce et fait de Bolingbroke un héros révolutionnaire marxiste.

Dans l'après-guerre, les pièces historiques sont revalorisées et servent à exprimer l'inexprimable qui vient d'être vécu.

« LE GRAND MÉCANISME »

Au début des années 60, Jan Kott publiait en Pologne *Shakespeare notre contemporain*. La première édition française (1962), bientôt suivie de l'édition anglaise (1965), ont une grande importance sur la manière de concevoir les *Histoires*. Kott tente d'expliquer cet engouement pour des pièces, qui, les siècles précédents, choquaient par l'atrocité de certaines scènes. Le spectateur contemporain considère désormais la mort des héros comme une nécessité historique dont il commence à comprendre enfin le « grand mécanisme ». « Cela vaut, dit-il, avant tout pour les chroniques historiques. » Mais, parmi les *Histoires, Richard II* a un statut particulier. À la différence de l'*Édouard II* de Marlowe dont il se rapproche, Shakespeare « consent à Richard des instants d'humanité » qui, selon Kott, en font une des premières esquisses d'Hamlet.

Comme l'avait pressenti Vilar, Richard II représente la conscience du XXᵉ siècle, conscience de ces victimes qui, si elles ne peuvent échapper au cycle infernal de l'histoire, puisent dans l'analyse de son fonctionnement même les justifications de leur révolte et de leur dignité. Pour fêter le quatrième centenaire de la naissance de Shakespeare à Stratford, en 1964, dans ce XXᵉ siècle qui prenait de plus en plus conscience du déterminisme historique, répétitif et mortel, Peter Hall, John Barton et Clifford Williams montent tout le cycle des *Histoires*. David Warner joue un Richard II hamlétien dont l'instinct d'autodestruction l'amène à jouir de son isolement progressif devant un Bolingbroke (Eric Porter) très actif, dépositaire d'un destin qui le dépasse et annonce la suite du cycle. Puis, la Prospect Theatre Company joue en alternance *Richard II* et *Édouard II* dans une mise en scène de Richard Cottrell avec dans le rôle de Richard Ian Mckellan.

Le « grand mécanisme » de l'histoire se met en marche sur la scène de Patrice Chéreau (Nouveau Gymnase de Marseille, Théâtre de l'Odéon, 1970). Le décor de Richard Peduzzi, fait de poulies, de treuils, d'une grue-catapulte, s'anime entre ciel et sable pour créer un cauchemar bétonné en noir et gris. Gérard Desarthe, qui jouait Bolingbroke devant un Richard que Chéreau transformait en clown tragique se regardant dans un miroir vide, commente dans une prose poétique ses souvenirs de la représentation immortalisée dans les photographies de Treatt : « Le sable et la poussière de la scène étaient descendus dans la salle comme une coulée de lave », comme pour pétrifier les spectateurs de ce spectacle mémorable d'une violence si contemporaine que n'adoucissaient pas les chants de la Callas et la musique des Pink Floyd. Pierre Leyris, dont la traduction avait été choisie, protesta contre ce qu'il considérait être « l'esprit faussé » de la mise en scène qui faisait de Richard « une larve enfarinée ».

L'équilibre était désormais difficile à maintenir entre une lecture contemporaine de la pièce et le respect du texte shakespearien.

ANACHRONISMES

Robin Lefèvre (Young Vic, 1981) transforme Richard en tsar de l'ancienne Russie et Bolingbroke en nazi. L'arbitraire d'un tel choix rend incohérent le texte de Shakespeare et éclipse le symbolisme plus subtil du décor : le centre est un espace mort, un gouffre que le jeu des acteurs peut sans cesse investir de sens. Le grand cycle des *Wars of the Roses* de Michael Bogdanov qui fit trois fois le tour du monde, avec Michael Pennington dans le rôle de Richard II (Old Vic, 1989), joue des effets de l'anachronisme des costumes : on passe de l'époque Régence pour accentuer le thème de la décadence au Moyen Âge lorsque Richard apparaît dans les atours de son portrait de l'abbaye de Westminster, dans la scène du château de Flint. Bolingbroke, en soldat contemporain, annonce les scènes de batailles des autres pièces des deux tétralogies où le conflit est situé dans les Falklands. En 1991, à Stratford, la Royal Shakespeare Company, sous la direction de Ron Daniels, met sur scène des soldats bolcheviques et les jardiniers de Richard (joué par Alex Jennings) se métamorphosent en prêtres orthodoxes. On tire sur scène pour rappeler que cette année-là on avait tiré sur Ceaucescu et sur son épouse. Le décor prend une importance démesurée. Le grand tableau baroque de Guido Reni *Atalante et Hippomène* sert de toile de fond et, lors de la scène de séparation d'avec Isabelle, il se déchire, devient symbole de castration pour corser l'image d'un roi qui en plus du pouvoir perd sa puissance sexuelle.

RICHARD, NOTRE CONTEMPORAIN

En 1973, la Royal Shakespeare Company à Stratford monte la mise en scène inventive de John Barton, qui voit dans les deux rois des doubles interchangeables. Dans une pantomime préliminaire Shakespeare attribue le rôle de Richard un soir à R. Pasco et un autre soir à Ian Richardson. Le thème de la gémellité que la lecture du texte fait apparaître est ainsi littéralement transposé dans la mise en scène. Ici, lorsque Richard descend du parapet du château de Flint, son costume flamboie comme le soleil couchant et un peu plus tard un roi de neige se met à fondre sur scène. Par ces images le théâtre rend au texte la poésie qui s'y perd trop souvent. En 1980, Terry Hands monte avec la Royal Shakespeare Company et Alan Howard dans le rôle principal un *Richard II* qui sensibilise le spectateur à l'image d'un monde ordonné, chatoyant. Puis la scène, elle-même métaphore d'un univers qui peu à peu se fracture, s'incline en une pente dangereuse qui prépare les nouvelles perspectives de la prison où le ciel se rapproche de la terre pour l'anéantir. Les accessoires prennent une grande force symbolique et le miroir vide ressemble au cercle vide de la couronne.

L'année suivante (1981), au Théâtre du Soleil à la Cartoucherie de Vincennes, Ariane Mnouchkine traduit elle-même le texte, l'ampute de quelques scènes et emprunte au théâtre japonais une gestuelle et une poétique qui ne paraissent arbitraires que si on oublie les correspondances historiques entre le théâtre élisabéthain et le kabuki. Si la disjonction entre la gestuelle hautement stylisée et la parole proférée au rythme d'instruments orientaux, les amputations de la traduction laissent penser que le texte est secondaire dans cette mise en scène, le symbolisme scénique le rend au contraire très présent. Les peintures sur tissu changent dix fois de couleur. Du rouge flamboyant du soleil couchant au blanc de la neige qui fond, la poétique de la couleur traduit avec précision l'imaginaire shakespearien. Le jeu de Georges Bigot (Richard) rappelle sans cesse « les deux corps du roi[1] ». Ses gestes expriment

---

1. Pour reprendre l'analyse d'Ernst Kantorowicz ; voir préface p. 16.

cette contradiction, comme le remarque Valida Dragovitch, aussi bien lorsqu'il jette son bâton royal pour interdire le duel que lorsque son attitude enfantine dément le langage autoritaire qu'il tient devant Gand qui agonise. J.-M. Déprats décrit « la longue reptation par laquelle le roi Richard étreint la terre d'Angleterre » et fait de la scène du retour d'Irlande « un poème charnel au sol natal » que des mises en scènes plus naturalistes ne peuvent rendre. La curieuse métamorphose d'Henry IV en *Mater dolorosa* des Pietà de la Renaissance tenant dans ses bras le corps mort de Richard inverse le jeu habituel sur la féminité de Richard et semble dire que celui-ci trouve dans la compassion du nouveau souverain qui a su s'imposer le réconfort qu'il cherchait jadis dans la Terre Mère. Mais ce qui demeure est l'image de la gémellité des deux rois lorsque Henry vient s'étendre dans la pose d'un gisant au-dessus de Richard, comme si ces deux corps de roi, l'un mort et l'autre vivant, ne pouvaient plus désormais s'opposer.

En 1987, au Barbican, avec Jeremy Irons dans le rôle de Richard II, la mise en scène de Barry Kyle se réfère avec une constance parfois réductrice au motif du jardin. Dans un décor sorti tout droit des Livres d'Heures, la mort rôde sous l'aspect de jardiniers qui portent des faux. Plus tard lorsque les enluminures se ternissent, Richard se défend contre ses assassins avec des outils de jardinier. Des roses rouges et blanches poussent dans sa prison. La Mort est à l'œuvre dans le jardin et Bolingbroke (Michael Kitchen) n'est qu'un bouffon dont le trône sera par un effet de la machinerie scénique très sophistiquée le cercueil de Richard.

À l'inverse le décor de J.-P. Vergier donne une tonalité grise et dure à la mise en scène d'Éric Sadin (Théâtre de l'Athénée, 1991) que Daniel Sibony décrit comme « une fouille superbe du suicide ». Éric Sadin dit avoir tenté de représenter « la contradiction insoluble de la dualité royale ». Il déploie un espace moderne et désespéré sans simplifier outre mesure le conflit shakespearien entre la légitimité défendue par un Richard dissolu (Alain Libolt) et la politique d'un Bolingbroke troublant et machiavélique (Yann Collette). Sadin est fidèle à la complexité du texte donné ici dans la traduction précise et poétique de Jean-Michel Déprats. La même année, au théâtre de l'Atelier (1991), Yves Gasq monte l'adaptation de la pièce par Romain Weingarten. Ce *Richard II* fut rendu mémorable par le jeu de Laurent Terzieff dans le rôle de Richard et de Michel Etcheverry dans le rôle de Gand. O. Brunhes interprète un Bolingbroke qui n'atteindra jamais la stature d'un souverain : la scène vide de l'absence de Richard au début se remplit à la fin de l'ombre gigantesque du roi défunt.

Au Royal National Theatre (dans sa petite salle de Cottesloe, 1995, spectacle repris à Bobigny l'année suivante), Deborah Warner met en scène un Richard II joué par une femme (Fiona Shaw). Il ne s'agit pas de redire violemment, sans appel, que ce roi était efféminé mais de parler de cette féminité qui chez un roi amène la chute. Habillée de bandelettes comme pour suggérer la mort ou l'ancien pouvoir des pharaons momifiés, la femme facétieuse et désinvolte mine de l'intérieur sa crédibilité en tant que roi. La force de la mise en scène consiste à ne pas avoir tout misé sur le choc que créait ce rôle de roi attribué à une femme. Bolingbroke (David Threlfall) devient sous nos yeux le double de Richard. Cette métamorphose semble s'expliquer plus par les liens du désir qui unit les deux cousins que par la logique de la haine. Les spectateurs sont installés de part et d'autre d'une longue estrade qui rend spectaculaires le tournoi de Coventry ainsi que les effets de la scène du château de Flint.

Depuis la boule de lumière qu'un serviteur promenait sur la scène du Piccolo Teatro pour dire les mouvements du temps dans la conscience de Richard, l'écriture sophistiquée de la pièce ne condamne plus la plus poétique des *Histoires* aux noires périodes de latence qui caractérisèrent si longtemps son histoire scénique. Désormais les metteurs en scène cherchent à rendre sensibles, littérales, les images qui structurent *Richard II*.

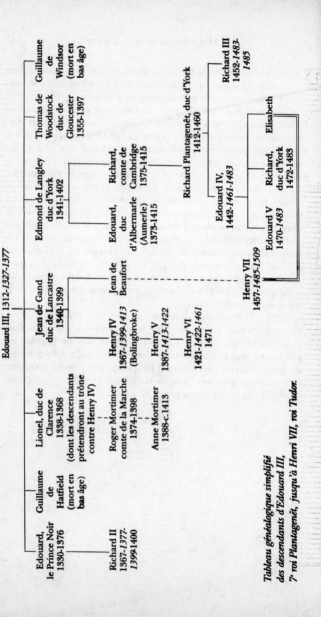

Tableau généalogique simplifié
des descendants d'Edouard III,
7ᵉ roi Plantagenêt, jusqu'à Henri VII, roi Tudor.

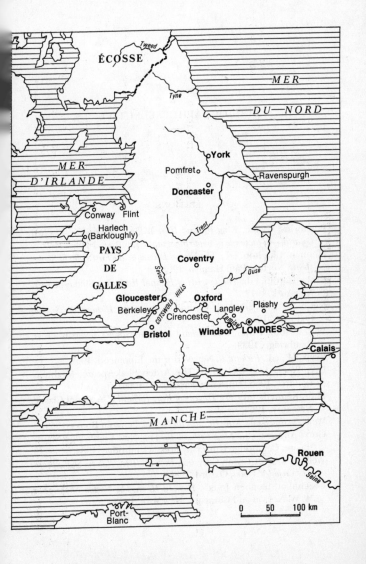

BIBLIOGRAPHIE SÉLECTIVE

ÉDITIONS

Praetorius, C., ed., *King Richard II by William Shakespeare. The first Quarto — a facsimile in photo-lithography,* Londres, 1888.

Hinman, Charlton, ed., *The Norton Facsimile: the First Folio of Shakespeare,* Norton, Paul Hamlyn, 1968.

Craig, Hardin, ed., *The Tragedy of Richard II* (Tudor Shakespeare), New York, 1912.

Newbolt, H. et Smith, J. C., ed., *Shakespeare's Richard the Second,* Oxford 1912.

Wilson, John Dover, ed., *Richard II,* Cambridge University Press, Cambridge, 1939.

Black, M., ed., *Richard II,* New Variorum, Lippincott, 1955.

Ure, Peter, *King Richard II,* The Arden Shakespeare, Methuen, Londres, 1956 (University Paperback, 1966).

Muir, Kenneth, ed., *The Tragedy of King Richard II,* A Signet Classic, New York, 1963.

Wells, Stanley, ed., *King Richard the Second,* Penguin Books, 1969.

Gurr, Andrew, ed., *King Richard II,* The New Cambridge Shakespeare, Cambridge University Press, Cambridge, 1984.

Wells, Stanley et Taylor, Gary, ed., *Richard II,* in *William Shakespeare: The Complete Works,* Oxford, 1986.

Greenblatt, Stephen J., ed., *Richard II,* in *The Norton Shakespeare,* W. W. Norton and Company, New York, 1997.

TRADUCTIONS

Horn-Monval, M., *Les Traductions françaises de Shakespeare*, C.N.R.S., 1963.

De La Place, A., *Richard II*, Londres, 1746.

Letourneur, P. F., *Richard II*, 1783.

Hugo, François-Victor, *Richard II* in *Œuvres complètes*, 1859-1865, in *Shakespeare, Œuvres complètes*, introd. Henri Fluchère, Pléiade, t. I, Gallimard, 1959.

Messiaen, Pierre, *Les Comédies, les Drames historiques, les Tragédies et les Poèmes lyriques*, introd., José Axelrad, 3 vol., Desclée De Brouwer, 1944-1949.

Curtis, Jean-Louis, *La Tragédie du roi Richard II*, L'Arche, 1953.

Leyris, Pierre, *La Tragédie du roi Richard II*, in *Œuvres complètes de Shakespeare*, Le Club Français du Livre, 1956.

Grivelet, Michel, éd., *La Tragédie du roi Richard II*, collection bilingue, Aubier, 1965.

Lalou, Christine, *La Tragédie de Richard II*, A. Colin, 1965.

Lambin, Georges, *La Tragédie du roi Richard II*, A. Koszul, P. Legouis, éd., Les Belles Lettres, 1965.

Teyssandier, Léone, *La Tragédie du roi Richard II*, in M. Grivelet et G. Monsarrat, ed., *William Shakespeare, Œuvres Complètes*, t. II, Laffont, coll. « Bouquins », 1997.

ÉTUDES HISTORIQUES ET CRITIQUES

Aslan, Odette, éd., Chéreau, *Les Voies de la création théâtrale*, XIV, Éditions du C.N.R.S., 1986.

Bacquet, Paul, *Les Pièces historiques de Shakespeare*, 2 vol., P.U.F., 1978.

Barkan, Léonard, « The theatrical consistency of *Richard II* », *Shakespeare Quarterly*, 29, 1978 (5. 19).

Bate, Jonathan, *Shakespeare and Ovid*, Clarendon Paperbacks, Oxford University Press, 1993.

Battenhouse, Roy, « Tudor doctrine and *Richard II* », *Rice University Studies*, 16, n° 2, 1974.

Berninghausen, T. F., « Banishing Cain : the gardening metaphor in *Richard II* and the genesis myth of the origin of history », *Essays in Literature*, 14, 1987.

Bloch, Marc, *Les Rois thaumaturges*, Gallimard, 1983 (réédition corrigée d'un ouvrage publié en 1924).

Bornstein, Diane, « Trial by combat and official responsability in *Richard II* », *Shakespeare Studies*, 8, 1975.

Brooke, Nicholas, *Richard II, a casebook*, Macmillan, Londres, 1973 (anthologie critique).

Brooks, H. F., « Shakespeare and *The Governour* », *Shakespeare Quarterly*, 14, 1963 (195-199).

Bryant, Jr., J. A., « The linked analogies of *Richard II* », *Sewanee Review*, 65, 1957, in N. Brooke, ed. (186-197).

Cahiers élisabéthains, Fuzier, Jean, Maguin, J.-M., éd., Université Paul-Valéry, Montpellier (comptes rendus des représentations, voir n⁰ˢ 20 à 49, de 1980 à 1996).

Calderwood, James L., « *Richard II* and the Fall of Speech » in *Shakespearean Metadrama*, University of Minnesota Press, Minneapolis, 1971 (149-186).

Campbell, Lily B., *Shakespeare's « Histories » : Mirrors of Elizabethan Policy*, Londres, 1947 (Methuen 1963).

Coleridge, Samuel Taylor, sur *Richard II Marginalia and Notebooks* in T. M. Raysor (ed.), *S. T. Coleridge : Shakespearean criticism*, vol. 1, 1960, in N. Brooke, ed. (27-32).

Compagnon, Antoine, *Nous Michel de Montaigne*, Seuil, 1980.

Déprats, Jean-Michel, « Le Mot et le Geste », in M.-T. Jones-Davies éd., *Du texte à la scène, Langages du théâtre*, Touzot, 1983.

De Sousa, G., « The semiotics of kingship in *Richard II* », in G. Douglas Atkins et David M. Bergeron, ed., *Shakespeare and Deconstruction*, New York, 1988.

Dragovitch, Valida, « Deux mises en scène de *Richard II* : Terry Hands, Ariane Mnouchkine » in M.-T. Jones-Davies éd., *Du texte à la scène, Langages du théâtre*, Touzot, 1983.

Dumézil, Georges, *Le Roman des jumeaux*, Gallimard, 1994.

Elliott Jr., J. R., « *Richard II* and the Medieval », *Renaissance Papers*, 1965.

Elliot Jr., J. R., « History and Tragedy in *Richard II* », *Studies in English Literature*, 8, 1968 (253-271).

Folker, Charles, ed., *Richard II*, Shakespeare. The Critical Tradition, Athlone Press, Londres, 1997.

Fluchère, Henri, *Shakespeare dramaturge élisabéthain* (1948), Gallimard, 1966.

Galbraith, V. H., « A new life of Richard II », *History* XXVI, 1942.

Gaudet, P., « The parasitical counselors in Shakespeare's *Richard II*, a problem in dramatic interpretation », *Shakespeare Quarterly*, 33, 1982.

Gielgud, John, « King Richard the Second », *Stage Directions*, 1963 in N. Brooke, ed. (77-81).

Gordon, D., *The Wilton Diptych*, National Gallery Publications, Londres, 1993.

Goy-Blanquet, Dominique, *Le Roi mis à nu, l'histoire d'Henry VI de Hall à Shakespeare*, Didier, 1986.

Goy-Blanquet, Dominique, « Des histoires tristes », in M.-T. Jones-Davies éd., *Mythe et histoire*, Touzot, 1984.

Goy-Blanquet, Dominique, *Shakespeare et l'invention de l'histoire*, Le Cri, Bruxelles, 1997.

Greenblatt, Stephen J., *Renaissance Self-Fashioning : from More to Shakespeare*, University of Chicago Press, Chicago, 1980.

Greenblatt, Stephen J., *Forms of Power and the Power of Forms in the Renaissance*, Pilgrim Books, Norman, Okl., 1982.

Grivelet, Michel, Dominique Goy-Blanquet, Marie-Madeleine Martinet, *Shakespeare de A à Z... ou presque*, Aubier, 1988.

Grivelet, Michel, « Shakespeare's "War with Time" : the *Sonnets* and *Richard II* », *Shakespeare Survey*, 23, 1970 (69-78).

Hallam, E., *The Plantagenet Encyclopedia*, Guild Publishing, Londres, 1990.

Hamilton, D. B., « The State of Law in *Richard II* », *Shakespeare Quarterly*, 34, 1983.

Hawkes, T., « The word against the word : the role of language in *Richard II* », *Language and Style*, 2, 1969 (296-322).

Heninger Jr., S. K., « The Sun-King Analogy in *Richard II* », *Shakespeare Quarterly*, 11, 1960 (319-327).

Hockey, D. C., « A world of Rhetoric in *Richard II* », *Shakespeare Quarterly*, 15, 1964 (179-191).

Holderness, Graham, ed., *Shakespeare's History Plays: Richard II to Henry V*, New Casebooks, Macmillan, Londres, 1992.

Holderness, G., N. Potter, J. Turner, Shakespeare, *The Play of History*, Iowa City, University of Iowa Press, 1987.

Humphreys, A. R., « Shakespeare : *Richard II* », *Studies in English Literature*, 31, Londres, 1967.

Hutchison, H. F., *A Life of Richard II, The Hollow Crown*, Eyre and Spottiswoode, Londres, 1961.

Jacquot, Jean, *Shakespeare en France, mises en scène d'hier et d'aujourd'hui*, Le Temps, 1964.

Jones, E., *The Origins of Shakespeare*, Clarendon Press, Oxford, 1977.

Jones-Davies, Marie-Thérèse, *Shakespeare. Le Théâtre du Monde*, Balland, 1987.

Jones-Davies, Marie-Thérèse, éd., *Mythe et histoire*, Actes de la Société française Shakespeare, Touzot, 1984.

Kantorowicz, Ernst, *Les Deux Corps du roi. Essai sur la théologie politique au Moyen Âge* (1957), Gallimard, 1989.

Kott, Ian, *Shakespeare notre contemporain* (1962), Payot, 1978.

Krynen, Jacques, *L'Empire du roi. Idées et croyances politiques en France, XIII-XV siècle*, Gallimard, 1993.

Largeault, Jean, *Enquête sur le nominalisme*, Nauwelaerts, Paris, Louvain, 1971.

Laroque, François, *Shakespeare. Comme il vous plaira*, Découvertes Gallimard 126, 1991.

Leclerc, G., *Le T.N.P. de Jean Vilar*, 10/18, Christian Bourgois, 1971.

Legatt, Alexander, *Shakespeare's Political Drama*, Routledge, Londres, 1988.

Le Gay Brereton, J., *Writings on Elizabethan Drama*, Melbourne, 1948.

Legouis, Pierre, « Shakespeare et la féodalité », *Études anglaises*, 1964.

Maguin, Jean-Marie et Angela, *Shakespeare*, Fayard, 1996.

McKernan L. et O. Terris, ed., *Walking shadows*, Shakespeare in the National Film and Television Archive, 1994.

Manheim, Michael, *The Weak King Dilemma*, Syracuse University Press, 1973.

Manning, J. J., ed., *The First and Second Parts of J. Hayward's The Life and Raigne of King Henrie IIII*, Offices of the Royal Historical Society, Londres, 1991.

Marienstras, Richard, *Le Proche et le Lointain*, Éditions de Minuit, 1981.

Marienstras, Richard, « Tradition et trahison dans *Richard II* », *Le Genre humain*, 16-17 février 1988.

Martinet, Marie-Madeleine, *Le Miroir de l'esprit dans le théâtre élisabéthain*, Didier Érudition, 1982.

Mayer, J.-C., « Évolution et résonances du motif du jardin : *Henry VI, Richard II, Henry V* » in M.-T. Jones-Davies, éd., *Shakespeare : le Monde vert : rites et renouveau*, Actes de la Société française Shakespeare, Les Belles Lettres, 1995 (65-75).

Maynard Jr., M. *Killing the King, Three Studies in Shakespeare's Tragic Structure*, Yale University Press, 1973.

Mayoux, Jean-Jacques, *Shakespeare* (1966), Aubier, 1982.

Milner, Jean-Claude, *Les Noms indistincts,* Seuil, 1983.

Moelwyn Merchant, W., *Shakespeare and the Artist,* Oxford University Press, 1959.

Moseley, C.W.R.D., *Shakespeare's History Plays,* Richard II *to* Henry V, Penguin Critical Studies, Londres, 1988.

Norbrook, David, « "A liberal tongue" : language and rebellion in *Richard II* » in J. M. Mucciolo, ed., *Shakespeare's Universe : Renaissance Ideas and Conventions* (Essays in honour of W. R. Elton), Scolar Press, 1996 (37-51).

Pater, Walter, *Appreciations,* 1889.

Peyré, Y., *La Voix des mythes dans la tragédie élisabéthaine,* C.N.R.S. Éditions, 1996.

Rackin, P., *Stages of History, Shakespeare's English Chronicles,* Cornell University Press, 1990.

Ribner, Irving, « The political problem in Shakespeare's lancastrian tetralogy », *Studies in Philology,* April 1952 (171-184).

Ribner, Irving, *The English History Play in the Age of Shakespeare,* Princeton, 1957.

Righter, Anne, *Shakespeare and the Idea of the Play* (1962), Penguin Shakespeare Library, 1967.

Rossiter, A. P., *Angel with Horns,* Longman, Londres et New York, 1961.

Rossiter, A. P., ed., *Woodstock, A Moral History,* Chatto & Windus, Londres, 1946.

Rowse, A. L., *William Shakespeare, a biography,* Londres, 1963.

Russell Brown, J., « Narrative and Focus : *Richard II* », in *Shakespeare's Plays in Performance,* 1966. in N. Brooke ed. (82-98).

Saccio, P., *Shakespeare's English Kings, History, Chronicle and Drama,* Oxford University Press, 1977.

Sahel, Pierre, *La Pensée politique dans les drames historiques de Shakespeare,* Didier, 1984.

Saul Nigel, *Richard II,* Yale University Press, 1997.

Schoenbaum, Samuel, *William Shakespeare* (1975), Flammarion, 1996 (biographie).

Schoenbaum, Samuel, « *Richard II* and the realities of power », *Shakespeare Survey,* 28, 1975.

Scott-Giles, C. W., *Shakespeare's Heraldry,* Londres, 1950, 1971.

Shewring, M., *Richard II,* Shakespeare in Performance Series, Manchester University Press, 1996.

Sibony, Daniel, *Avec Shakespeare,* Grasset, 1988.

Sichère, Bernard, *Le Nom de Shakespeare*, Gallimard, 1987.

Speaight, Robert, *Shakespeare on the Stage : an illustrated history of Shakespearian performance*, 1973.

Sprague, A. C., *Shakespeare's Histories : Plays for the Stage*, The Society for Theatre Research, Londres, 1964.

Spurgeon, C., *Shakespeare's Imagery and what it tells us*, Cambridge, 1936.

Steel, A., *Richard II*, Cambridge University Press, 1941.

Streuver, N., *The Language of History in the Renaissance*, Princeton, 1970.

Strong, Roy, *The Renaissance Garden in England*, Thames and Hudson, Londres, 1979.

Suhamy, Henri, *Shakespeare*, Le Livre de Poche, 1996.

Tardiff, J. C., ed., *Shakespearean Criticism*, vol. 24, Gale Research Inc., Detroit, Washington D. C., Londres, 1994 (historique de la mise en scène).

Tillyard, E. M. W., *Shakespeare's History Plays*, Chatto & Windus, Londres, 1944.

Traversi, Derek, *Shakespeare from* Richard II *to* Henry V, Hollis & Carter, Londres, 1957.

Treatt-Chéreau, Liko, 1984 (album de photographies avec le texte de Chéreau).

Vallon, H., *Richard II, épisode de la rivalité de la France et de l'Angleterre*, Paris, 1864.

Venet, Gisèle, *Temps et vision tragique. Shakespeare et ses contemporains*, Université de la Sorbonne Nouvelle, Paris III, 1985.

Vignaux, Michèle, *L'Invention de la responsabilité. La deuxième tétralogie de Shakespeare*, Presses de l'École Normale Supérieure, 1995.

Waith, E. M., ed., *Shakespeare, the Histories*, Twentieth Century Views, Prentice Hall Inc., 1965.

Wells, Stanley, *Shakespeare, a bibliographical guide*, Oxford University Press, 1990.

Wells, S., Taylor G., ed., *A Textual Companion*, O.U.P., 1987.

Wilders, J., *The Lost Garden, a view of Shakespeare's English and Roman Histories*, Macmillan Press, Londres, 1978.

Willems, Michèle, éd., *Shakespeare à la télévision*, Publications de l'Université de Rouen, 1987.

Wilson, Christopher, G., *An Illustrated History of Late Medieval England*, Manchester University Press, 1996.

Yeats, W. B., « At Stratford-on-Avon » (1901), in *Ideas of Good and Evil*, 1903, in N. Brooke ed. (70-73).

NOTES

Page 35.

1. Le Lord Maréchal est le même personnage que le duc de Surrey chez Holinshed (voir p. 57, n. 1). Shakespeare n'aurait pas réfléchi à l'identité du Lord Maréchal puisqu'il lui prête des paroles favorables à Bolingbroke, alors qu'il était un partisan de Richard (I, III, 251-252) (Newbolt, 1912 repris par P. Ure). C'est Edward Capell qui, au XVIIIᵉ siècle, a ajouté le Lord Maréchal dans la liste des personnages. Les éditions ultérieures l'ont maintenu. Ni in-quarto, ni Folio ne fournissent de liste des personnages.

Page 39.

1. Les indications de lieu ne figurent ni dans les in-quartos ni dans le Folio.

2. Hereford : fils du duc de Lancastre, Jean de Gand (1340-1399), Henry, le cousin de Richard, est né en 1367 au château de Boling-broke (comté du Lincoln). Comte de Derby, il est créé duc de Hereford en 1397. Il usurpe le trône en 1399 et meurt en 1413.

3. Thomas Mowbray, comte de Nottingham (1366-1399), ami d'enfance du roi. Gendre de l'ennemi du roi, le comte d'Arundel, c'est un personnnage versatile. Depuis 1386, la faction du duc de Gloucester regroupait les ennemis du roi, les cinq « Lords appel-lants » (accusateurs) qui complotaient régulièrement contre lui en s'attaquant à ses conseillers. Mowbray en faisait partie ainsi que son beau-père et Henry Bolingbroke. En 1397, le complot du châ-teau d'Arundel fut révélé au roi par Mowbray. Le duc de Glouces-ter, Thomas de Woodstock, frère de Jean de Gand, l'un des instiga-

teurs du complot, fut assassiné à Calais où il avait été emmené, sur ordre du roi et sous la responsabilité officielle de Mowbray (capitaine de la forteresse de Calais). Malgré leur participation au complot, Bolingbroke et Mowbray devinrent respectivement duc de Hereford et duc de Norfolk en 1397, Bolingbroke en tant que fils de Gand et Mowbray parce qu'il avait en trahissant su montrer sa fidélité au roi. À la suite d'une conversation privée entre les deux hommes lors de laquelle Mowbray aurait suggéré que la précarité de leur situation justifiait une nouvelle action contre le roi, Bolingbroke accusa Mowbray de trahison. Cette dénonciation constituait une rupture du code de chevalerie. Selon Hutchison (p. 191) Bolingbroke agissait ainsi pour venger son oncle et pour s'assurer les faveurs du roi. La querelle entre les deux hommes fut rendue publique à la session du Parlement de Shrewsbury (1398) et le comité chargé d'étudier la querelle se réunit à Windsor.

Page 43.

1. En accusateur : le mot anglais est « appellant ». Il ne pouvait qu'avoir des résonances désagréables pour Richard, victime depuis si longtemps des « Lords appellants » (voir la note précédente).

Page 45.

1. En tant que connétable, Woodstock avait été l'auteur d'un traité sur la procédure du duel judiciaire (Hutchison, p. 112). P. Ure se réfère à Dante, *Monarchie* (circa 1310) où est analysée l'idéologie de ces duels. Voir II, IX : « Et ce qui s'acquiert par duel s'acquiert par droit » (trad, A. Pézard, Pléiade, p. 689).

Page 47.

1. Allusion au règne tumultueux de Richard qui dut faire face à de nombreuses crises depuis la rébellion populaire de Wat Tyler en 1381 à laquelle il avait su, malgré son jeune âge, mettre un terme.

2. Cette accusation directe n'implique pas que Bolingbroke ignorait la véritable identité du coupable, c'est-à-dire le roi, comme on l'apprendra I, II, 37-39 et II, I, 131. Le roi jouissait d'une immunité qui le rendait invulnérable à toute poursuite légale. C'est l'agent du crime qui devenait responsable. Voir D. E. Hamilton, « The State of Law in Richard II », cité et commenté par M. Vignaux (p. 199). Bolingbroke fera le même procès à Aumerle (IV, I, 10-13).

Page 49.

1. Thomas Woodstock fut assassiné à Calais en 1397. Voir la pièce anonyme *The First Part of the reign of Richard II, or Thomas of Woodstock*, 1591-1594 (cf. notice p. 332). L'oncle de Richard y est blanchi au détriment de ce dernier.

2. Mowbray était allé en France demander à Charles VI pour Richard la main de sa fille Isabelle de Valois en 1395.

Page 53.

1. D'après **Scott-Giles** (p. 74) l'écusson que portait Mowbray représentait un lion rampant (se tenant sur les deux pattes de derrière). Celui du roi (comme celui de Bolingbroke) représentait des lions passant (une patte droite levée et trois pattes au sol) qui avec les lions statant (les quatre pattes au sol) étaient les seuls qu'on appelait des lions léopardés. À strictement parler l'image chez Shakespeare est renversée.

Armoiries de Richard (lions léopardés)   *Écusson de Bolingbroke (lions léopardés)*   *Écusson de Mowbray (lion rampant)*   *Armoiries de Mowbray (lion léopardé sur le timbre, rampant sur l'écusson)*

Mais si Shakespeare se référait à l'héraldique, comme le suggère Scott-Giles, il ne peut que faire allusion au lion statant (léopardé) qui surplombait les armes de Mowbray. Le roi ici se définit comme un lion, dans son acception générale de roi des animaux. Le lion était le symbole héraldique des Plantagenêts depuis le comte d'Anjou, fondateur de la dynastie au XIIᵉ siècle. Voir V, I, 34.

Page 55.

1. Cf. Bolingbroke : « ... je suis un sujet, /J'en appelle à la loi » (II, III, 132-133).

2. Holinshed hésite entre plusieurs dates dont celle du 17 septembre 1398, le jour de la saint Lambert.

Page 57.

1. Lord Maréchal : titre de Mowbray, qui lui fut enlevé lors de son arrestation et attribué au neveu de Richard, sir Thomas Holland, le duc de Surrey (le fils de l'un de ses demi-frères). Voir p. 35, n. 1, et IV, I, 60.

2. Scène ne figurant dans aucune source, visant à présenter Gand sous les traits d'un modéré à la différence de son portrait plus virulent dans *Woodstock*. Sa demeure londonienne était le palais du Savoy sur la rive gauche de la Tamise mis à sac en 1381. Il mourut dans la demeure des évêques d'Ely à Holborn (II, I).

3. A. Gurr reproduit (p. 29) le tableau généalogique en forme d'arbre de Jessé d'Édouard III à Élisabeth Iʳᵉ (avec quatre des fils d'Édouard) qui se trouvait sur la page de titre de l'édition de 1592 de la chronique de John Stow. Voir 2 *Henry VI*, II, II, 10-20.

Page 63.

1. Plashy : demeure du duc de Gloucester dans le comté d'Essex près de Felsted au nord-est de Londres.

2. Les lices de Coventry (16 ou 17 septembre 1398) furent racontées par un témoin oculaire dans *La Chronicque de la Traïson* (voir notice p. 330) comme l'événement social de l'année. Elles attiraient des foules de toute l'Angleterre et même des étrangers (Steel, p. 251 ; Hutchison, p. 194 ; Vallon, p. 216).

Page 65.

1. On attend Bolingbroke mais c'est Mowbray qui entre le premier en lice. Shakespeare renverse l'ordre habituel d'entrée. Mowbray prend donc la place du plaignant. Serait-ce un commentaire ironique sur la relativité des accusations ?

Page 69.

1. Idée proche chez Gand comparant les mots d'un mourant au bon goût que laisse un dessert (II, I, 11-14). Voir I, III, 92 : « la fête qu'est cette bataille ». La mort est un festin, cf. *Roméo et Juliette*, V, III, 85-86.

Page 75.

1. Le fils de Mowbray rappelle cet épisode dans 2 *Henry IV*. Il y voit le début de la chute du roi et de ses partisans (IV, I, 123-127).

2. Les raisons pour lesquelles Richard arrête le combat sont passées sous silence chez Holinshed. P. Ure n'est pourtant pas d'avis que Shakespeare se serait inspiré de Froissart qui est plus explicite comme le pense Wilson. En effet la partialité de Richard pour Mowbray dont parle Froissard, et sa culpabilité dans le meurtre, qui sont les causes principales de sa décision, ne sont pas suggérées dans cette tirade qui laisse planer le mystère.

Page 77.

1. Mowbray mourra à Venise (IV, I, 96-99) ; son bannissement perpétuel débarrasse le roi d'un complice gênant.

2. Les chroniqueurs lancastriens ont exagéré l'impopularité du verdict. Froissart favorable à Richard rapporte que les seigneurs présents ont assez bien accepté la sentence du roi. Seule la foule frustrée de ne pas voir couler le sang aurait réagi plus violemment. Hutchison en conclut que le jugement de Coventry n'est pas la cause directe de la chute du roi (p. 197).

Page 79.

1. Bolingbroke, lui, se mettra à l'école de la « nourrice » (la duchesse d'York) qui cherchera à lui apprendre un nouveau langage (V, III, 111).

Page 81.

1. Malone au XVIIIe siècle avait établi le rapprochement entre le discours sur l'exil de la fin de cette scène avec la lettre de Euphues sur l'exil dans *Euphues, the Anatomy of wit* (1578) de John Lyly, inspiré de Boccace et des livres de courtoisie du XVIe siècle italien.

Page 83.

1. Froissart est le seul à mentionner cet acte de clémence (J. D. Wilson).

Page 87.

1. Mowbray ayant perdu son titre de Lord Maréchal, le titre fut attribué au duc de Surrey (voir p. 35 et 57, n. 1).

Page 91.

1. Dante, *L'Enfer*, chant V, 121-123 : « Il n'est plus grand dou-
leur/Que de se remembrer les jours heureux/Dans la misère »
(trad. A. Pézard, Pléiade, p. 912).

Page 93.

1. La cour : pendant cinq cents ans, depuis Edouard le Confesseur jusqu'à Henry VIII, lorsqu'elle se trouvait à Londres, la cour
se tenait au King's Palace de Westminster. Voir W. Besant, *Westminster*, 1895, p. 31-32.

2. Sir John Bagot, sir John Bushy et sir Henry Greene :
ministres impopulaires du roi accusés par les Lords appellants
d'être corrompus. Lorsque Bolingbroke prit le pouvoir Bagot
s'échappa en Irlande mais Bushy et Greene furent décapités à Bristol. Une ballade à leur sujet a été conservée :

> *There is a Bush that is overgrown*
> *Crop it well and keep it low*
>   *Or else it will grow wild.*
> *The long grass that is so Green*
> *It must be mown and raked clean*
>   *For it hath overgrown the field.*
> *The great Bag that is so mickle*
> *It shall be cut and made little*
>   *Its bottom is nearly out.*

(Hutchison, p. 211.)

3. Édouard Aumerle : comte de Rutland, duc d'Albermarle. Il
est le fils du duc d'York et cousin du roi au même titre que Bolingbroke. Sous Henry IV il perdra le titre de duc (V, II, 41-42).

Page 95.

1. « In reversion » : terme de jurisprudence : droit de retour.
« Droit en vertu duquel les ascendants succèdent aux immeubles
qu'ils ont donnés à leurs descendants, lorsque ceux-ci viennent à
mourir sans enfant » (Littré). Voir II, II, 38.

2. Richard détenait le titre héréditaire de seigneur d'Irlande.
Depuis l'invasion de l'Irlande par le roi d'Écosse (1318), seul le
territoire appelé « Dublin Pale » était soumis à l'Angleterre. La
première expédition de Richard en 1394 avait pour but de proté-

ger ce territoire des attaques du roi de Leinster. La deuxième expédition en 1399 dont il est question ici consistait à venger Roger Mortimer, nommé héritier présomptif par Richard, tué en Irlande en 1398 et à défendre le « Pale ».

Page 97.

1. Le roi louait des terres à ses ministres qui pouvaient en lever des impôts à leur profit en échange de 7 000 livres mensuelles. P. Ure cite *Woodstock*, IV, I, 180-193, où la procédure est expliquée.

2. Ordres en blanc : « albae cartae ». Le roi se permettait d'inscrire la somme qu'il souhaitait percevoir sur des cartes blanches préalablement scellées par les souscripteurs forcés appartenant en général aux comtés rebelles. Autre signe du pouvoir de l'écrit à cette époque : Richard II était le premier roi anglais à signer ses lettres (Hutchison, p. 239).

Page 99.

1. Le cynisme de Richard est fortement exagéré par Shakespeare. Hutchison cite des sources qui témoignent au contraire de la compassion de Richard pour Jean de Gand (p. 205).

Page 101.

1. Scène sans doute inspirée de Froissart qui était favorable au duc de Lancastre (mais pas à son fils). Jean de Gand mourut le 3 février 1399.

Page 105.

1. On a trop fait de cette tirade une pièce d'anthologie isolée du contexte. Voir III, II, 5-26, et III, IV. La comparaison entre un royaume et un jardin remonte à une tradition ancienne. La métaphore permet d'exprimer une vision globale de l'univers où l'ordre social et le macrocosme sont en interdépendance. Shakespeare a enrichi la métaphore (C. Spurgeon, p. 222). P. Ure recense une douzaine de sources en particulier un panégyrique de la France, *La Semaine ou la Création du Monde* (1578-1584) du poète huguenot Guillaume Du Bartas. Ce texte fut traduit par John Eliot en 1593 et adapté par Joshua Sylvester en éloge de l'Angleterre. Le flou chronologique nous empêche de dire si c'est Shakespeare qui s'inspira de Sylvester ou l'inverse.

Page 113.

1. Richard était le fils d'Édouard, le Prince Noir (1330-1376). D'après *Woodstock* (I, I, 35) ce surnom lui aurait été donné parce qu'il endeuilla cruellement les Français (Crécy, 1346 ; Calais, 1347 ; Poitiers, 1356).

2. Jean de Gand était le fils d'Édouard III (1312-1377) qui survécut au Prince Noir. La Guerre de Cent Ans commença sous son règne en 1337.

3. Le duc de Gloucester est belliqueux chez Holinshed et idéalisé dans *Woodstock*.

Page 115.

1. Henry Percy devint comte de Northumberland le jour du couronnement du roi. Il trahit Richard à Conway. Plus tard ses relations tumultueuses avec Henry qui aboutiront à sa défaite à Shrewsbury en 1403 sont l'objet de nombreuses scènes d'*Henry IV*.

Page 117.

1. Le duché de Lancastre était un Palatinat, un « imperium in imperio » (Hutchison, p. 19).

2. Richard fit intervenir son beau-père Charles VI pour que le mariage n'ait pas lieu entre Henry et Marie, fille du duc de Berry, cousine du roi de France.

Page 121.

1. Comte de Wiltshire : sir William Scrope of Bolton, trésorier du roi, exécuté avec Bushy et Greene à Bristol. Voir v. 256.

2. Isabelle de Valois (1389-1409) épousa Richard à l'âge de sept ans en 1396. Loyale envers Richard, elle refusera d'épouser le futur Henry V. La première femme de Richard dont on voit l'effigie mortuaire à côté de celle de Richard dans l'abbaye de Westminster était Anne de Bohême (1366-1394). Elle mourut de la peste au palais de Sheen que Richard fit raser en signe de deuil. Le palais de Richmond fut reconstruit sur ses ruines.

Page 125.

1. Territoire cédé par Richard : allusion à Brest cédé au duc de Bretagne (1396).

Page 129.

1. Port Blanc : port breton dans les Côtes-d'Armor.

2. Ce vers manquait dans les quartos et le Folio, rendant incompréhensible la suite. Le comte d'Arundel, beau-père de Mowbray, exécuté en 1397, était l'un des plus féroces ennemis de Richard. C'est son fils qui s'est échappé de chez le duc d'Exeter, sir Holland, le demi-frère du roi, qui est en même temps beau-frère de Bolingbroke, tué en 1399. Voir V, III, 136.

3. L'archevêque Thomas d'Arundel, frère du comte d'Arundel. Il couronnera Henry IV.

4. Sir Thomas Erpingham apparaît dans *Henry V* (IV, I).

5. Après la mort de Marie de Bohun en 1394, Henry épousera la veuve du duc de Bretagne, Jeanne de Navarre en 1403.

6. Ravenspurgh : port sur la côte nord-est près de Hull sur l'estuaire de la Humber où Henry accosta en revenant d'exil.

Page 131.

1. Le dialogue entre la reine et Bushy est totalement inventé par Shakespeare jusqu'au v. 40.

2. Opposition « nothing/something » : Isabelle souligne le paradoxe qui consiste à trembler devant ce rien — « unborn sorrow » qui lui fait peur. Voir v. 32-37.

3. Bushy fait allusion à deux types d'illusions d'optique, les miroirs multipliants (v. 16-17) et les anamorphoses (v. 18-20), dont la plus célèbre est celle qui apparaît sur *Les Ambassadeurs* de Holbein (1533). Voir Marie-Madeleine Martinet, *Le Miroir de l'esprit*, p. 184.

Page 133.

1. Par anticipation : « in reversion ». Littéralement « douleur dont je profite par un droit de retour ». Voir I, IV, 35 et n. 1, p. 95.

Page 135.

1. Ross, Beaumond et Willoughby : partisans de Bolingbroke nommés dans Holinshed.

Page 137.

1. Le comte de Worcester, sir Thomas Percy, était le frère d'Henry Percy, le comte de Northumberland. Malgré sa position de sénéchal de l'hôtel, il rejoignit comme son frère le parti de Bolingbroke.

Page 139.

1. Aumerle était allé rejoindre le roi en Irlande.

Page 143.

1. Berkeley, au sud-ouest de Gloucester. Château où fut détenu et assassiné Édouard II en 1327. Lieu de rassemblement des troupes d'York (II, III, 33).

2. Le comte de Wiltshire : sir William Scrope. Voir II, I, 215.

Page 145.

1. Bushy et Bagot sont à Bristol en II, III, v. 164. Dans Holinshed, Bagot part pour l'Irlande comme il dit ici qu'il va le faire. P. Ure attribue cette contradiction à de la négligence.

Page 149.

1. Le fils d'Henry Percy, comte de Northumberland, est le Hotspur des *Henry IV*. Ici, il est présenté comme un adolescent contemporain du futur Prince Hal. Voir V, III, 1-21. En fait il était de deux ans l'aîné de Bolingbroke.

Page 151.

1. En II, I, 296, Northumberland annonce son intention de rejoindre Bolingbroke à Ravenspurgh en compagnie de Ross et de Willoughby. Dans Holinshed le lieu de rencontre était Doncaster qui est mentionné dans *Henry IV* (voir p. 161, n. 1).

Page 153.

1. Ross et Willoughby rejoignirent le duc à Ravenspurgh et non à Berkeley (P. Ure).

Page 161.

1. C'est le serment de Doncaster (1 *Henry IV*, V, I, 58).

Page 163.

1. Bagot était en Irlande. Voir II, II, 140.

2. Vermine : le mot anglais employé est « caterpillar » (= chenille). Voir III, IV, 47.

Page 165.

1. Le capitaine gallois serait, d'après H. Craig (1912) Owen

Glendower, qui sera cité à la scène suivante (III, i, 43). Personnage important dans *Henry IV*. Le pays de Galles avait été conquis par Édouard Ier en 1282. En 1400, O. Glendower, héros de la résistance galloise, tenta une révolte, mais échoua.

2. Sir John Montague, comte Salisbury. Un des plus fidèles amis du roi, il s'était chargé de rassembler une armée tandis que Bolingbroke s'emparait de Chester. Poète, lollard, Salisbury fut décapité à Cirencester pour avoir participé au complot contre Henry (Hutchison, p. 233).

Page 169.

1. Allusion à la corruption à la cour de Richard. Les sources françaises parlent au contraire de la tendresse de Richard pour la reine. L'insinuation de Bolingbroke était peut-être inspirée par un rapprochement avec le rôle joué par Gaveston dont la passion homosexuelle pour Édouard II (bisaïeul de Richard II) aurait séparé ce dernier de sa femme, qui s'appelait aussi Isabelle (Marlowe, *Édouard II*). Voir notice p. 333.

Page 173.

1. Le pays de Galles appartenait à la couronne depuis 1282.

2. Le moine d'Evesham, l'une des sources de Holinshed, avait bien transcrit le nom du château de Hertlowli. Holinshed, et Shakespeare à sa suite, transforma le nom en Barclowlie. Il s'agit de Harlech, sur la côte ouest du pays de Galles.

Page 177.

1. L'opposition temporel/spirituel (v. 29-35) est omniprésente. Elle est typique d'une réflexion politique de caractère nominaliste (J. Largeault, p. 152).

Page 179.

1. Voir p. 165, n. 2. C'est à Conway et non à Harlech que Richard apprend par Salisbury que ses troupes, le croyant mort, l'ont déserté (Hutchison, p. 220).

Page 181.

1. D'après Holinshed, il s'agit de sir Stephen Scroope et non de sir William Scroope, le comte de Wiltshire (II, ii, 135). (P. Ure).

Page 185.

1. Un trou profond : l'expression anglaise est « hollow ground ». À rapprocher de « hollow crown » (III, II, 160).

Page 187.

1. Allusion aux récits de la chute des grands hommes inspirés de Boccace, *De casibus virorum illustrium.*

2. Ernst Kantorowicz a montré que Richard remet ici en cause l'union fictive du corps naturel du roi (mortel et soumis aux passions) et du corps politique qui ne peut mourir. En niant l'immortalité du corps politique du roi, Richard passe du réalisme philosophique au nominalisme, puisque désormais pour lui le corps politique n'est qu'un concept sans réalité (p. 13, 29-30).

Page 191.

1. Shakespeare laisse entendre que Richard décide d'aller librement dans son château de Flint au nord du pays de Galles qui lui appartiendrait encore. Or Bolingbroke s'était déjà emparé de Flint où Richard fut conduit en tant que prisonnier. Shakespeare passe donc sous silence la trahison de Northumberland qui proposa un traité à Richard pendant qu'il était à Conway : le roi garderait son trône s'il livrait les assassins de Gloucester et s'il pardonnait à Bolingbroke en lui restituant ses biens. Richard accepta sous la contrainte, bien décidé à revenir sur ses promesses lorsqu'il se trouverait en de meilleures conditions. Bien que Northumberland ait juré sur l'hostie que les termes de ce contrat étaient honnêtes, Richard fut pris dans une embuscade alors qu'il se dirigeait vers Chester où l'attendait Bolingbroke (H. Vallon, p. 264-269) ; Hutchison, p. 220-221). Seuls Froissart et S. Daniel ne racontent pas cet épisode (P. Ure).

Page 193.

1. Cette scène se démarque de la plupart des sources. Les choix de Shakespeare ont pour résultat de souligner l'attitude digne de Richard, alors que les sources lancastriennes le présentaient comme un lâche. La transformation des sources (voir p. 191, n. 1) a pour effet de grandir Bolingbroke qui ne prend pas ici Richard par traîtrise comme ce fut le cas en réalité.

Page 195.

1. Sans base historique : Bolingbroke a pris possession de Flint.

Page 199.

1. Le message de Bolingbroke à l'intention du roi correspond aux termes du traité proposés au château de Conway et que Richard dut accepter sous la contrainte.

2. Il y eut deux versions de l'attitude du roi dans les chroniques médiévales. Shakespeare choisit celle de Créton favorable au roi, décrivant sa colère et non sa lâcheté comme le faisaient les lancastriens.

Page 203.

1. Northumberland qui n'est pas ici le traître des sources fait allusion au serment de Doncaster où Bolingbroke jurait de ne pas chercher plus que de recouvrer ses biens (p. 161, n. 1).

Page 205.

1. Ce dialogue fait passer l'attitude de Richard pour du machiavélisme plutôt que pour de la faiblesse comme c'est le cas dans les sources lancastriennes.

Page 207.

1. D'après J. Le Gay Brereton, cette scène rappelle le passage dans Holinshed où Richard vint arrêter Gloucester (*Writings*, p. 107, cité par P. Ure). Référence qui souligne le cycle de la vengeance.

2. Phaéton : cf. Ovide, *Métamorphoses*, l. II (J. Bate, *Shakespeare and Ovid*, p. 173-176).

Page 209.

1. Cf. « Et il n'est rien que nous puissions appeler nôtre, hormis la mort » (III, II, 152).

Page 211.

1. Sans base historique : c'est le cas de toutes les scènes de jardin dans les *Histoires*. L'image d'un jardin mal entretenu où poussent des mauvaises herbes a traditionnellement représenté l'État mal gouverné. P. Ure recense trois utilisations de cette image : les satires politiques, les prédications qui s'inspirent de Matthieu, XIII et XX, et les fêtes et les spectacles de cour sous Élisabeth. Roy

Strong a remarqué le lien entre cette image et l'absolutisme (*The Renaissance Garden*, p. 200, cité et commenté par J. C. Mayer).

Page 217.

1. En réduction : le mot « model » apparaît déjà dans ce sens (III, II, 153).

2. Chenille : le mot anglais « caterpillar » est employé également en II, III, 165. Voir p. 93, n. 1 pour un élargissement de l'image du jardin appliquée à Bushy, Greene et Bagot.

Page 221.

1. Herbe de grâce : nom donné à la rue, la plante vivace symbole de repentir (censé provenir de la grâce divine). Ici c'est plus un symbole de pitié. C'est une des plantes du bouquet d'Ophélie dans *Hamlet*, IV, v, 177-178 (P. Ure).

Page 223.

1. Palais de Westminster : ce hall date du XIᵉ siècle. À la suite d'un incendie, Richard II fit restaurer le plafond où l'on peut voir les signes qui lui étaient propres : son emblème, le cerf blanc, ainsi que de nombreuses sculptures d'anges portant son écusson. Une partie de cette scène capitale fut censurée du vivant d'Elisabeth Iʳᵉ (v. 154-318). Shakespeare a comprimé dans cette scène des événements qui s'étalent sur un mois : du 29 septembre 1399 au 27 octobre (P. Ure). Des parallélismes évidents avec l'acte I sont à noter.

2. L'accusation de Bagot est rapportée par Holinshed mais elle eut lieu pendant une session ultérieure du Parlement. Shakespeare bouscule la chronologie (P. Ure). Cette trahison de Bagot lui servit de « motif d'indulgence » et n'est pas étrangère à sa libération ultérieure (H. Vallon, p. 324).

Page 225.

1. Sceau de la mort : « manual seal » ; sceau apposé à un document de la main de quelqu'un, garantissant l'authenticité. On a déduit de cet adjectif qu'il s'agissait d'un gant et non d'une capuche comme dans Holinshed (P. Ure).

Page 229.

1. Surrey : c'est le Lord Maréchal de l'acte I. Voir p. 35, n. 1 et I, III, 251-252. Le neveu de Richard mourra à Cirencester.

Page 233.

1. Holinshed ne rapporte que la mort de Mowbray à Venise. L'association de Mowbray avec les Croisades peut être inférée d'autres sources (P. Ure). L'insistance de Shakespeare sur la vie chevaleresque de Mowbray rappelle les lices de l'acte I.

2. Seigneurs accusateurs : voir p. 43, n. 1.

3. Chez Holinshed, Bolingbroke monta sur le trône le lendemain de l'abdication de Richard. Voir v. 200 : l'abdication a lieu après.

Page 235.

1. Chez Holinshed, Carlisle réagit après l'abdication de Richard. Il se borne à ne pas admettre que Richard puisse être jugé, suivant en cela l'idéologie des *Homélies,* en particulier *An Homelie against disobedience and Wilfull Rebellion* (1571) qui visait à protéger le roi hérétique contre les attentats catholiques encouragés par la bulle papale (A. Gurr, p. 215). Voir préface p. 25-26 sur la fonction de Carlisle dans cette scène.

2. Planté : le mot anglais est « planted », image récurrente dans les *Histoires* pour se référer à la dynastie royale et à la légitimité fondée sur la lignée de sang royal. « I'll plant Plantagenet » (3 *Henri VI,* I, I, 48).

Page 237.

1. Cf. Marc, III, 25.

2. Ici commence la partie censurée dans les in-quartos de 1597 et 1598.

3. Aucune base historique. Richard était prisonnier dans la Tour de Londres. Il n'y eut pas de confrontation entre Bolingbroke et le roi au Parlement. On s'est d'ailleurs demandé s'il était légal de tenir une séance de Parlement en l'absence du roi (Hutchison, p. 227). Rapprochements avec la déposition d'Édouard II de Marlowe et avec S. Daniel (P. Ure).

Page 239.

1. Autre mention de Judas : III, II, 132.

2. E. Kantorowicz rappelle que le « character indelibilis » de l'Oint du Seigneur le condamne à être lui-même l'auteur du rite de dégradation (p. 36).

Page 241.

1. Voir préface p. 16 sur l'analyse politique de la douleur du roi.

Page 243.

1. Chez Holinshed l'abdication eut lieu dans la Tour (29 septembre 1399), Bolingbroke n'étant pas présent (P. Ure).

Page 245.

1. Les trente-trois articles d'accusation condamnaient Richard sans droit de réponse puisqu'il était absent au Parlement. (Hutchison, p. 228).

2. Créton compare Henry à Pilate.

Page 247.

1. D'après Froissart, Bolingbroke racontait que Richard, né à Bordeaux en 1367, n'était pas le fils du Prince Noir mais d'un prêtre et que son véritable nom était Jean. Rumeur utilisée par les lancastriens.

2. M.-M. Martinet fait remarquer l'opposition entre le mot « mirror » utilisé ici par Richard et le mot « glass » utilisé par Bolingbroke. Tandis que « glass » se réfère au sens littéral du simple objet, le mot « mirror » est pris dans son sens « héroïque » : symbole du miroir royal. La différence entre les deux mots souligne la différence entre leurs utilisateurs : Bolingbroke, prince de fait, et Richard, roi selon le droit (p. 186).

Page 249.

1. Aucune base historique. M.-M. Martinet fait remarquer que la substitution d'un miroir aux actes d'accusation donne à celui-ci un sens didactique (p. 187).

Page 253.

1. Fin du passage censuré.

2. 13 octobre 1399 : le jour de la fête de saint Édouard le Confesseur. Cruelle ironie quand on pense au culte que vouait Richard à ce saint roi, à côté duquel il est enterré dans l'abbaye de Westminster. Cf. V, v, 77.

Page 257.

1. Se fondant sur Rowse, S. Schoenbaum rappelle que c'est Guillaume le Conquérant qui commença la construction de la

Tour (p. 99). Shakespeare se fait ici l'écho de légendes rapportées par les chroniqueurs (P. Ure). Londres, nouvelle Troie, aurait été fondée par Brutus, un descendant d'Énée.

2. Site : le mot anglais est « model ». Voir III, II, 153 et III, IV, 42.

Page 259.

1. Isabelle met l'accent sur l'aberration de Richard qui consiste à détruire son corps mortel sous prétexte qu'il ne représente plus son corps politique.

Page 261.

1. Pomfret : Pontefract dans le Yorkshire.

Page 263.

1. Cf. p. 169, n. 1.

Page 267.

1. Cette scène s'inspire de S. Daniel (v. 1-40) et de Holinshed (P. Ure). Le rôle de la duchesse est inventé.

Page 277.

1. Aumerle n'était pas le fils de la duchesse mais de la première femme d'York (P. Ure). York avait un autre fils, Richard de Cambridge.

Page 279.

1. Holinshed raconte le complot qui devait mettre en péril Henry un jour où des joutes étaient organisées à Oxford. La conspiration échoua du fait d'Aumerle.

Page 281.

1. Mon fils prodigue : le prince Henry (Prince Hal), futur Henry V.

Page 287.

1. York est ici décrit comme un stoïcien fanatique prêt à sacrifier son fils pour l'honneur. Certains aspects excessifs du stoïcisme analysés par Plutarque étaient condamnés à la Renaissance (Montaigne). Comparer l'attitude de Gand : I, III, 244.

Page 289.

1. Les stoïciens se méfiaient de l'attitude des femmes censées détourner les hommes de l'action virile. Thème traité avec circonspection dans les pièces romaines. Ici, les hommes « au cœur dur » (v. 85) se moquent de la duchesse comme César se moque des peurs pourtant fondées de Calphurnia. La duchesse d'York n'est pas pour autant un personnage entièrement comique (voir préface p. 31). Shakespeare stigmatise York en en faisant ici un double de Richard, coupable d'abandonner ce qu'il aime le plus, son fils, comme Richard abandonne la couronne. À l'origine de cette dépossession est la haine de soi. « Love loving not itself, none other can » (v. 86).

Page 293.

1. Mowbray ne se mettra pas à l'école d'une nourrice (I, III, 170).

Page 295.

1. Shakespeare fait grand cas des jeux de mots que l'on peut faire d'une langue à l'autre. Cf. *Henry V* : III, IV, et le dialogue franco-anglais entre Pistol et Monsieur le Fer, IV, IV.

Page 297.

1. Aumerle avait acheté ce pardon en trahissant les conspirateurs. Le pardon de Bolingbroke n'est donc pas un acte de clémence désintéressé. Comme Mowbray, Aumerle était versatile et avait aussi trahi Richard mais ici il n'est pas fait allusion à cela.

2. Dieu sur terre : cette expression courante à l'époque Tudor servait à prôner les qualités d'un souverain qui ne négligeait pas ses devoirs sur terre (P. Ure). (Voir préface p. 17.)

3. Notre beau-frère : le duc d'Exeter, instigateur du complot (voir p. 129, n. 2).

Page 299.

1. Shakespeare suit ici Holinshed qui passe en revue les trois hypothèses sur la mort de Richard (a-t-il été affamé, s'est-il suicidé en se laissant mourir de faim, ce que laissaient entendre les lancastriens, ou bien a-t-il été assassiné par Exton ?) et qui retient la dernière.

2. Cf. « Ta peur ensevelie », V, VI, 31.

Page 301.

1. C'est le seul monologue de la pièce.

2. Bolingbroke contestait l'efficacité des constructions imaginaires pour se consoler du réel (I, III, 275-303). Voir la *Consolation de la Philosophie* de Boèce.

3. Allusion à la structure triangulaire de la création de l'univers dans le *Timée* de Platon (50 d). La nature (l'enfant) est le résultat de l'alliance d'un modèle (le père) et d'un réceptacle, la matière (la mère).

4. Cf. « Qui dresses le mot contre le mot » (V, III, 121).

5. Cf. Matthieu, XIX, 14 et 24, Marc, X, 14 et 25, Luc, XVIII, 16 et 25. Allusion aux problèmes d'exégèse très aigus sous la Réforme.

Page 303.

1. Cf. « Le visage... brisé en mille éclats » (IV, I, 287-288).

2. À propos de la dialectique du mendiant et du roi, voir V, III, 77.

3. Les paroles de Gand mourant sont harmonieuses. La musique des sphères symbolisait l'harmonie de l'univers (II, I, 6).

Page 305.

1. Cf. *Othello*, IV, II, 54-56.

2. Palefrenier : aucune source ne parle de ce personnage.

Page 307.

1. Le rouan Barbarie : race de chevaux arabes (A. Gurr). Dans Froissart, c'est un chien (symbole de la flatterie) qui humiliait Richard en lui préférant Bolingbroke. Selon H. F. Brooks, *The Boke named the Governour* (1531) fournit une source puisque sir Thomas Elyot parle de l'Ingratitude en illustrant ses propos par l'exemple d'un cheval (M. Grivelet, p. 33-34). Voir notice p. 332.

Page 313.

1. Par suite de la conspiration avortée, le peuple prit part aux luttes. La violence des combats et des exécutions fut telle qu'on parla du massacre de Cirencester (Hutchison, p. 234) (ici : Ciceter).

2. Spencer Blunt, Kent, Broccas, sir Bennet Seely : noms de partisans de Richard dont on trouve la liste dans Holinshed.

Page 315.

1. Shakespeare suit Holinshed qui décrit la mort de l'abbé de Westminster et celle de Carlisle. Mais il transforme la source qui disait que Carlisle était mort plus de peur que de maladie en insistant au contraire sur la clémence de Bolingbroke.

2. Cf. « cette vivante peur » (V, IV, 2).

3. Le roi n'était plus qu'un simple chevalier, Sire Richard of Bordeaux.

Page 317.

1. Le cycle de la vengeance est complet (cf. I, I, 104).

2. Cf. 1 *Henry IV*, I, I, 18-28, où Henry parle de ce pèlerinage.

3. La mort de Richard est toujours un sujet de controverse. En 1871, on fit examiner le squelette du tombeau de l'abbaye de Westminster et on ne trouva pas de traces de violence. De nombreuses légendes ont circulé : Richard se serait échappé de Pomfret et réfugié en Écosse où il serait devenu fou. Henry, qui n'avait pas intérêt à ce que de tels bruits circulent, avait fait exposer le cadavre du roi. Mais on alla jusqu'à dire que le visage était celui d'un sosie du roi, son chapelain. Il fut enterré dans un prieuré du comté de Hertford, puis en 1416, sous Henry V, son corps fut ramené à Londres et enterré dans l'abbaye de Westminster. Richard II serait mort en février 1400 (Hutchison, p. 235-236 et H. Vallon, p. 367 et suivantes).

RÉSUMÉ

ACTE I

(1) À Windsor, Richard apparaît dans la splendeur du juge et de l'arbitre, représentant de Dieu sur la terre. C'est là que, devant le Parlement, son cousin Henry Bolingbroke, duc de Hereford, accuse le duc de Norfolk, Thomas Mowbray, de corruption et du meurtre de l'un des fils d'Édouard III, Thomas Woodstock, duc de Gloucester, l'oncle de Richard et d'Henry. Les deux ennemis sont prêts à prouver leur honneur par les armes. Les paroles du roi ne suffisant pas à apaiser la querelle, Richard autorise un duel judiciaire qui laisserait à Dieu le soin d'arbitrer la querelle. (2) Dans l'entretien qui suit entre le père d'Henry, Jean de Gand, frère du duc assassiné et la veuve de Woodstock, on apprend que le vrai coupable du meurtre est Richard lui-même. Plutôt que de chercher à venger son frère comme le lui demande la duchesse, Jean de Gand laisse la vengeance à Dieu. (3) C'est aussi ce que prétendait faire Richard, mais comme il est coupable on comprend pourquoi il interrompt ce duel puisqu'il était censé prouver dans le sang l'innocence de l'un ou de l'autre des combattants. Il condamne Mowbray au bannissement perpétuel et Henry à six ans d'exil. La complainte des deux bannis condamne l'arbitraire de la parole du roi. (4) La fin de l'acte révèle la noirceur du roi. Il dévoile les raisons réelles de l'exil d'Henry devenu son rival dans le cœur du peuple. Richard annonce sa décision de faire la guerre en Irlande et de la financer avec des ordres en blanc qui dépouillent les plus riches seigneurs. Le roi ne cache pas son désir de voir mourir Jean de Gand pour lui prendre ses richesses.

ACTE II

(1) Richard assiste avec cynisme à l'agonie de Jean de Gand, dernier rempart contre sa tyrannie. La misère que ce dernier prévoyait dans son discours prophétique sur l'Angleterre s'abat sur le pays. Deux guerres sont annoncées : la guerre en Irlande à laquelle Richard se prépare et la guerre civile menée par Henry qui revient d'exil. Les partisans d'Henry, Northumberland, Ross et Willoughby, partent en direction du nord. (2) Au château de Windsor, la reine souffre d'une douleur prophétique. Le plus jeune survivant des fils d'Édouard III, le duc d'York, a été nommé gouverneur d'Angleterre pendant l'absence du roi. D'abord méfiant devant la trahison de Bolingbroke, il finit par garder une neutralité prudente. Greene, Bushy et Bagot, les conseillers de Richard, partent en direction de l'ouest à la recherche du roi. (3) À Berkeley, les forces ennemies se rejoignent. L'espoir qui avait abandonné le camp de Richard renaît chez ses ennemis. À la différence de Richard qui n'écoutait que les paroles flatteuses, Bolingbroke est prêt à supporter la franchise hardie de Harry Percy, surnommé Hotspur, fils de Northumberland. Bolingbroke prétend n'être revenu que pour reprendre ses biens volés par le roi. (4) Pendant ce temps, au pays de Galles toujours fidèle à Richard, les signes prophétiques de sa chute parcourent le ciel et il y est dit que le roi est mort.

ACTE III

(1) **Bolingbroke**, arrivé à Bristol condamne à mort Bushy et Greene, qu'il considère responsables de l'état du royaume et de la haine qui déchire les deux cousins. (2) Pendant ce temps, de retour d'Irlande, au pays de Galles, Richard n'a pas encore conscience de l'étendue de la menace. Devant l'injonction de ses amis qui lui conseillaient de prendre des mesures de défense réelle, Richard se contente de réaffirmer sa royauté de droit divin. Les nouvelles de la défection de ses soldats gallois, de la mort de ses amis et du ralliement d'York aux forces de Bolingbroke, le mettent dans une position de fragilité qui ne lui laisse pour se défendre que son nom. (3) Devant le château de Flint au pays de Galles où Richard s'est réfugié, York rappelle à Bolingbroke que les cieux veillent et qu'il ne faut pas

outrepasser ses droits. Henry se limite à exiger l'annulation de son exil et la récupération de ses biens. Du haut des remparts, Richard s'adresse à Northumberland mais Bolingbroke demande que Richard descende dans la cour basse et c'est là que, malgré la soumission apparente de son cousin, Richard lui abandonne son pouvoir. (4) Dans le jardin du duc d'York, la reine surprend la conversation de jardiniers poètes qui annoncent la chute du roi, deuxième Adam dans le jardin d'Éden.

ACTE IV

(1) À Westminster Hall, le palais de justice où siège le Parlement, la mort de Thomas Woodstock est comme à l'acte I l'objet des défis que se lancent les partisans de Bolingbroke et de Richard. Bolingbroke est toujours l'accusateur mais cette fois il met en cause le duc d'Aumerle, le fils du duc d'York, On apprend la mort à Venise de Thomas Mowbray, que Bolingbroke aurait aimé rappeler d'exil pour qu'il serve d'arbitre à la querelle. Le duc d'York annonce à Bolingbroke la démission de Richard et lui confère le titre d'Henry IV. Mais l'évêque de Carlisle accuse de trahison le nouveau prétendant à la couronne et réaffirme le droit divin des rois. Ses paroles prophétisent un avenir sombre à l'Angleterre au cas où Henry usurperait le pouvoir. Bolingbroke comprend que la présence de Richard à son procès est nécessaire pour faire taire les rumeurs d'usurpation. Richard se démet de ses attributs royaux mais refuse de lire les articles de l'accusation. Il demande un miroir qu'il brise comme symbole de sa propre destruction.

ACTE V

(1) Dans une rue de Londres, la reine attend le passage du roi prisonnier : il ne sera pas emmené à la Tour de Londres mais au château de Pomfret. La séparation de Richard et d'Isabelle montre que le nouveau roi cherche à affirmer son pouvoir de manière impitoyable. (2) Le duc et la duchesse d'York s'opposent au sujet de la trahison d'Aumerle, leur fils. (3) En acceptant d'écouter les supplications de la mère d'Aumerle, Bolingbroke fait cette fois figure de souverain clément. (4) Sir Pierce Exton interprète des paroles ambi-

guës du roi comme l'expression de son intention de faire tuer Richard. (5) Le témoignage de fidélité de son palefrenier est le seul réconfort pour Richard dans la prison de Pomfret, où il est assassiné par Exton. (6) La pièce se termine où elle avait commencé, à Windsor. Henry a fait exécuter tous ses ennemis. Thomas Woodstock est vengé mais la vengeance d'Henry est entourée par le mystère qui avait caractérisé la mort de son oncle.

REMERCIEMENTS

J'exprime mes remerciements à tous ceux qui, à des titres divers, m'ont apporté leur aide : le Théâtre de l'Atelier (service de presse) ; Josseline Bidard, maître de conférences à Paris-Sorbonne ; Dr Susan Brock, secrétaire générale de la Société Internationale Shakespeare ; Claude Chauvineau, bibliothécaire à la Bibliothèque Gaston Baty, Institut d'Études théâtrales de Paris III ; Michael Coveney, journaliste, *The Observer;* Jean-Michel Déprats, maître de conférences à l'Université de Paris X ; Dominique Goy-Blanquet, professeur à l'Université de Picardie ; Marie-Madeleine Martinet, professeur à Paris-Sorbonne ; Christopher Millard, agent de presse au Royal National Theatre, Londres ; Michèle Vignaux, maître de conférences à l'Université de Versailles-Saint-Quentin-en-Yvelines.

Je remercie plus particulièrement Gisèle Venet, professeur à la Sorbonne Nouvelle, pour ses conseils et son aide inestimables lors de l'établissement final de ma préface.

DU MÊME AUTEUR

Composition Traitext.
Impression Société Nouvelle Firmin-Didot.
le 28 janvier 1998.
Dépôt légal : janvier 1998
1er dépôt légal dans la Collection : mai 1997.
Numéro d'imprimeur : 41645.

ISBN 2-07-038880-8/Imprimé en France.

67310